Peter Menck · Geschichte der Erziehung

W0188907

A 2369 / 12

Peter Menck

Geschichte der Erziehung

[A] Verlag Ludwig Auer Donauwörth

Gedruckt auf umweltbewußt gefertigtem, chlorfrei gebleichtem
und alterungsbeständigem Papier.

1. Auflage. 1993
© by Ludwig Auer GmbH, Donauwörth. 1993
Alle Rechte vorbehalten
Gesamtherstellung: Ludwig Auer GmbH, Donauwörth
ISBN 3-403-02374-5

Inhalt

Einladung – Was ist Erziehung, und wozu dient ein Studium ihrer Geschichte?

Als ich um die Mitte der fünfziger Jahre mit dem Studium der Pädagogik begann, da war das weitgehend ein Studium ihrer *Geschichte*. Ich erinnere mich wohl auch noch an ein Seminar zur „Pädagogischen Anthropologie" oder auch über „Arbeit", aber das vor allem wohl deshalb, weil Feldmann so hübsche Geschichten zu erzählen wußte. Es waren damals Vorlesungen und Seminare über Platon, Sokrates, Pestalozzi, Schiller; Cicero und Aristoteles lasen wir zum Teil im Urtext; Schleiermacher hatte ich als Thema für meine pädagogische Prüfung gewählt, und aus einem Seminar über die Pädagogik des Pietismus kam der Anstoß für meine Doktorarbeit über August Hermann Francke. Doch, es gab auch andere Themen: die Didaktik, die mich bis auf den heutigen Tag beschäftigt, oder Fragen der Schulreform; hierzu fällt mir ein Seminar ein über den „Rahmenplan" des „Deutschen Ausschusses für das Erziehungs- und Bildungswesen": Es begann mit einer Erörterung des Begriffs der Gleichheit – bei Aristoteles. Die „historischen" Themen prägten unser Studium. 1967 hatte ich dieses endgültig abgeschlossen (nachdem ich das pädagogische Begleitstudium durch ein ausdrücklich erziehungswissenschaftliches Studium ergänzt hatte). Als ich dann im Herbst des Jahres als Wissenschaftlicher Assistent für Erziehungswissenschaft begann, da hatte sich die Landschaft gründlich verändert: Heinrich Roth hatte 1962 eine „realistische Wendung in der pädagogischen Forschung" gefordert: weg von der Geschichte, hin zur Wirklichkeit, zur Realität von Erziehung. Es gab – etwa seit 1965 – eine vehemente Kritik an Leitbegriffen und -vorstellungen, an denen sich die Pädagogik bis dahin selbstverständlich orientiert hatte; vor allem auf die „Bildung" hatte man es abgesehen. Und es gab die Forderung einer außerordentlich kritischen Studentengeneration nach Praxisnähe des Studiums – was beispielsweise für Lehrerstudenten die Hinwendung zu Unterricht, Schule, Lehrerrolle und Schülermerkmalen bedeutete. Die Geschichte war in den Hintergrund getreten, ja sie wurde geradezu vergessen. Meine erste Vorlesung, die ich 1973 als Professor für Pädagogik hielt, hatte die „Didaktik" zum Thema; „Lehrplan", „Unterricht" und „Schule" folgten. Und als ich mich einmal doch an „Bildung" und an Wilhelm von Humboldt wagte – da interessierten sich nur ganz wenige Studenten dafür.

Heute scheint das etwas anders zu sein. Meine Kinder, so um die 25 Jahre alt, hörten mit großem Interesse zu, wenn ihre Großeltern aus ihrer Jugend erzählten, und stellten interessierte Fragen. Zu meinem Erstaunen können wir in der letzten Zeit an der Hochschule beobachten, daß Seminare zu historischen Themen wieder gefragt sind. Und in der Gesellschaft scheint das nicht anders zu sein: Allerorten findet man Ansätze zur Aufarbeitung von dem, was man „Alltagsgeschichte" nennt, zuletzt insbesondere auch die Aufarbeitung des Nationalsozialismus, gut eine Generation nach dessen Ende.

Nun reichen solche Beobachtungen natürlich nicht aus, die Auseinandersetzung mit der Geschichte von Erziehung in einen pädagogischen Studiengang aufzunehmen. Wenn es sich denn um ein wissenschaftliches Studium handeln soll, so müßten alle Beteiligten sich über die Motive verständigen, müßten sich bewußt und bedacht und in Kenntnis des Nutzens mit der Geschichte des Nachdenkens über und der Praxis von Erziehung auseinandersetzen. Denn: Ist es nicht tatsächlich so, wie wir es Mitte der 60er Jahre unseren akademischen Lehrern vorhielten, daß angehende Erzieher *über Erziehung* informiert werden und nachdenken sollten und zwar darüber, *wie es sich heute mit ihr verhält*, und nicht darüber, wie irgendwann irgend jemand einmal darüber gedacht hat? Erziehung und Unterricht in der Schule, im Heim, in der Familie und in der Berufsausbildung? über die Erziehung nachdenken, die sie selber erfahren haben, und ebenso darüber, wen sie später wo und wie erziehen werden? Keine Frage – so ist es. Aber: Was heißt denn

– „Erziehung": Beeinflussung der einen durch andere, durch „Erzieher" (auch der Alten, auch in der Freizeit, auch im Unterricht?); ist bei „Erziehung" nicht vielleicht vor allem gedacht an und abgezielt auf

– „Mündigkeit": Aber wiederum was ist dieses? ein juristischer Begriff, mal so, mal so festgelegt (ich war erst mit 21 Jahren mündig, die besagten Kinder mit 18)? Ist damit nicht auch oder vor allem gemeint, daß jemand selbst für sein Handeln in der Gesellschaft verantwortlich ist und verantwortlich handeln kann? Oder:

– „Bildung": Fünf Jahre Latein und dreizehn Jahre Mathematik, dokumentiert in einem Zeugnis? Ist es das oder nicht vielmehr: die Arbeit an sich selbst, so daß aus dem Gattungswesen, dem biologischen Wesen Mensch ein Mensch im Vollsinn dieses Wortes wird?

Was heißt „Kind", „Jugendliche", „Lehrer", was heißt „normal", „verwahrlost"? Das ist nicht eindeutig und ein für allemal festgelegt, darüber müssen und können wir uns verständigen. Aber wie?

Im Alltag machen wir es so, daß wir auf Beispiele zeigen, auf Situationen, die vor Augen liegen, oder auf Erfahrungen, die wir gemacht haben. Wir definieren, das heißt, wir grenzen „Erziehung" und das, was dazu gehört, in der Fülle der Erscheinungen des Alltags als etwas Besonderes ein, wir sagen, was wir uns worunter vorstellen wollen. Gut. Aber muß es so sein, wie wir es sehen? ist es überall so? war das immer schon so: Kind, verwahrlost, Lehrer…? Nein, keineswegs. Also: Warum reden wir heute von „Kindheit", beklagen wohl auch ihr Verschwinden, wo es frühere Zeiten gab, die noch keine „Kindheit" kannten? Was führte zu deren Erfindung und „Definition"? Wenn wir nach links und rechts und – zeitlich gesehen – nach hinten blicken, dann wird Selbstverständliches fragwürdig; fragwürdig, das heißt, es lohnt sich, danach zu fragen. – Noch einmal zurück zur Situation der Pädagogik:

Jene „realistische Wendung" wurde vollzogen, und da zeigte sich, daß sie teuer bezahlt wurde. Ich überspitze etwas und sage: Man wendete sich jetzt an „Erziehung hier und heute" – und verlor aus dem Sinn, was eigentlich „Erziehung" ist, was uns dazu bewegt, eine bestimmte Form des Umgangs von Menschen miteinander als „Erziehung" zu bezeichnen; oder anders gesagt: was wohl der *Sinn* eines solchen als „Erziehung" bezeichneten Umgangs wäre. Allerlei Erziehungsziele, nahezu unzählig viele werden feilgeboten. Aber man hört sehr wenig davon, daß Erziehung und Unterricht etwas mit Verantwortung vor der Zukunft der Kinder und Schüler zu tun haben – wo kommt dieser Gedanke heute noch vor? Wo denken Erzieher und solche, die es werden wollen, ausdrücklich über *sich als Erzieher* nach? Was heißt es: *Erzieher* sein? Es fehlt, so scheint mir, das Bewußtsein davon, daß man sich sehr genau und sehr ehrlich und selbstkritisch über die leitenden Begriffe und Vorstellungen derjenigen Praxis verständigen muß, auf deren Bewältigung man sich in einem Studium vorbereitet.

Spätestens jetzt ist er unüberhörbar, der Chor der Pädagogen, Didaktiker, Lehrerstudenten und Erzieher: alles zu theoretisch, zu abstrakt, kein Praxisbezug…! Aber hat das etwa nichts mit der Praxis zu tun: wie wir „Verwahrlosung" definieren? als was wir „Beratung" oder „Eingreifen" bestimmen? was „Kinder" sind? So, wie ich es definiere – so handle ich. Ich bin ein anderer Lehrer, wenn ich „Lernziele" zu erreichen suche, und ein anderer, wenn ich „Bildung" ermöglichen möchte. Praxisbezug: Das ist schon richtig, aber selbst, was dies ist, „Praxis", auch darüber muß man sich erst einmal verständigen.

Viel später, lange nach meinem Studium, fand ich einen Aufsatz von Erich Weniger. Dieser Text hat mir, leider erst nachträglich, einen Gesichtspunkt an die Hand gegeben, der mir in meinem Studium geholfen hätte, dessen Sinn besser zu verstehen oder ihm einen besseren Sinn zu geben:

> Es ging ihm nach dem letzten Krieg im Zusammenhang mit der Neuordnung der Lehrerausbildung um die Frage, ob es eine „Erprobung der erzieherischen Eignung" während des Studiums der Gymnasiallehrer geben solle. Ja, so meint er, aber leider gab es damals in Niedersachsen kein verbindli-

11

ches Schulpraktikum (wie heute bei uns). „Im übrigen sind wir zur Feststellung der pädagogischen Eignung auf den indirekten Weg gewiesen, den Weg über die Weckung des erzieherischen Ethos durch die Begegnung mit dem pädagogischen Genius in der Geschichte der Pädagogik, in der Vergegenwärtigung der pädagogischen Haltung, wie sie die pädagogische Theorie zu vermitteln vermag" – und das ist für Weniger die in der Geschichte aufgehobene, immer wieder neu auszulegende Theorie der großen Pädagogen gewesen[1].

„Weckung des erzieherischen Ethos" – der erzieherischen Verantwortung und Liebe, des Strebens nach Erkenntnis, die mir Erziehung aufschließt: Darauf zielt die Aneignung der pädagogischen Theorie ab, und für Weniger ist das die in der Geschichte aufgehobene, aufbewahrte Theorie. Da ist also nicht etwa zu ermitteln, ob eine pädagogische Eignung bei angehenden Lehrern bzw. Erziehern vorhanden ist. Nein, gleich, ob man sie hat oder nicht: zu erwerben ist sie, erwerben muß und kann sie jeder künftige Erzieher und jede Erzieherin, und zwar in einem Studium der Theorie von Erziehung, in der Aneignung von Dokumenten der Erziehung und des Nachdenkens über sie.

Wenn ich heute zurückblicke, so muß das bei uns damals wohl auch so funktioniert haben. Jedenfalls für meine Doktorarbeit kann ich sagen: In der Auseinandersetzung mit Francke habe ich meine Erziehungswissenschaft gelernt, habe ich viele Bruchstücke dessen zusammenfügen können, was ich studiert hatte. Natürlich bin ich an ihn nach einem langen Studium mit Vorstellungen von „Erziehung" herangegangen. Aber auch dieses: Was „Erziehung" ist und was mein Ort in dieser Praxis ist, das ist mir damals in der Auseinandersetzung mit einem großen Erzieher klar geworden.

Was ich da im Blick auf die Ausbildung von professionellen Lehrern und Erziehern gesagt habe, das kann man verallgemeinern: „*Erziehung*" ist – übrigens im Laufe der letzten drei Jahrhunderte – zu einem integrierenden *Bestandteil des Lebens in unserer Gesellschaft* geworden; die Beschäftigung mit ihrer Geschichte und Theorie kann insofern auch Nicht-Fachleuten nützen: zu verstehen, was das ist, „Erziehung in der Gesellschaft", das Schulwesen, die Heimerziehung, die Berufsausbildung; und zu verstehen, wer wir sind: Erzogene mit Eltern, Schulkarriere, Ausbildung, eigenen Kindern, die wir erziehen (müssen). Indem wir uns mit „Erziehung" auseinandersetzen, erfahren wir etwas über die Möglichkeiten, die in uns als Menschen stecken, die wir verwirklicht haben, die wir verwirklichen können, die uns betreffen, die uns betroffen machen. Und weil das so ist, verspricht es Gewinn für die Erkenntnis unserer selbst – als Erzieher im weitesten Sinne dieses Wortes –, wenn wir einen Blick zurück in die Geschichte der Erziehung werfen.

Im folgenden werde ich „Erzieher" aus den vergangenen drei Jahrhunderten vorstellen: wann und wo sie gelebt und gewirkt haben, was sie eingerichtet, getan und geschrieben haben. Bei der Auswahl habe ich mich durch folgende Gesichtspunkte leiten lassen:

- Sie sollen für die Tradition stehen, der wir heute zugehören.
- Sie sollen einen Beitrag zur Bestimmung des Begriffs, den wir heute von „Erziehung" haben, geleistet haben.
- Der Beitrag sollte, wenn irgend möglich, ein praktischer und theoretischer zugleich sein: Sie sollten also etwas vorgeschlagen, ausprobiert und reflektiert haben.

Ich werde die Gesichtspunkte nicht sklavisch berücksichtigen: Rousseau hat seine Kinder ins Findelhaus gesteckt und sich auch im übrigen kaum als Erzieher versucht.

Wie auch immer, ich möchte

- ein Bild von der Vielfalt und Reichhaltigkeit der Erziehung und des Nachdenkens über Erziehung vermitteln, das in der Geschichte aufgehoben ist;
- einen Eindruck von dem geben, was da an Anstrengungen in der Gesellschaft unternommen werden mußte bzw. unternommen worden ist, bis „Erziehung" das wurde, was sie heute und für uns ist;
- daß man merken oder zumindest ahnen kann: Es waren Menschen sozusagen wie du und ich; die Geschichte ist demnach die Herausforderung an uns, daß wir uns diese menschlichen Errungenschaften für uns selber aneignen: Es geht nicht nur um die verdreckten Waisen in Stans, von denen Pestalozzi berichtet, sondern es geht um uns selber.

Solche Einsichten stellen sich beim Lesen nicht von selbst ein. Man wird wohl einen der Klassiker im Original zur Hand nehmen, sich darein vertiefen und weiterdenken müssen. Wo man die wichtigsten Schriften findet, das habe ich in einer *Lektüreempfehlung* angegeben, und zwar an erster Stelle (!²). Erst danach wird man sinnvollerweise zu Texten greifen, in denen das Werk des Klassikers interpretiert wird, also solchen, wie ich sie an zweiter Stelle nenne[3].

Im Nachwort zu seinem Buch „Geschichte der Pädagogik" schreibt Herwig Blankertz: Thema der Pädagogik sei Erziehung als dasjenige Handeln, das auf die „Mündigkeit" der heranwachsenden Generation abziele und in der „Freigabe der Erzogenen" ihr Ende habe[4]. *„Mündigkeit"*, „Freigabe der Erzogenen" – das ist die Klammer, die auch die folgenden Kapitel zusammenhält. Anders herum gesagt: Diese äußerst allgemeine Definition von „Erziehung", das ist es, was ich im folgenden erläutern möchte. Sagen wir es in der Form einer Arbeitsdefinition:

„Erziehung" ist die an Aufklärung und Mündigkeit orientierte Reaktion der Gesellschaft auf die Tatsache, daß Menschen sich im Laufe ihres Lebens entwickeln.

Mit dieser Voraussetzung gehe ich an die Geschichte heran; angeleitet durch diesen Begriff von „Erziehung" rekonstruiere ich Kapitel einer „Geschichte der Erziehung".

Invitatio.   Einleitung.

M. Veni, Puer! difce Sapere.	L. Komm her/ Knab! lerne Weißheit.
P. Quid hoc eft, *Supere?*	S. Was ist das/ Weißheit?
M. Omnia, quæ *neceſſaria,* reĉtè *intelligere,* reĉte *agere,* reĉtè *eloqui.*	L. Alles/ was nöhtig ist/ recht verstehen/ recht thun/ recht ausreden.
P. Quis me hoc docebit?	S. Wer wird mich das lehren?
M. Ego, cum Deo.	L. Ich/ mit GOtt.
P. Quomodo?	S. Welcher gestalt? *M.* Du-

Einladung an den Schüler, aus dem Orbis sensualium pictus des Johann Amos Comenius.

1 Zwei Anfänge einer Geschichte

1.1 Alexander S. Neill und die „antiautoritäre Erziehung" in der Bundesrepublik Deutschland

Alexander S. Neill (1883–1973)

1965 erschien in der Bundesrepublik ein Buch eines gewissen Alexander S. Neill mit dem Titel: „Erziehung in Summerhill. Das revolutionäre Beispiel einer freien Schule". Es wurde kaum zur Kenntnis genommen. 1969 brachte der Rowohlt-Verlag dasselbe Buch unter dem Titel: „Theorie und Praxis der antiautoritären Erziehung. Das Beispiel Summerhill" heraus. Es war ein Erfolg:

> Zwischen Dezember 1969 und März 1970, also in einem Vierteljahr etwa, wurden 190 000 Exemplare gedruckt.

Dasselbe Buch – eine andere Situation, ein anderer Titel! Was tut es dann, daß der Titel eher das Interesse der Käufer und Leser spiegelte als den Inhalt. Denn 1969 – das war die Zeit der „Bewegungen", insbesondere derer der Studenten und Schüler. Diese „Bewegungen" entstanden in einer gesellschaftlichen und politischen Landschaft, für die hier nur ganz wenige Stichworte stehen sollen:

- Die Bundesrepublik Deutschland war als demokratischer Staat und ökonomische Macht aufgebaut und in die – westliche – Staatengemeinschaft integriert.
- Eine junge Generation wurde erwachsen, die den Krieg nicht und die Nachkriegszeit allenfalls in frühester Kindheit erlebt hatte, die also für sich im Wiederaufbau nicht – wie ihre Eltern noch – den Sinn ihrer gesellschaftlichen Existenz sahen.
- Der Vietnamkrieg demonstrierte den Widerspruch zwischen öffentlich proklamierten Moralvorstellungen und dem im politischen und ökonomischen System praktizierten Verhalten.
- Auch dies: Eine große Koalition in der Bundesrepublik machte politische Auseinandersetzungen und Kritik im Parlament scheinbar unmöglich.

Um es für unser Thema zuzuspitzen: Die Wortführer der jüngeren Generation – und das waren vor allem die Studenten – nahmen die Gesellschaft, in die sie hineinwuchsen, nicht für naturgegeben. Sie waren vielmehr davon überzeugt, daß sie sie verändern müßten. Mit politischen Mitteln schien das nicht zu gehen; auch hatte man überhaupt keine

Alexander S. Neill (1883–1973)

politische Macht. Also wählte man einen Ausweg: die Veränderung der Gesellschaft durch Erziehung, das heißt dadurch, daß man die nunmehr nachwachsende Generation, die eigenen Kinder, anders – eben „antiautoritär" zu erziehen versuchte. Wenn die erwachsen wären, spätestens dann würden Gesellschaft und Staat von anderen, menschlicheren Menschen getragen als von den alten Nazis oder den Vertretern einer „skeptischen", der Kriegsgeneration.

Zu Neill nur ganz wenige Hinweise:

1883	in Schottland geboren
	Schulversager, Lehrerlehre, Lehrer, Kennenlernen der Reformpädagogik in Deutschland
1924	Gründung von Summerhill, einer kleinen Privatschule im Südosten Englands
1973	Als Leiter der Schule und Schriftsteller gestorben.

Ganz wenige Hinweise zur Person: Denn es war nicht etwa so, daß Neill das Vorbild abgegeben hätte, nach dem in der Bundesrepublik die „antiautoritäre" Erziehung konzipiert wurde. Ja, auch der Begriff stammt wohl nicht von ihm. Eher war es so: Das, was man hier und da überlegte, dann ausprobierte, das fand man bei Neill in einer faszinierenden und konsequenten Einheit von theoretischer Reflexion und Erziehungspraxis verwirklicht. Das Bestehende, das Erziehungssystem, die Erziehungspraxis – das war also revidierbar, und dafür stand Neill.

16

Seine Internatsschule war so ziemlich in allem das Gegenstück zur staatlichen (englischen) Schule: Freiheit, Freiwilligkeit, Offenheit, insbesondere in Fragen der Sexualität, Selbstregierung, praktische Arbeit – das sind Schlagworte, mit denen man Summerhill kennzeichnen könnte. Dazu zwei Textstücke:

> „Vor einigen Jahren hatten wir einen siebzehnjährigen Schüler, der vorher auf einer privaten Jungenschule gewesen war, und ein sechzehnjähriges Mädchen, das von einer privaten Mädchenschule nach Summerhill kam. Die beiden wurden zur gleichen Zeit bei uns aufgenommen. Sie verliebten sich ineinander und waren unzertrennlich. Eines Abends sah ich sie noch spät zusammen und sagte: ‚Ich weiß nicht, was ihr beiden treibt, und moralisch läßt mich das auch kalt, denn es geht überhaupt nicht um die Moral. Aber wirtschaftlich mach ich mir Gedanken, denn wenn du ein Kind kriegst, Kate, ist die Schule ruiniert. Ihr seid gerade erst nach Summerhill gekommen. Klar, daß ihr noch kein besonderes Verhältnis zu unserer Schule gefunden habt; für euch bedeutet sie vor allem, tun und lassen zu können, was ihr wollt. Wenn ihr schon als Siebenjährige hierhergekommen wärt, müßte ich jetzt gar nicht mit euch darüber sprechen, denn dann hättet ihr so eine Bombenbeziehung zu Summerhill, daß ihr euch Gedanken darüber machen *würdet,* welche Folgen euer Verhalten für die Schule haben könnte.‘
> Das war die einzige Möglichkeit, an dieses Problem heranzugehen. Glücklicherweise brauchte ich über dieses Thema nie wieder mit den beiden zu sprechen."[1]
> „Summerhill ist eine Schule mit demokratischer Selbstregierung. Alles, was irgendwie mit dem Leben der Gemeinschaft zusammenhängt – und dazu gehört auch die Bestrafung von Vergehen gegen die Gemeinschaft –, wird von der Schulversammlung am Samstag durch Abstimmung geregelt. Jedes Mitglied des Lehrerkollegiums und jedes Kind, gleichgültig, wie alt es ist, hat eine Stimme. Meine Stimme hat nicht mehr Gewicht als die eines Siebenjährigen.
> Sie werden vielleicht lächeln und sagen: ‚Ihre Stimme hat aber trotzdem sicher mehr Bedeutung.‘ Sehen wir uns einmal die Praxis an. Einmal habe ich mich in der Schulversammlung zu Wort gemeldet und vorgeschlagen, Schülern unter sechzehn sollte das Rauchen verboten werden. Meine Argumentation war: Nikotin ist Gift, und ein Kind hat eigentlich kein Bedürfnis danach; es raucht nur, um als erwachsen zu gelten. Von allen Seiten kamen Gegenargumente. Dann wurde abgestimmt, und mein Vorschlag wurde mit großer Mehrheit niedergestimmt.
> Es ist erwähnenswert, wie es dann weiterging. Nach meiner Abstimmungsniederlage schlug ein sechzehnjähriger Junge vor, Schülern unter zwölf sollte das Rauchen verboten werden. Sein Antrag wurde angenommen. In der folgenden Woche forderte ein Zwölfjähriger die Schulversammlung auf, das Rauchverbot wieder aufzuheben. Er sagte: ‚Wir sitzen alle auf dem Klo und rauchen heimlich, genau wie in einer strengen Schule. Das Verbot verstößt gegen die Grundsätze von Summerhill.‘ Der Junge erhielt lauten Beifall, und die Schulversammlung hob das Rauchverbot wieder auf. Damit

habe ich hoffentlich bewiesen, daß meine Stimme nicht mehr Gewicht hat als die der Kinder."[2]

Übrigens: So oder so war dies alles Gemeingut ganz unterschiedlicher Versuche, die in der „Reformpädagogik" gemacht worden sind, insbesondere im Deutschland der Jahre von etwa 1910 bis 1933. Doch davon später; noch sind wir in der Bundesrepublik der ausgehenden 60er und der 70er Jahre.

Die „Kinderläden"

In den „Kinderläden" hat das Gestalt angenommen, was man sich unter „antiautoritärer Erziehung" vorstellte. Das folgende Bild ist eine in wesentlichen Zügen treffende Charakterisierung derselben:

Die Geschichte vom braven Ordnungsmann

Am Morgen zieht der Ordnungsmann
sein grasgrün neues Röcklein an,
nimmt Helm und Stiefel wie den Stock
und läuft um seinen Häuserblock.
Er trägt die Brille auf der Nasen
und blicket streng zu jenem Rasen,
auf dem es oftmals ein Gewühle
von Knaben gibt beim Fußballspiele,
obwohl ein weißgetünchtes Schild
nur Sonnenbaden dort empfiehlt.
Zufrieden kann er jetzt erblicken,
wie sie schon wieder mal beim Kicken.
Hei! hört den braven Ordnungsmann,
wie markig er da brüllen kann.
„Wie schön du sowas sagen kannst
in deinem zuckergrünen Wams!
Ach, Grüner, komm wir laden
dich ein zum Sonnenbaden."
Im Nu sind alle Knaben nackt
und haben sich fest eingehakt
und tanzen um den Grünen
wie Wellen um die Dünen.
Der brave grüne Ordnungsmann
schreit immer wieder: „Hosen an!"
Die Knaben aber schreien munter
„Hosen runter. Hosen runter".
Das war dem grünen Mann zu viel,
weshalb er gleich in Ohnmacht fiel.
Da liegt er nun im Grase
und hat 'ne bleiche Nase.

„Was ist das für ein Sonnenbad
bei dem man grüne Hosen hat.
Zeig deinen Ordnungspimmel
doch auch einmal dem Himmel."[3]

Ihrer selbst bewußte Kinder, die sich mit der Ordnungsmacht, dem Reprä-
sentanten der Erwachsenengeneration anlegen. Das sind zwei Motive, die
in allen Varianten des Erziehungskonzepts wiederkehren. – Ein wenig
genauer:
Ende 1969 lief im Fernsehen der Film: „Erziehung zum Ungehorsam".
Materialien dazu hat der Autor, Gerhard Bott, 1970 als Buch veröffentlicht. Zunächst ein Stück aus dem Vorwort:

> „Das erste Kinderladen-Projekt begann seine Arbeit vor drei Jahren, im
> September 1967 in Frankfurt. (vgl. Bericht der Kinderschule Frankfurt) Hier-
> bei handelte es sich um einen Einzelansatz, der auf den Erkenntnissen der
> Psychoanalyse aufbaute.
> Mehrere Kinderläden gleichzeitig entstanden aus der linken Studentenbe-
> wegung während der Vorbereitung der großen Vietnamdemonstrationen in
> Berlin im Januar 1968. Damals suchten junge Mütter nach Möglichkeiten,
> an den politischen Aktivitäten der Studentenbewegung intensiver teilneh-
> men und ihre Emanzipation trotz der Kinder weiterführen zu können.
> Seitdem haben in beinahe allen westdeutschen Großstädten eine immer
> noch wachsende Zahl politisch engagierter Elterngruppen leerstehende Lä-
> den oder Wohnungen gemietet, um dort ihre eigenen Kindergärten einzu-
> richten. Sie zogen damit zugleich die Konsequenz aus der Misere der her-
> kömmlichen Kindergärten und der dort praktizierten affirmativen, d.h. auf
> Anpassung und Gehorsam gerichteten Erziehung."[4]
> „In den Kinderläden wollten die Eltern in gemeinsamer Arbeit eine neue
> Form der Erziehung aus der Praxis mit gleichzeitiger Theoriebildung ent-
> wickeln, die zum Ziel hatte, die herkömmliche autoritäre Erziehung zu
> überwinden ...
> „Zunächst einmal heißt das: Die Erzieher wollen vermeiden, daß die Kinder
> zu ‚autoritären Charakteren' erzogen werden."[5]
> „Ihre theoretischen Grundlagen fanden die Eltern vor allem bei Freud und
> Reich, bei Marx und Marcuse, bevor sie die weitere einschlägige Literatur
> aufarbeiteten. Das bedeutet: Anders als dem Gründer der repressionsfreien
> Internatsschule „Summerhill", Alexander S. Neill, dem es nur um Freiheit,
> Glück und psychische Gesundheit des einzelnen Kindes geht, kommt es
> den Kinderläden nicht nur auf das Individuum und seine Glücksfähigkeit
> und Mündigkeit an, ihnen geht es ebenso um Gesellschaft und Staat. Kin-
> der, die von autoritären Erziehern zu autoritären Charakteren erzogen wer-
> den, die von übermächtigen Erwachsenen Lob und Tadel empfangen – das

haben die Kinderläden erkannt – werden sich meist ein Leben lang nach ebendieser Abhängigkeit von einer Obrigkeit, von einem starken Mann sehnen."[6]

In dem Materialteil kommen dann die Vertreter mehrerer Kinderläden zu Wort. Zunächst aus einem Frankfurter Kinderladen:

> „Im Juli 1967 entschlossen wir, d. h. einige pädagogisch interessierte Eltern, uns, eine Kinderschule (Integration von Kindergarten, Vorschule und später evtl. Grundschule) zu eröffnen. Der erste Schritt dazu war die Gründung eines eingetragenen Vereins, als Rahmen für Gemeinnützigkeit (Verein für angewandte Sozialpädagogik).
> Die *theoretischen Grundlagen* unserer Arbeit waren:
> A. S. Neill, Summerhill; Wilhelm Reich; J. und Paul Ritter, Free Family; Kirkdale, eine Schule in London, von der die Anregung für unsere Initiative ausging und an der zwei Lehrerinnen unserer Kinderschule hospitiert bzw. praktiziert haben.
> Der politische Anspruch unserer Arbeit ist:
> Realisierung eines repressionsfreien Erziehungsstils in Form eines Experiments; Schaffung eines Modells, im Rahmen dessen gezeigt werden kann, daß innerhalb und gegen eine repressive Gesellschaft eine freie, antiautoritäre Erziehungspraxis möglich ist. Ferner: Kritik an den bestehenden herkömmlichen Kindergärten – städtischen und konfessionellen, einschließlich Montessori und Waldorf."[7]

„Repressionsfreier Erziehungsstil", „freie, antiautoritäre Erziehungspraxis": Im Begriff der „Selbstregulierung" wird zusammengefaßt, was darunter zu verstehen ist:

> „Unser Erziehungsprojekt beruht auf dem Prinzip der Selbstregulierung der kindlichen Bedürfnisse, d. h. das Kind soll in jedem Alter und auf allen Lebensgebieten (wie Essen, Schlafen, Sexualität, Sozialverhalten, Spielen, Lernen usw.) seine Bedürfnisse frei äußern und selbst regulieren können, es soll Gelegenheit haben und darin unterstützt werden, seine Interessen individuell und kollektiv zu erkennen und angemessen zu vertreten... Wir versuchen in unserem Projekt, den Kindern den nötigen Freiheitsspielraum zu schaffen, innerhalb dessen sie frei von den Anpassungsforderungen an eine Zwangs- und Leistungsgesellschaft fähig werden, Selbstregulierung zu verwirklichen. Selbstregulierung ist als pädagogisches Programm, das Ziel und Methode umfaßt, zu verstehen: ein sich selbst regulierendes Kind ist das pädagogische Ziel der Eltern und Erzieher. ... Die Voraussetzung für Selbstregulierung ist ein liebevolles Klima, wo affektive Zuwendung möglich ist, in dem keine festen, rigiden Deutungsmuster von den erwachsenen Bezugspersonen vorgegeben sind, sondern der Erfahrungsspielraum für das Kind in jeder Hinsicht offen gehalten wird."[8]

Dies darf man extrapolieren: Kinder, so verstand man es, die sich selbst „regulieren", werden selbstbestimmte und nicht fremdbestimmte oder von Autoritäten abhängige Erwachsene werden. Und jene sind es, die die Gesellschaft braucht.

Andere akzentuierten anders, wie der Bericht aus einem Berliner Kinderladen zeigt:

„Im Zusammenhang mit der Kinderladeninitiative des Aktionsrates zur Befreiung der Frauen gründeten wir im Frühjahr 1968 unter dem Namen Kinderladen Schöneberg II einen der ersten Kinderläden in Westberlin. Er verstand sich von Anfang an als ein Projekt der sozialistischen Studentenbewegung, die im Februar 1968 mit dem Vietnam-Kongreß in Westberlin ihren ersten Höhepunkt erlebte.

Freilich war der Versuch einer antiautoritären Erziehung nicht nur dem Impuls politisierter Frauen und der Studentenbewegung zu verdanken. Vielmehr war die herkömmliche Erziehung in Familie, Schule und Universität bereits in Widerspruch geraten zur Entwicklung der Produktionsprozesse. Es wurde immer deutlicher, daß die Entfaltung der Produktivkräfte eine bessere und längere Ausbildung der Arbeitskräfte zur Voraussetzung hat. Um die Entwicklung der industriellen Arbeitsprozesse zu garantieren, mußten Erziehung und Ausbildung nicht allein in der Schule und in den Hochschulen geändert werden; auch die herkömmliche Familienerziehung und die äußerst rückständige Kindererziehung des Staates und der privaten, vor allem kirchlichen Träger wurde in Frage gestellt."[9]

„Wir haben versucht, und zwar zu Anfang weniger deutlich, schließlich klarer, in unserer Arbeit den Zusammenhang aufzudecken, der zwischen der Krise im Erziehungssektor, der Entwicklung der industriellen Arbeitsprozesse und der kapitalistischen Verwertungsprozesse besteht. Von daher haben wir die Kinderladenarbeit nicht nur als einen Versuch verstanden zur Befreiung der (aufgrund rückständiger Erziehung) gefesselten intellektuellen und psychischen Energien unserer Kinder, sondern zugleich als einen Versuch, bewußt *gegen* die kapitalistischen Herrschafts- und Ausbeutungsinteressen zu erziehen. Deshalb bemühten wir uns nicht allein, überflüssige, unterdrückende Autorität im Erziehungsprozeß aufzugeben, sondern versuchten gleichzeitig das Kinderladenprojekt politisch zu bestimmen und im Zusammenhang mit SDS-Studenten zu organisieren."[10]

Hier wird das politische Ziel (das auch im Frankfurter Kinderladen eine wichtige Rolle spielte) sehr klar und offen ausgesprochen. Und noch etwas anderes wird deutlich: Die Kinder sind (weitgehend) Mittel zu einem politischen Zweck.

Neben diesem politischen Ziel und jenem der Selbstbestimmung spielte ein weiteres eine Rolle. In einem Rückblick schreiben zwei Kinderladen-Mütter:

„Als wir den Kinderladen gründeten, stand unsere eigene Emanzipation im Vordergrund. Es war faktisch unmöglich, die Kinder in einer Krippe unterzubringen. Außerdem erschienen uns diese staatlichen Einrichtungen indiskutabel. Da unsere Kinder aber nicht dem bürgerlichen Individualismus zum Opfer fallen sollten, mußten wir früh damit anfangen, selbst etwas aufzubauen und die Ein- bis Eineinhalbjährigen mit unseren Erziehungszielen konfrontieren. Wir hatten es eilig: Von der Schule war nichts Gutes zu erwarten, die Kinder sollten spätestens nach sechs Jahren so sein, wie wir es uns vorstellten: Widerborstig und unangepaßt, weder Macker noch Püppchen, kollektiv und solidarisch im Fühlen und Handeln. Es ging also bei der Gründung des Kinderladens zunächst um uns selbst, dann um die Kritik der staatlichen Erziehungseinrichtungen und erst zuletzt um die Erziehung der Kinder, die sich negativ an allem orientierten, was uns Erwachsenen so schwerfiel.

Die wichtigsten Ziele der Kinderladenerziehung haben wir damals in Protokollen festgehalten:

— Erziehung zu kollektivem Verhalten, aus der Einzelkindsituation heraus intensivere Kontakte zu Gleichaltrigen.
— Keine Fixierung der Kinder an die Eltern – mehrere ,Bezugspersonen'.
— Alles, was auf den Aufbau einer geschlechtsspezifischen Rollenteilung hinzielte, sollte weg.
— Sauberkeitserziehung, Sexualerziehung: keine Ordnungszwänge und Bedürfnisunterdrückung.
— Kontrolle des eigenen Erziehungsverhaltens durch andere."[11]

Hier war die Emanzipation der Frauen der Zweck und die Erziehung der Kinder ein Mittel, ihn zu erreichen – beides ohne Zugeständnisse an die herrschenden gesellschaftlichen Orientierungen. Das Ergebnis?

„Welche Resultate haben wir mit unseren Erziehungsvorstellungen bei unseren Kindern erzielt?

Die uns immer so wichtige Rollenverteilung hat sich entwickelt wie in jedem städtischen Kindergarten: Die Mädchen zogen sich immer mehr in Kicherecken zurück, die Jungs fanden die Mädchen doof, spielten Abenteuerspiele oder bauten Sandburgen. Anna hat ihre Puppenzeit mit acht Jahren intensiv nachgeholt. Max wurde mit fünf Jahren so schamhaft, daß er sich niemals mehr ohne Badehose blicken läßt, auch nicht, wenn wir nachts baden gehen. Das durch uns und unsere Kindergärtnerin stark reduzierte Konsumverhalten – es wurde vieles selbst hergestellt, fertige Dinge gab es kaum – hat bis zur Schulzeit angehalten.

Uns kam die Kinderladenerziehung, so wie wir sie praktizierten, als völliger Freiraum im Vergleich zu unserer eigenen Erziehung vor. Wir glaubten, die Kinder vor den Problemen, die wir mit unserer Umwelt hatten, weitgehend bewahren zu können, indem wir ihnen unsere damaligen Wertvorstellungen gleich richtig aufsetzten. Daß das genauso eine Schiene war, eben nur eine andere mit neuen Vorzeichen, ist uns erst mit größerem Abstand klar geworden.

In unserem vielgepriesenen Freiraum waren wir auch ganz schön dogmatisch, besonders mit Andersdenkenden um uns herum. Eines unserer großen Probleme war ja auch, wie wir unsere Kinder mit sogenannten normalen Kindern zusammenbringen. Unser Anspruch war natürlich, keine Glaskastenerziehung zu betreiben, sondern jede Begegnung mit anderen Kindern zu fördern, am liebsten natürlich mit echt proletarischen Kindern. Diese

Vorstellung hatte wohl jeder Kinderladen. Wir kennen keinen, in dem es den Kinderladenleuten wirklich gelungen ist, langandauernde Kontakte herzustellen."[12]

Da finden sich gleichsam auf kleinem Raum ein paar zentrale Aspekte von „Erziehung in der Gesellschaft", konstitutiv nicht allein für die „Kinderläden", sondern für Erziehung überhaupt:

- der Zusammenhang von Erziehung und Gesellschaft, nicht nur prinzipiell, sondern bis ins praktische Detail erörtert und – zum Teil – auch erprobt;
- das Motiv der Selbstbestimmung der Kinder, das, da sie Kinder sind, für sie von den Erwachsenen in Obhut genommen werden muß; anders gesagt, die Frage, wie man „die Freiheit bei dem Zwange" (so hat es der Philosoph Immanuel Kant vor 200 Jahren formuliert) erreichen könne[13];
- und das Problem von Zweck und Mittel, hier im Rückblick versöhnlich und versöhnt dargestellt insofern, als die Kinder ihren Bezugspersonen eine Selbständigkeit demonstriert haben, die in ihrer Art so gar nicht in deren Sinne gewesen war.

Es sieht so aus, als hätten die besagten Mütter damals gedacht, daß diese Probleme und daß sie eindeutig – „ganz schön dogmatisch" – lösbar seien. Den beiden wurde im nachhinein offensichtlich klar, daß das wohl doch nicht möglich ist: Die Sache ist in sich widersprüchlich, und jede theoretische Lösung wäre dogmatisch. Ohne dogmatische Festlegungen ist nur eine praktische Lösung des Widerspruchs möglich, eine Praxis im Bewußtsein des Widerspruchs; eine Praxis, in der täglich der Raum dessen ausgehandelt werden muß, was Erzieher ihren Kindern bzw. Zöglingen als Raum ihrer Selbstverwirklichung zumuten und zugestehen können. Offensichtlich haben das jene Mütter dann auch praktiziert:

> „Ob unsere Kinder sich nicht ebensogut mit weniger dogmatischen Vorgaben in Richtung auf eine freie Kollektiverziehung entwickelt hätten, ob ihnen mehr Ordnungsprinzipien genutzt hätten, wissen wir nicht. Sie sind entgegen unseren Erziehungsvorsätzen nicht gerade unegozentrisch. Wenn wir sie aber mit anderen Klassenkameraden vergleichen, so sind sie jedenfalls selbständig geworden und auch selbstbewußt."[14]

- eine Praxis also im Bewußtsein des Widerspruchs, als Arbeit an dessen Lösung; eine Lösung, die dann nie ein für allemal, sondern für jeden Fall von Erziehung neu ausgearbeitet werden muß.
„Antiautoritär", das war noch mehr als die Kritik an scheinbar selbstverständlicher Autorität, Autorität von Eltern, der Obrigkeit, ja, der ganzen Generation der Erwachsenen. Ehe ich darauf eingehe, setze ich noch einmal neu ein:

1.2 Polytechnische Bildung in der Deutschen Demokratischen Republik

1988 fragte ein Pädagoge aus der *Bundesrepublik Deutschland* einen Kollegen in der *Deutschen Demokratischen Republik,* ob es dort „Versuchsschulen" gebe. Ein gewisses Unverständnis war die erste Reaktion; die Frage wurde natürlich verneint. Unverständnis? Nicht, daß der Gefragte nicht gewußt hätte, was man darunter zu verstehen habe, im Gegenteil. Aber wie konnte man nur so fragen? Bei aller Entwicklungsbedürftigkeit – und im Laufe der 30 Jahre ihrer Existenz hatte sich ihre Gestalt vielfältig verändert – war die „Polytechnische Oberschule" (POS) doch als Einlösung aller Versprechen der Bildungsgeschichte zu verstehen! Modelle, in denen Alternativen praktiziert werden in der Absicht, die normale, also die staatliche Schule zu reformieren: Das hätte geradezu dem bildungspolitischen und pädagogischen Selbstverständnis der Pädagogik in der DDR widersprochen.

Der Anfang dieser Schule reicht bis in die Zeit unmittelbar nach dem Kriege zurück. Einer, der damals ein Lehrerstudium absolvierte, beschreibt ihn später als Professor für Pädagogik so:

> „Im Mai/Juni 1946 wurde unter schwierigsten materiellen und ideellen Bedingungen der Nachkriegszeit in den Ländern der damaligen sowjetischen Besatzungszone das ‚Gesetz zur Demokratisierung der deutschen Schule' verabschiedet. Diese Schulreform legte eine sichere Grundlage für die folgende Entwicklung. Im Mittelpunkt stand natürlich die Veränderung der Ziele und Inhalte der Bildung und Erziehung, denn es galt ja in konsequenter Verwirklichung des Potsdamer Abkommens der Alliierten Siegermächte (vom 2. August 1945, vor allem III, A, 7) die Schule von allen Elementen des Militarismus, des Imperialismus, der Völkerverhetzung und des Rassenhasses zu säubern. Diese Aufgabe war auch in den Dokumenten der deutschen Antifaschisten, vor allem der KPD, die sie noch während der Nazizeit zur Vorbereitung auf den Neuaufbau nach der Zerschlagung des Faschismus verabschiedet hatten, eindeutig in den Vordergrund gerückt worden. Zugleich verwirklichte das Gesetz alle jene Forderungen, für die die Arbeiterbewegung und alle bürgerlich-demokratischen Kräfte während der Weimarer Zeit gekämpft hatten: Staatlichkeit und Weltlichkeit des Schulwesens, Schulgeldfreiheit, Stipendien und Beihilfen im Falle sozialer Bedürftigkeit, allmähliche Beseitigung der wenig gegliederten Schulen auf dem Lande und Aufbau von voll ausgebauten Zentralschulen. Das Gesetz schuf eine einheitliche, achtjährige Grundschule für alle Kinder, deren Niveau im Vergleich zur alten deutschen Volksschule erheblich angehoben wurde."[15]

Zwar „verwirklicht" das Gesetz die Forderungen noch nicht, aber es ermöglichte ihre Realisierung. Und im Rahmen des Ausbaus dieser Schule tauchte dann auch bald das Konzept der „Polytechnischen Erziehung" auf. Anstöße dazu kamen aus der Ökonomie und der Philosophie,

genauer: von den Klassikern des Marxismus-Leninismus. Es ist interessant zu beobachten, wie die Sache dann sozusagen pädagogisiert wurde:
polytechnische Erziehung als Unterrichtsprinzip in allen Fächern; Prak-
tika in Betrieben; Einbeziehung von Schülern in die Produktion in einem
„Unterrichtstag in der Produktion"; hier dann die Erfahrung, daß „Arbeit
an sich noch keine positiven Erziehungserfolge zeitgt, sondern daß die
Art der Arbeit und ihre Beziehung zum Unterricht entscheidend sind"[16] –
bis hin zum Versuch, in der damals noch 4jährigen Oberstufe die Schüler
gleichermaßen zum Abitur und zum Abschluß einer Berufsausbildung zu
führen, woraus sich dann später die „3jährige Berufsausbildung mit Abitur" als ein Bildungsgang neben der 2jährigen „Erweiterten Oberschule"
(EOS) entwickelte.

In der Konsequenz eines „Gesetz(es) über die sozialistische Entwicklung
des Schulwesens in der DDR" von 1959 wurden Lehrpläne erarbeitet, in
denen polytechnische Bildung und Erziehung als Unterrichtsprinzip in
allen Fächern reklamiert werden; und es erscheinen der Unterrichtstag in
der Produktion sowie ein Fach „Einführung in die sozialistische Produktion in Industrie und Landwirtschaft". Ihre endgültige Gestalt erhielt die
Polytechnische Oberschule dann im „Gesetz über das einheitliche sozialistische Bildungssystem" aus dem Jahre 1965. Die als „polytechnischer
Unterricht" zusammenfassend bezeichneten Fächer machen zwar nur
insgesamt etwa 11% des gesamten Stundendeputats der POS aus.

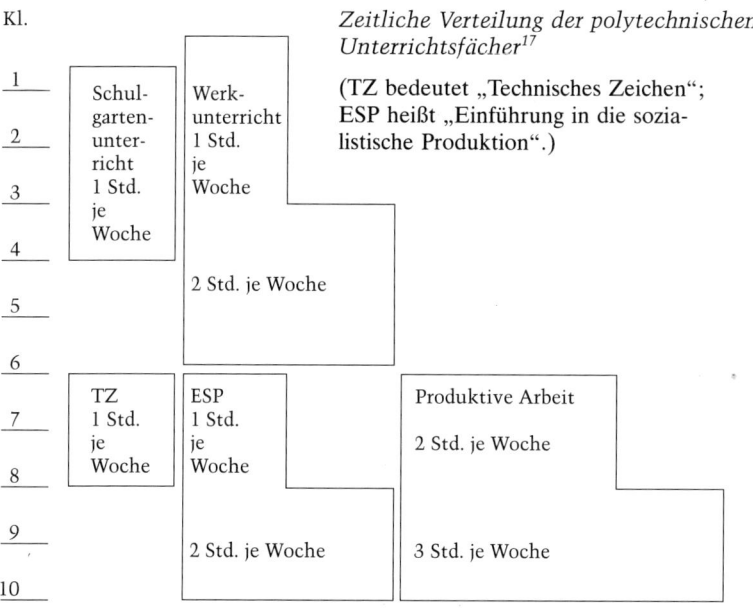

Kl.

Zeitliche Verteilung der polytechnischen
Unterrichtsfächer[17]

Kl.			
1	Schul-garten-unter-richt 1 Std. je Woche	Werk-unterricht 1 Std. je Woche	(TZ bedeutet „Technisches Zeichen"; ESP heißt „Einführung in die sozia-listische Produktion".)
2			
3			
4			
5		2 Std. je Woche	
6			
7	TZ 1 Std. je Woche	ESP 1 Std. je Woche	Produktive Arbeit 2 Std. je Woche
8			
9		2 Std. je Woche	3 Std. je Woche
10			

Wie der Name der Schule mit Bedacht zum Ausdruck bringt, bündelt sich allerdings in diesen Fächern ihr Selbstverständnis:

> „Alle Fächer des polytechnischen Unterrichts zeichnen sich – wie ihre Aneignungsgegenstände Technik, Produktion, Ökonomie und Arbeit – durch einen *hohen Praxisbezug* aus. Im Schulgartenunterricht, im Werkunterricht und in der produktiven Arbeit vollziehen sich darüber hinaus das Lernen und die Formung der Schülerpersönlichkeit *unmittelbar in der* produktiv-geistigen und produktiv-praktischen *werteschaffenden Arbeit*. Damit erschließt der polytechnische Unterricht die praktischen, geistigen, sozialen, ökonomischen, weltanschaulichen und politischen Potenzen der gesellschaftlich nützlichen und produktiven Arbeit für die Entwicklung der Schülerpersönlichkeit. Insbesondere die produktive Arbeit der Schüler der oberen Klassen ermöglicht es, die Erziehungs- und Bildungspotenzen der Arbeit in sozialistischen Betrieben – die die älteren Schüler zum Teil unmittelbar in den Kollektiven der Werktätigen verrichten – für eine lebensverbundene Aneignung der Allgemeinbildung und für die kommunistische Erziehung der Schuljugend wirksam zu machen."[18]

Selbst die hölzerne Verwaltungssprache und der didaktische Indikativ (erschließt, ermöglicht es – nein: man will, daß er erschließt, und hofft, daß sie ermöglicht) lassen noch erahnen, welche didaktischen Potenzen damit angesprochen sind: „für die Entwicklung der Schülerpersönlichkeit". In diesem Umfang und in dieser Konsequenz ist das Konzept einer allgemeinen Menschenbildung, dessen Ansätze ich bei Humboldt und Marx aufzeigen werde, bis dahin in Deutschland wohl nicht ausgearbeitet und in ein Schulsystem übersetzt worden.

Im Juni 1989 hielt der damalige Minister für Volksbildung, Margot Honecker, auf dem IX. Pädagogischen Kongreß, wie das so üblich war, ein Referat, in dem es unter vielem anderen programmatisch hieß:

> „Bildung und Erziehung auf der Höhe der Zeit und mit dem Blick auf die Erfordernisse und Perspektiven der sozialistischen Gesellschaft zu gestalten, war in der Geschichte unserer Schule immer damit verbunden zu prüfen, wie die Ziele, der Inhalt der Bildung, die Gesamtheit der Bedingungen für erfolgreiche pädagogische Arbeit weiter zu vervollkommnen sind, damit wirklich das Beste für die Entwicklung der Kinder geschieht, damit sie ihre Kräfte und Fähigkeiten in Übereinstimmung von gesellschaftlichen und persönlichen Interessen voll entfalten können."[19]

Das macht noch einmal das Selbstverständnis der Verantwortlichen, vor allem aber ein systematisches Problem deutlich: Es wird nämlich unterstellt, daß eine „Übereinstimmung von gesellschaftlichen und persönlichen Interessen" nicht nur möglich, sondern in demjenigen Schulsystem – „Bildung und Erziehung" – verwirklicht wäre, von dem hier die Rede ist. Widersprüche zwischen Schule hier und dem Leben dort gibt es demnach nicht. Die „Verbindung von Lernen und produktiver Arbeit"

wird vielmehr durchweg als Beleg für die „Einheit von Schule und Leben"
in Anspruch genommen:

> „Die Schüler lernen also die Arbeit, die Produktion materieller Güter als
> eine typisch menschliche und für die allseitige Entwicklung sozialistischer
> Persönlichkeiten wichtige Tätigkeit schon während der Schulzeit kennen
> und achten, und nicht erst nach der Schulzeit als ‚eine andere Welt'. Sie
> sammeln dabei Arbeits- und auch soziale Erfahrungen, zum Beispiel über
> die zwischenmenschlichen Beziehungen in sozialistischen Betrieben, über
> die praktischen Formen des Mitplanens und Mitregierens der Werktätigen,
> über die Rolle der Partei der Arbeiterklasse, der Gewerkschaften, des Ju-
> gendverbandes, über Erfolge und auch über Schwierigkeiten und Widersprü-
> che."[20]

Aber: Auch wenn die Schule noch so sehr in das gesellschaftliche Leben
und insbesondere die sozialistische Produktion integriert wäre und wenn
sie dieses in seiner ganzen Breite unter die Inhalte seines Lernens auf-
nähme – die Schule bleibt Schule, das Leben bleibt Leben, und was
Schüler sind und werden wollen, ist damit automatisch weder mit dem
einen noch mit der anderen in eine harmonische Übereinstimmung zu
bringen. Es ist wohl eher so, daß die Differenz, der Widerspruch zwischen
beidem dasjenige provoziert, was denn auch ein wenig später in jenem
Referat angesprochen wird:

> „40 Jahre Schulentwicklung in unserer Republik, das ist ein kontinuierli-
> cher, von großer Dynamik geprägter Prozeß qualitativer Umgestaltung und
> ständiger Vervollkommnung des Bildungswesens, das sind vier Jahrzehnte
> pädagogischen Neuerertums mehrerer Generationen sozialistischer Leh-
> rer."[21]

Die Frage nach „Versuchsschulen" kann so unverständlich denn doch
wohl nicht gewesen sein.
Wenn wir heute auf die besagten „40 Jahre Schulentwicklung" zurückblicken, so fragen wir vor allem nach dem Ergebnis. Ich habe auf etwas
anderes aufmerksam machen wollen. Die Schöpfer der „Polytechnischen
Oberschule" der damaligen DDR haben diese Schule ausdrücklich als
eine Antwort auf die Erfahrungen mit der nationalsozialistischen Dik-
tatur, insbesondere mit dem Völkermord, verstanden, mag dieses Selbstverständnis später auch zu den stereotyp gewordenen Worthülsen: Erziehung der Jugend „im Geiste des Antifaschismus und Antirassismus"[22],
erstarrt sein. Und sie haben mit dieser Schule den Begriff von „allgemeiner Bildung" gegenüber seinem traditionellen Verständnis praktisch aus-
geweitet. Beides verweist uns zurück in unsere Geschichte, zunächst an
die Erziehung im nationalsozialistischen Deutschland.

1.3 „Autoritäre" Erziehung in Deutschland

1939 publizierte Kurt Lewin, Sozialpsychologe und aus Deutschland in die USA emigrierter Jude, mit zwei Kollegen einen berühmt gewordenen Aufsatz mit dem Titel: „Patterns of aggressive behavior in experimentally created social climates". Das war ein Bericht über

> „eine Serie von Experimenten zum Gruppenleben, die auf einen wissenschaftlichen Zugang zu Fragen wie den folgenden abzielte: Was liegt so unterschiedlichen Formen von Gruppenverhalten wie: Rebellion gegen Autorität, Verfolgung von Sündenböcken, apathischer Unterwerfung unter autoritäre Herrschaft oder dem Angriff auf eine Fremdgruppe zugrunde? Wenn man vorhersagen wollte, welche sozialen Wirkungen unterschiedliche Gruppenstile haben: könnte man sich Unterschiede der Subgruppenstruktur, die Gruppenschichtung und die Wirksamkeit von ichbezogenen und gruppenbezogenen Zielen als Kriterium zunutze machen? Ist etwa ein demokratisches Gruppenleben angenehmer, aber ein autoritäres effizienter? Das sind Fragen, zu denen es heute eine Reihe von festen Meinungen gibt und für die wissenschaftlich fundierte Antworten schon deswegen um so notwendiger sind."[23]

Dahinter stand, verständlich, die fassungslose Frage, wie es möglich war, daß fast ein ganzes Volk einem Diktator und seiner Führungsclique fast bedingungslos in die Unmenschlichkeit folgte. Die Vermutung lag auf der Hand, daß eine der Ursachen sozialpsychologischer Natur war und in der spezifischen Struktur sozialer Gruppen liegt. Die Autoren haben in ihren Arbeiten die Organisation der Arbeit von Jugendgruppen und im Unterricht der Schule untersucht. Als einen bedeutsamen Einflußfaktor identifizierten Lewin und seine Mitarbeiter das Erzieher- bzw. Lehrerverhalten. Die Annahme, die ihren Untersuchungen zugrundelag, war – vereinfacht gesagt – etwa diese: Ein autoritärer Führungsstil in pädagogischen Situationen dürfte ein autoritäres Verhalten bei den zu Erziehenden zur Folge haben, auf lange Sicht einen autoritären Charakter:

> Theodor W. *Adorno*, Soziologe und aus Deutschland in die USA emigrierter Jude, hat mit einer Reihe von Mitarbeitern untersucht, welche sozialen Voraussetzungen das erzeugen, was er die „autoritäre Persönlichkeit" nannte.[24]

Nun, einmal abgesehen davon, daß der Zusammenhang so einfach denn doch nicht ist, wie man ihn sich damals dachte:
In Deutschland lag – spätestens 1939 – auf der Hand, daß Menschen in der Lage und bereit waren, blindlings Autoritäten zu folgen, ohne nach der Rechtmäßigkeit der Autorität und des von ihnen geforderten Verhaltens und Handelns zu fragen. Und wie sah das damals in Deutschland aus?

> Wenn ich den Dokumenten trauen darf, dann hätte ich am 19. 4. 1945 dem „Reichsjugendführer" Baldur von Schirach die folgenden Worte nachgespro-

chen: „Ich verspreche, in der Hitlerjugend allzeit meine Pflicht zu tun in Liebe und Treue zum Führer und unserer Fahne, so wahr mir Gott helfe."[25] Denn die Aufnahme der Zehnjährigen – das war ich damals gerade ein paar Tage – als „Pimpfe" ins „Jungvolk" sollte sich nach folgendem Ritual abspielen: „Die *Aufnahme* erfolgt am Vorabend des 20. April, des Geburtstages Adolf Hitlers, durch die Meldung des Reichsjugendführers an den Führer. Die Aufnahme nimmt der Reichsjugendführer vom Remter der Marienburg aus in einer Feier vor, die von allen Sendern übertragen wird und bei der jeder neu aufgenommene Pimpf dem Reichsjugendführer die Verpflichtungsformel nachspricht: ‚Ich verspreche, in der Hitlerjugend allzeit meine Pflicht zu tun in Liebe und Treue zum Führer und unserer Fahne, so wahr mir Gott helfe.' Bei den zugleich im ganzen Reich stattfindenden Feiern erhält jeder zehnjährige Pimpf von seinem zuständigen Jungvolkführer die Aufnahmeurkunde überreicht."[26] Ich erinnere mich nicht mehr daran, auch meine Mutter nicht: Kriegsende und in einem kleinen Dorf mitten im Flüchtlingsstrom – da ging wohl nichts mehr nach den Regeln.

Im folgenden soll nicht von „Erziehung im Nationalsozialismus" gehandelt werden, sondern nur von einigen Aspekten. Die Absicht, die damit verfolgt wird, ist zu zeigen, was da in Deutschland auf der Hand lag: Züge von „Erziehung in der Gesellschaft", die durch autoritäres Verhalten und die Gefahr charakterisiert werden könnte, daß auf der anderen Seite autoritäre Persönlichkeiten erzogen werden.

Die „Hitlerjugend" (HJ), der das „Jungvolk" zugehörte – das war zunächst sozusagen die Jugendorganisation einer Partei gewesen, der NSDAP. Nach deren Machtergreifung 1933 wurden alle bestehenden Jugendorganisationen „gleichgeschaltet", das heißt: zwangsweise in die HJ überführt, bzw. verboten; die HJ wurde zum staatlichen Jugendverband mit Zwangsmitgliedschaft. Dazu gab es eine Reihe von Maßnahmen, die im „Reichsgesetz über die Hitlerjugend" 1936 ihren Abschluß fanden:

> „Gesetz über die Hitlerjugend vom 1. Dezember 1936
>
> Von der Jugend hängt die Zukunft des deutschen Volkes ab. Die gesamte deutsche Jugend muß deshalb auf ihre künftigen Pflichten vorbereitet werden.
>
> Die Reichsregierung hat daher das folgende Gesetz beschlossen, das hiermit verkündet wird:
>
> §1. Die gesamte deutsche Jugend innerhalb des Reichsgebietes ist in der Hitlerjugend zusammengefaßt.
>
> §2. Die gesamte deutsche Jugend ist außer in Elternhaus und Schule in der Hitlerjugend körperlich, geistig und sittlich im Geiste des Nationalsozialismus zum Dienst am Volk und zur Volksgemeinschaft zu erziehen.
>
> §3. Die Aufgabe der Erziehung der gesamten deutschen Jugend in der Hitlerjugend wird dem Reichsjugendführer der NSDAP übertragen. Er ist damit ‚Jugendführer des Deutschen Reichs'. Er hat die Stellung einer Obersten Reichsbehörde mit dem Sitz in Berlin und ist dem Führer und Reichskanzler unmittelbar unterstellt.

§4. Die zur Durchführung und Ergänzung dieses Gesetzes erforderlichen Rechtsverordnungen und allgemeinen Verwaltungsvorschriften erläßt der Führer und Reichskanzler."[27]

Parallel dazu sollte die ganze Gesellschaft von „gleichgeschalteten" Organisationen erfaßt werden:

Das Schema der nationalsozialistischen „Erfassung" des einzelnen[28]

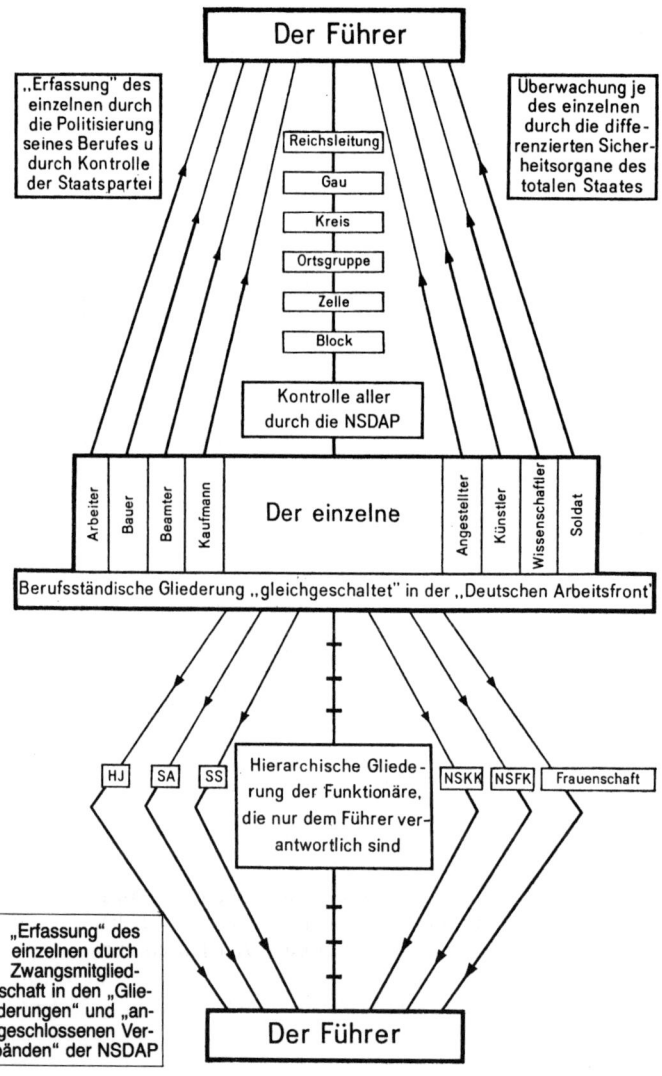

In der Biographie eines heranwachsenden Menschen sähe das dann so aus:

Der Weg des „gleichgeschalteten" Staatsbürgers[29]

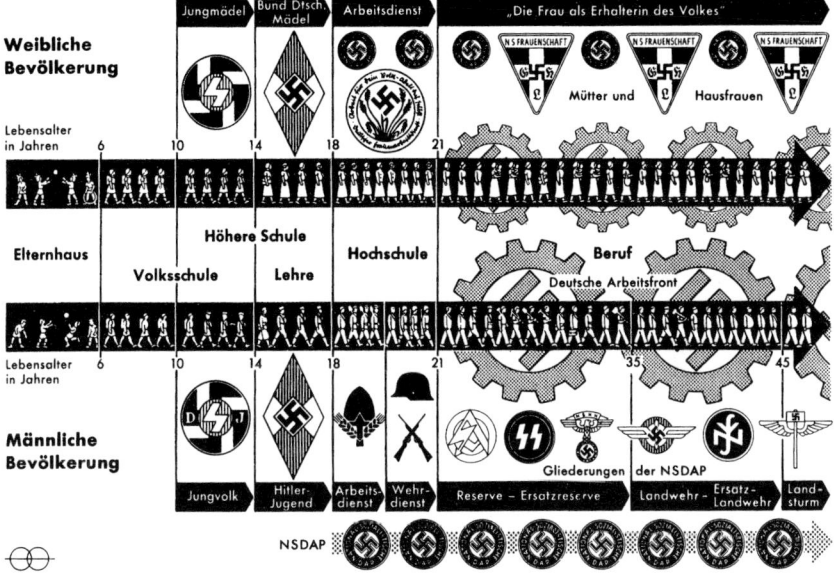

Oder in sehr eindringlichen Worten einer Rede Hitlers:

> „Diese Jugend, die lernt ja nichts anderes, als deutsch denken, deutsch handeln und wenn diese Knaben mit 10 Jahren in unsere Organisation hineinkommen und dort oft zum ersten Male überhaupt eine frische Luft bekommen und fühlen, dann kommen sie vier Jahre später vom Jungvolk in die Hitlerjugend, dort behalten wir sie wieder vier Jahre, und dann geben wir sie erst recht nicht zurück in die Hände unserer alten Klassen- und Standeserzeuger, sondern dann nehmen wir sie sofort in die Partei, in die Arbeitsfront, in die SA oder in die SS, in das NSKK usw. Und wenn sie dort zwei Jahre oder anderthalb Jahre sind und noch nicht ganze Nationalsozialisten geworden sein sollten, dann kommen sie in den Arbeitsdienst und werden dort wieder sechs und sieben Monate geschliffen, alles mit einem Symbol, dem deutschen Spaten. Und was dann nach sechs oder sieben Monaten noch an Klassenbewußtsein oder Standesdünkel da oder noch vorhanden sein sollte, das übernimmt dann die Wehrmacht zur weiteren Behandlung auf zwei Jahre, und wenn sie nach zwei, drei oder vier Jahren zurückkehren, dann nehmen wir sie, damit sie auf keinen Fall rückfällig werden, sofort wieder in die SA, SS usw., und sie werden nicht mehr frei ihr ganzes Leben."[30]

Mitgelaufen, mitgemacht, mitgestaltet – wie auch immer später im Rahmen der „Entnazifizierung" eingestuft wurde: ein ganzes Volk, fast, wie gesagt – das war die beklemmende, für Außenstehende vor Augen liegende Bilanz.

Es wäre aber verfehlt zu glauben, ein solches Programm wäre in dem Moment politisch und alltäglich Realität, in dem seine Träger die Macht im Staate usurpierten. Wir wissen, daß es an einer Reihe von Stellen in der Gesellschaft Beharren auf humanen Traditionen gegeben hat, in den Kirchen, in der Tradition der Arbeiterbewegung, in der Schule – eigentlich in allen gesellschaftlichen Institutionen. Es gab auch hier und da so etwas wie alternative Jugendkulturen (z. B. die „Edelweißpiraten")[31]. Ich vermute, daß das Potential für derartigen Widerstand in den Objektivationen einer Kultur enthalten war, in der Menschen sich in ihrer Geschichte Menschlichkeit erarbeitet haben (weswegen wir denn auch von „Bildungsgütern" sprechen; dazu später noch). Im Grunde dokumentiert sich darin ein sozusagen innerer Widerspruch: Da ist ein moderner Staat, dessen Existenz abhängig ist von einer hohen Qualifikation mindestens der Eliten. Die Mittel für eine solche Qualifikation sind Bildungsgüter, die auf einen Menschen im Vollsinne dieses Begriffs und nicht auf einen in gleichgeschalteten Organisationen zugerichteten Menschen verweisen. Und: Es wäre verfehlt zu glauben, daß jeder, der oder die das Programm – autoritär strukturierte Gesellschaft – durchlaufen hat, damit automatisch einen „autoritären Charakter" ausgebildet hätte. Der besagte Widerspruch des Systems enthält auch für das Individuum und seine Entwicklung ein Potential für Widerstand. Die Untersuchungen von Lewin und Adorno zeigen allerdings, daß nun nicht umgekehrt der Widerspruch den Widerstand erzeugt.

Dies also, nur kurz angedeutet, ist es, woran ausdrücklich oder implizit jene Eltern gedacht haben, da sie „antiautoritäre Erziehung" proklamierten und zu praktizieren suchten. Und dies ist es, was diejenigen nachdrücklich bekämpfen wollten, die eine allgemeinbildende polytechnische Oberschule aufgebaut haben.

2 Die Reformpädagogik – Hermann Lietz (1868–1919)

„Aus grauer Städte Mauern
Ziehn wir in Wald und Feld.
Wer bleibt, der mag versauern.
Wir fahren in die Welt."

...so singt man vielleicht noch heute, so sangen wir und unsere Eltern –
so sangen vor allem jene, die das Besungene am Ende des vorigen Jahrhunderts praktizierten. Der Hintergrund war die Entstehung der Groß-Indu-
strie-Städte und einer durch kapitalistische Produktion charakterisierten
bürgerlichen Gesellschaft – in der Schule lernt man sie mit den Augen
und Worten ihrer Dichter und Maler kennen, ihrer schärfsten Kritiker
vielleicht. Es waren Schüler, Gymnasiasten, die das sangen, die aus der
Schule kamen, die man in den „Buddenbrooks" von Thomas Mann oder
dem „Untertan" seines Bruders Heinrich beschrieben findet.
Von einem solchen Schüler soll jetzt die Rede sein, von Hermann Lietz.

2.1 Zur Biographie

1868	in Rügen als achtes von neun Kindern eines Landwirts und Gutsbesitzers geboren
	Besuch des Gymnasiums in Greifswald und Stralsund
1888	Studium in Halle und Jena der Theologie und Philosophie
1891	Promotion in Jena
1892	Staatsexamen für das Lehramt und theologisches Lizentiat
1893	Probejahr auf Rügen
1894	Oberlehrer an der Universitätsschule in Jena
1896	für kurze Zeit (stellvertretender) Leiter einer Privatschule in Sachsen
1896/97	Besuch der „New School Abbotsholme" von Cecil Reddie in England; danach ein halbes Jahr Kurse und Vorträge in Berlin, Entwicklung der Idee eines Landerziehungsheimes
1898	Gründung des „Deutschen Landerziehungsheims" in Ilsenburg im Harz (7 Kinder, 1 Hausdame, 2 bis 3 Lehrer; sehr schnell bis zu 200 Kinder)
1901	Gründung des Landerziehungsheims Haubinda in Thüringen
1904	Gründung des Landerziehungsheims Bieberstein in der Rhön

1914   Gründung einer Landwaisenschule in Veckenstedt im Harz
1914–17 Kriegsfreiwilliger; Krankheit
1919   in Haubinda gestorben.
        Die Landerziehungsheime wurden – gemäß den Plänen von Lietz – in der Rechtsform einer 1920 gegründeten Stiftung bis heute weitergeführt.

Ich schiebe noch eine weitere biographische Bemerkung ein, diesmal zu meiner Person und Generation: Lietz berichtet in seinen Lebenserinnerungen über sein Theologiestudium in Halle. Da finde ich Namen von Leuten, bei denen er studierte, die mir aus meinem eigenen Studium als Autoren von Lehrbüchern bekannt sind und die von uns nicht aus antiquarischem Interesse, sondern als diskutable Lehrbücher gelesen wurden. Gewiß, auch das ist Geschichte, aber eine Geschichte, die ich meinerseits noch sozusagen als gegenwärtig erfahren habe. – Dasselbe gilt übrigens für die Tradition der Jugendbewegung, einen Zweig der Reformpädagogik: Ich habe ihre Ausläufer in den fünfziger Jahren noch scheinbar ziemlich unvermittelt als Pfadfinder kennengelernt.
Diese Einfügung mache ich aus einem systematischen Grund: So, wie „antiautoritäre Erziehung" in die Gegenwart von Studenten heute hineinreicht – die Kinderladenkinder, das ist ihre Generation –, so war das und ist das mit der Pädagogik der Pädagogischen Bewegung – hier am Beispiel von Hermann Lietz auszuführen – für den Dozenten dieser Disziplin. Aber: Sie ragt allenfalls in die Gegenwart hinein. Nein, eigentlich ist das,

was uns da als vertraut begegnet, bereits Tradition, Tradition, die durch andere geschichtliche Erfahrungen gebrochen ist und die durch unsere eigene Interpretation ihren jeweils spezifischen Sinn für unsere Generation oder uns selbst gewonnen hat. – Zurück zu Lietz: Er hat eine Autobiographie hinterlassen, und die ist nicht nur für seine Person, sondern auch für die Sache aufschlußreich, von der anläßlich seiner Person zu handeln sein wird: Wir lernen einen Landwirtssohn kennen, der in der fernen Stadt bei Wirtsleuten lebt und das Gymnasium besucht; der seine Schulzeit ebenso beschreibt, wie es dessen gebildete Kritiker am Ende des Jahrhunderts taten; der auflebt, wenn er in den Ferien auf dem Gut des Vaters arbeiten kann. Gelegentlich schreibt er:

> „Das Bild der Schuljahre würde unvollständig sein, wenn ich nicht der Ferien gedächte. Sie trugen neben den Kräften, die mir von Geburt zuteil geworden waren, vor allem dazu bei, daß ich alle Ungunst der Schuljahre glücklich überstand. Als Junge war meine Vorliebe Gärtnerei, Blumen- und Baumzucht, Landwirtschaft. Schon von früher Kindheit an hatte jedes von uns Geschwistern seinen eigenen kleinen Garten gehabt. Als wir dann mit dem neunten Jahre in die Stadt zur Schule kamen, war's freilich mit dieser wie jeder ländlichen Herrlichkeit während der Schulmonate vorbei. Aber in den Ferien genossen wir alle Freuden des Landlebens um so fröhlicher. Für uns Kleinere bestanden sie vor allem in den ländlichen Spielen. In den Strohmieten wurden Gänge und Höhlen gewühlt, in dem jungen Kiefernwald Wege ausgehauen, Dohnensteige angelegt. In den Teichen und Mooren wurde geangelt, und es wurden Reusen (Bungen) ausgesetzt. Mit den Knechten ritten wir aufs Feld, und mit den Schulkameraden, die zum Besuch bei uns waren, ging's über Land, wenn Pferde zu bekommen waren, vor allem an Sonntagen. Die Sandgrube hinter dem Hof und bei schlechtem Wetter die Scheunen waren beliebte Tummelplätze.
> Als wir in die mittleren und oberen Klassen aufgerückt waren, traten an Stelle der Spiele praktische Arbeiten allerlei Art. Arbeit gibt's ja immer auf dem Land. In den Osterferien halfen wir dem Vater vor allem bei der Bestellung des Gartens. Dieser war für ihn, besonders in seinem Alter, als es ihm schwer fiel, aufs Feld zu gehen, eine Hauptquelle der Freude. Mit großer Sorgfalt bestellte er ihn, selbst die feineren Sämereien aussäend. So lernten wir von ihm diese Arbeiten und nahmen sie ihm mehr und mehr in seinem höheren Alter ab."[1]

Dann sein Studium, in dem er auf soziale und pädagogische Fragen aufmerksam wird, sich mit der sogenannten Reformzeit beschäftigt (zu Beginn des 19. Jahrhunderts, insbesondere mit Pestalozzi und Fichte) und die Kulturkritik kennenlernt (Paul de Lagarde; besser kennen wir einen anderen radikalen Kritiker der Kultur seiner Zeit: Friedrich Nietzsche); in dem sich – angesichts der Universitätsschule in Jena – die Vision einer „Erziehungsschule" gegenüber jener „Unterrichtsschule" entwickelt, die er selbst als Schüler und später als Probekandidat erlebt hat. Die Realisierung dieser Vision fand er in Abbotsholme; in dem Buch „Emlohstobba, Roman oder Wirklichkeit? Bilder aus dem Schulleben der Vergangenheit, Gegenwart oder Zukunft?" hat er das dann ausgeführt.

2.2 Die „Erziehungsschule"

Zunächst seine Beschreibung der alten, der „Unterrichtsschule", wie er sie nennt:

> „Das alte Lehrergeschlecht hat es als seine Hauptaufgabe angesehen, Lateinisch, Griechisch, Mathematik, Rechnen und Schreiben und Lesen, Katechismus usw. mit der Jugend zu treiben. Dabei hat es gemeint, wenn es selbst nur Kenntnisse und Fertigkeiten in diesen Fächern besitze, würden die Schüler diese auch schon bekommen. Einer besonderen „Unterrichtskunst" bedürfe es nicht. Weil man so mit der Kunst und Wissenschaft der Pädagogik sich nicht befreundete, diese auch noch teilweise wenig ausgebildet war, verfuhr man handwerksmäßig, diktierte Extemporalien, korrigierte sie sorgsam, gab Zensuren, ließ nachsitzen, Buchstabieren, Kopfrechnen, Schönschreiben, Lesen und meinte damit die Hauptsache gethan zu haben. Alles übrige schob man dem Hause in die Schuhe.
> Das konnte die Schule früher auch ruhigen Gewissens thun. Denn das Haus, in dem der Zögling lebte, und die frische, freie Natur, die ihn zumeist umgab, oder in die er leicht gelangen konnte, vollbrachten willig und mühelos die Hauptarbeit in der ‚Erziehung'. So brauchte die Schule nur für den ‚Unterricht' zu sorgen, hatte mit der ‚Erziehung' so gut wie nichts zu thun. Aber das Haus, die Familie kann heute die Erziehungsarbeit nicht mehr leisten, die es allerdings vor Jahrzehnten oft, ja in der Mehrzahl der Fälle ausgeübt hat. Dazu ist der Kampf ums Dasein, ist die Kraftanstrengung, die von der Mehrzahl des Volkes verlangt wird, zu schwer und groß geworden. Der Bauernhof, die Handwerksstätte, die alte einfache Häuslichkeit sind fast verschwunden. Der Großgrundbesitz, der mit Maschinen und ausländischen ‚Sachsengängern' arbeitet, die Mietskaserne, die Fabrik, das Comptoir des Großkaufmanns, die Militärkasernen, die Säle, in denen die Beamten in langen Reihen sind, die Eisenbahnen und Dampfer, auf denen Millionen täglich und stündlich unterwegs sind, der ewige Wechsel in den Wohnungen, die Freizügigkeit, Unseßhaftigkeit, die sogenannten Versetzungen von einer Provinz in die andere, ins ferne Land, das Wogen der Bevölkerung vom Land und aus der Kleinstadt in die Großstadt: dies und vieles andere haben thatsächlich das Familienleben bereits stark zersetzt, haben mindestens das alte System der Familienerziehung für die Allgemeinheit völlig unhaltbar gemacht.
> Das Elternhaus kann jetzt oft auch beim besten Willen nicht mehr erziehen. Die Schule ist noch nicht gewohnt, es zu thun, oder hat auch oft nicht die Mittel dazu. Was nun? Soll die Jugend unerzogen bleiben? Soll sie verwahrlosen? Die Anzeichen solcher Verwahrlosung sind bereits nicht selten."

Er beschreibt den schädlichen Einfluß der Großstadt auf das Aufwachsen der Kinder; moniert, daß die Schule die „eigentlich erzieherischen Aufgaben außerhalb des Unterrichts" nicht übernommen, ja man „auch den Unterricht selbst nicht zu einem ‚erziehenden', ‚methodischen' gestaltet" habe. Am schlimmsten sei es in den höheren Schulen, da „man bisher die Grundsätze der Pädagogik und die von ihr geschaffenen Erziehungs- und Unterrichtsmittel noch viel zu wenig benutzt (habe). Ohne Scham zu empfinden, läßt man sich hier von den ‚Volksschulen' weit übertreffen. Man folgt dem Beispiel der pädagogischen Pioniere unter den höheren Schulen nicht." Das Berechtigungswesen habe den „altehrwürdigen Charakter von Gelehrtenschulen schon längst vernichtet". Es gebe keinerlei körperliche Arbeit, kein Spiel; und gegen den Wirtshausbesuch der Gymnasiasten wisse die Schule keine Mittel.[2]

Die „Erziehungsschule", das ist nun in jeder Hinsicht das Gegenbild zur Unterrichtsschule:

> „Ganz anders, ja gerade entgegengesetzt, in Zielen wie in Mitteln, verfährt die Schule, welche die alte Unterrichtsschule ablösen wird oder hier und da schon abgelöst hat: die Erziehungsschule.
> Nicht Kenntnisse, Wissen, Gelehrsamkeit, sondern Charakterbildung; nicht alleinige Ausbildung des Verstandes und Gedächtnisses, sondern Entwicklung aller Seiten, aller Kräfte, Sinne, Organe, Glieder und guten Triebe der kindlichen Natur zu einer möglichst harmonischen Persönlichkeit; nicht Lesen, Schreiben, Griechisch, sondern Leben lehren: das ist das ideale Ziel, welches die Erziehungsschule bei allem, was sie mit dem Zögling vornimmt, nie außer acht läßt."[3]

Die Bearbeiterin des Artikels „Landerziehungsheime" in den „Klassikern der Pädagogik" schreibt kritisch zu Lietzens Vision:

> „Die gedankliche Begründung seiner Kulturkritik war schwach. Andere Zeitgenossen vor und nach ihm haben die Zeit sachkundiger analysiert. Sie haben den Gefahrenpunkt aber genau dort ausgemacht, wo auch Lietz ihn vermutete."[4]

Lietz würde zustimmen und sagen: Der Gedanken sind genug gedacht, es fehlt die Tat. Er würde nicht bestreiten, daß man Schule, Erziehung in der Gesellschaft auch begrifflich erfassen muß. Seine Ausbildung war, wie gezeigt, in dieser Hinsicht die beste, die es damals gab. Er aber sah seine Aufgabe darin, praktische Konsequenzen zu ziehen. Um den Zusammenhang von theoretischer Reflexion und praktischer Konsequenz an einer zentralen Stelle zu illustrieren: Lietz hatte die Idee des Landerziehungsheims erwiesenermaßen von dem Philosophen Johann Gottlieb Fichte. In dessen zweiter „Rede an die deutsche Nation", im Winter 1807/08 gehalten, lesen wir:

> „Ohne Zweifel werden doch die Zöglinge dieser neuen Erziehung, obwohl abgesondert von der schon erwachsenen Gemeinheit, dennoch untereinan-

der selbst in Gemeinschaft leben, und so ein abgesondertes und für sich selbst bestehendes Gemeinwesen bilden, das seine genau bestimmte, in der Natur der Dinge gegründete und von der Vernunft durchaus geforderte Verfassung habe. Das allererste Bild einer geselligen Ordnung, zu dessen Entwerfung der Geist des Zöglings angeregt werde, sey dieses der Gemeine, in der er selber lebt, also, dass er innerlich gezwungen sey, diese Ordnung Punct für Punct gerade also sich zu bilden, wie sie wirklich vorgezeichnet ist, und dass er dieselbe in allen ihren Theilen, als durchaus nothwendig, aus ihren Gründen verstehe.

Die Verfassung muss nemlich ferner also eingerichtet seyn, dass der Einzelne für das Ganze nicht bloss unterlassen müsse, sondern dass er für dasselbe auch thun und handelnd leisten könne. Ausser der geistigen Entwicklung im Lernen finden in diesem Gemeinwesen der Zöglinge auch noch körperliche Uebungen und die mechanischen, aber hier zum Ideale veredelten Arbeiten des Ackerbaues, und die von mancherlei Handwerken statt. Es sey Grundregel der Verfassung, dass jedem, der in irgend einem dieser Zweige sich hervorthut, zugemuthet werde, die anderen darin unterrichten zu helfen und mancherlei Aufsichten und Verantwortlichkeiten zu übernehmen".[5]

In Abbotsholme war es wohl, daß Lietz den Plan gefaßt hat, einen ähnlichen Versuch in Deutschland zu machen, wie ihn Fichte hundert Jahre zuvor als Vision skizziert hatte und wie er ihn jetzt in England realisiert vor Augen sah. Er läßt sich nach seiner Rückkehr den Namen, „Deutsches Landerziehungsheim", sozusagen patentieren und wirbt zugleich in einem kurzen Prospekt um Schüler, Verständnis und Gönner:

„I. Erziehungsziel:

Erziehung der anvertrauten Kinder zu harmonischen, selbständigen Charakteren, zu deutschen Jünglingen, die an Leib und Seele gesund und stark, die körperlich, praktisch, wissenschaftlich und künstlerisch tüchtig sind, die klar und scharf denken, warm empfinden, mutig und stark wollen.

II. Erziehungsmittel:

1. Erziehung nicht in der Stadt, sondern auf dem gesunden, schönen, in unmittelbarer Nähe großartiger Gebirgslandschaft (Harz) gelegenen Schullandgut mit weiten Wiesen, Gärten, Feldern; mit Fluß und Bach; auf einem Boden, der durch Sage und Geschichte berühmt ist, der durch seine Naturerzeugnisse und Menschenwerke eine Fülle von Belehrung bietet: Bergwerk in Goslar, Tropfsteinhöhle in Rübeland, Eisen- und Kupferwerke in und bei Ilsenburg, Brocken in $2\frac{1}{2}$ Stunden zu erreichen.
2. Zusammenleben, -Spielen, -Arbeiten von Zöglingen und Erziehern als jüngeren und älteren Freunden, wobei letztere vor allem durch ihre vorbildliche starke Persönlichkeit, durch ihre begeisterte Hingabe für den Erzieherberuf, durch ihre Liebe zur Jugend sittlich-religiös einwirken.
3. Streng hygienische Lebensweise im Erziehungsheim, im Essen und Trinken (kein Alkohol, keine stark gewürzten Speisen, reichlicher Genuß

von Gemüse, Obst, Milch, Eiern, Fischen usw.); ferner Abwechselung zwischen wissenschaftlicher und körperlicher Arbeit einerseits, und Erholung in Kunstübung und Spiel andererseits; zweckdienliche, allmähliche Abhärtung usw.

4. Tägliche Körperübungen, wie Wandern, Laufen, Spielen, Schwimmen, Turnen u. ä.; morgens nach dem Aufstehen, in den Pausen, an einem Teil jedes Nachmittags, an einem wöchentlichen Freinachmittage und an den Sonntag Nachmittagen. – täglich ungefähr 2 Std.

5. Tägliche praktische, körperliche Beschäftigungen, die den Kindern Freude machen, ihrer Kraft entsprechen, sie geistig anregen und gesundheitlich fördern; als da sind Arbeiten im Garten oder Busch, auf Feld oder Wiese, in Werkstätte oder auf Bauplatz; wie Graben, Pflanzen, Begießen, Heu Zusammenbringen, Tischlern, Bauen u. a. – Täglich 1–2 Std. nachmittags.

6. Tägliche Kunstübung: Zeichnen nach der Natur (2 Std. wöchentlich); Modellieren in Ton, Plastelina, Wachs, Gießen in Gips, (2 Std. wöchentlich), Singen (½ Std. täglich), Instrumentalmusikübung möglichst aller (ca. 1 Stunde täglich nach den Mahlzeiten); planmäßige Anleitung zum Verständnis von Werken der Kunst; Schul-Konzerte und -Theater. – J. g. täglich ungefähr 2 Std. – hauptsächlich abends.

7. Besondere Veranstaltungen zur Pflege des sittlich-religiösen und vaterländischen Sinnes, wie tägliche Morgen- und Abendandachten, religiöse Einwirkung bei feierlichen Gelegenheiten (Wanderungen im Wald, *unterm Sternenhimmel*), Feier von Gedenktagen, Betonung des Religiös-Sittlichen in allen Unterrichtsfächern, besonders in Naturwissenschaft und Geschichte, Pflege von Poesie und Kunst (s. o.).

8. Wegfall jedes äußeren Zwanges, jeder äußerlichen, nicht aus der betreffenden Sache selbst erfolgenden Strafe oder Belohnung. Erziehung durch Einwirkung von Personen und Sachen zu freudiger Pflichterfüllung unter sorgfältiger Berücksichtigung der Welt im Zögling sowie der um ihn, seiner sowie der ihn umgebenden Natur.

9. Ein den Gesetzen der Erziehungskunst und -Wissenschaft entsprechender wissenschaftlicher Unterricht. Bei diesem wird streng psychologisch verfahren, das Interesse des Zöglings stets benutzt, von der praktischen Übung (in Garten, Werkstätte, vergl. Naturgeschichte, Geometrie) und der Anschauung von Bildern, Modellen, Karten usw. ausgegangen. Es wird so verfahren, daß der Zögling selbsttätig und freudig am Unterricht teilnimmt, daß Gesinnung in ihm geweckt wird, daß er scharf beobachten, denken, beurteilen, vergleichen lernt und einen Wissensstoff erwirbt und gut anzuwenden vermag, wie ihn das moderne und nationale Leben fordert. – Täglich ungefähr 5 Stunden; morgens und spätnachmittags.

Der *Lehrplan* hat am meisten Ähnlichkeit mit dem einer Realschule mit vereinigtem fakultativen Reformgymnasium."[6]

Wohlgemerkt, der Unterricht kommt erst zuletzt.

Acht Jahre später, nachdem das System der Landerziehungsheime gleichsam voll ausgebaut war – drei Heime für jeweils eine Altersgruppe von

Knaben sowie zwei Landerziehungsheime für Mädchen – publizierte
Lietz einen Text, in dem er ausführlich „Erziehungsgrundsätze und Organisation der Deutschen Land-Erziehungsheime" darstellte. Aus ihm
stammt die folgende Übersicht[7]:

Ein Tag im D.L.E.H.

	Ilsenburg	Haubinda	Bieberstein	Sieversdorf	Gaienhofen
Aufstehen	7	6^{10}	6	7	7
I. Frühstück	7^{15} Frühstück u. Zimmerordnen	6^{30}	6^{15}	$7-7^{20}$	7^{30}
I. Unterrichts-stunde	$7^{45}-8^{30}$	$6^{45}-7^{30}$	$6^{30}-7^{15}$	$7^{45}-8^{30}$	$8-8^{45}$
Zimmerordnen	$8^{30}-9$ Laufen	$7^{30}-7^{45}$	$7^{15}-7^{30}$	$8^{30}-8^{45}$	$8^{45}-9$
II. Unterrichts-stunde	$9-9^{45}$	$7^{45}-8^{30}$	$7^{30}-8^{15}$	$8^{45}-9^{30}$	$9-9^{45}$
Dauerlauf	$9^{45}-10^{15}$ Frühstück	$8^{30}-9$	$8^{15}-8^{45}$	$9^{30}-10$ Spiel	$9^{45}-10$ II. Frühstück
III. Unterrichts-stunde	$10^{15}-11$	$9-9^{45}$	$8^{45}-9^{30}$	$10-10^{45}$	$10-10^{45}$
II. Frühstück	$11-11^{15}$ frei	$9^{45}-10^{15}$	$9^{30}-10$	$10^{45}-11^{20}$	$10^{45}-11$ lauf. o. spaz. geh.
IV. Unterrichts-stunde	$11^{15}-12$	$10^{15}-11$	$10-10^{45}$	$11^{20}-1$	$11-11^{45}$
V. Unterrichts-stunde		$11^{15}-12$	$11-11^{45}$		11–1 abwechselnd Hauswirtschaft, Werkstatt, Zeichnen
Frei, Gesang, Sommer bad., Musikunterricht und Üben	$12^{10}-12^{50}$ Zeichn. Gesang	$12^{15}-12^{50}$ dreimal	$12^{15}-12^{50}$ dreimal		
Mittagessen	1	1	1	1	
Musikvorspiel		$1^{30}-1^{40}$			
Prakt. Arbeit Zeichnen Turnen ⎱ 3mal Spiel ⎰ 3–4 Uhr im Winter	2–4	2–4	2–4	2–4	2–4

40

	Ilsenburg	Haubinda	Bieberstein	Sieversdorf	Gaienhofen
Nachmittagsimbiß	4^{15}-5 Turnen, Spiel	4	4	4-4^{15}	4-4^{15}
Wissenschaftliche Arbeitsstunde	5-6^{15}	4^{30}-6^{30}	4^{30}-6^{45}	4^{15}-6 Arbeitszeit wissensch. u. üben, baden	4^{15}-6^{15}
Abendessen	6^{30}	6^{30}	6^{45}	6	6^{45}
Frei, Spiel, im Sommer 3mal	6^{30}-7^{15}	6^{45}-7^{45}	7^{15}-8	6^{30}-7^{20} frei od. Stiefelp. u.Kleid.	7-8
Tagesabschluß (Kapelle)	7^{30}	8	8	7^{30} Kapelle	8
Zu Bett	8	8^{30}	9	8	8^{30}
Freinachmittage	2 Mittwoch, Sonnabend	1 Mittwoch	2 Mittwoch, Sonnabend		

„Die Erziehung der Knaben erfolgt in 3 Knabenheimen, in je einem für eine Stufe, und zwar für die untere in Ilsenburg im Harz, die mittlere in Haubinda in Thüringen, die obere in Bieberstein in der Rhön; die der Mädchen erfolgt in 2 Heimen für 2 Stufen, für die jüngeren in Sieversdorf b. Bukow und die älteren in Schloß Gaienhofen am Bodensee.

Für die Erziehung je einer Altersstufe in einem besonderen Heime sind folgende Erwägungen maßgebend gewesen:

Einmal darf das Heim nicht eine so große Zahl von Kindern aufnehmen, daß der Heim-Charakter und die Möglichkeit für den Erzieher, mit jedem Kinde Fühlung zu gewinnen, verloren geht. Daneben muß aber auch die Zahl der Kinder in einer Klasse groß genug sein, daß der Unterricht anregend gestaltet werden, und für die Schule auch alles das verschafft werden kann, was im Interesse einer guten Erziehung liegt. – Sodann müssen alle Einrichtungen so beschaffen sein, daß sie der jeweiligen Altersstufe des Kindes entsprechen. Das Kind muß die Möglichkeit haben, sich auf jeder Stufe seines Alters selbständig zu entwickeln, ohne Bevormundung durch ältere Kameraden. Schließlich muß es Gelegenheit haben, im Laufe der 9 Jahre seines Schulbesuches seinen Gesichtskreis in angemessener Weise zu erweitern. Diesen Forderungen ist Rechnung getragen in der Dreiteilung der D.L.E.He. für Knaben und der Zweiteilung der Heime für Mädchen.

Neben der geistigen Arbeit, die auf der untersten Stufe noch ganz unter der Anleitung der Erzieher, auf der mittleren Stufe schon selbständiger und auf der oberen Stufe möglichst selbsttätig von seiten des Zöglings zu leisten ist, steht auf der unteren Stufe im Mittelpunkt des Lebens das Spiel, auf der mittleren die praktische Arbeit. Auf der oberen Stufe wird diese in ähnlicher

Weise eingeschränkt, wie auf der unteren. Geschieht dies auf der 1. Stufe zugunsten des Spiels, so auf der 3. Stufe zugunsten der Vertiefung in Natur, Kunst und Wissenschaft.

Auch der *Schauplatz der Erziehung* ist mit Rücksicht auf die jeweilige Stufe gewählt: Für die untere ein kleines, idyllisch am Flusse gelegenes Landgut, auf dem hauptsächlich Gartenbauwirtschaft und ein wenig Viehzucht getrieben wird. Es liegt in der Nähe des Gebirges, so daß reichliche Gelegenheit zu Wanderungen vorhanden ist. Die mittlere Stufe befindet sich dagegen auf einem ausgedehnten Landgut und hat so die Möglichkeit, nach der auf dem kleineren Grundstück erfolgten Vorbereitung den gesamten Kreis der wichtigen, praktischen Arbeiten des Landmanns und Handwerkers zu überschauen und wenigstens das Wichtigste mit auszuüben. Die Knaben haben Gelegenheit, von fast allem, was eine Gruppe von Menschen zum Lebensunterhalt gebraucht, zu sehen, wie es gewonnen und hergestellt wird, und leben so, wie in einem kleinen abgeschlossenen Staate als dessen Bürger. Die 3. Stufe dagegen lebt in größerer Stille und Abgeschiedenheit der Gebirgsnatur und hat stets das Bild einer erhabenen Welt der Berge und Täler vor Augen, die zur Sammlung und Vertiefung der Gedanken gewissermaßen einladet."[8]

Der Unterricht steht in allen Berichten nicht im Vordergrund, obwohl er in vollem Umfang erteilt wird. Dagegen werden hier und in anderen Schriften immer wieder herausgehoben:

- das Leben auf dem Lande (wie es Lietz in seiner Jugend erlebt hat) und
- in einer Gemeinschaft, einer „Familie", wie es heißt, nein, einer Gemeinschaft ganz eigener Art; später stand dafür der Begriff der „Jugendkultur";
- die Arbeit: der Auf- und Ausbau der Landerziehungsheime hat kein Ende, und so konnten die Kinder und Jugendlichen erfahrbar sinnvolle Arbeit leisten;
- „Fahrten" bis in die entlegensten Ecken Europas.

Alles muß sehr einfach gewesen sein, von der Kleidung über die Wohnung bis hin zum Essen. Trotzdem dürfen wir fragen, wie wurden die Heime unterhalten? Die mit ihnen verbundene Landwirtschaft trug die Heime nicht; die Arbeit der Kinder half, Kosten zu verringern – es blieben noch genug. Die Landerziehungsheime waren auf eine Finanzierung von außen angewiesen. Lietz hat das sehr klar gesehen und wohl auch als bedrückend empfunden. In seinen Lebenserinnerungen setzt er sich mit diesem Problem auseinander, mit der Frage insbesondere, ob es sich um eine Einrichtung für Kinder reicher Leute gehandelt habe. So könne man das wohl nicht sagen. Aber es ist in der Tat sozusagen die Mittelschicht in der Gesellschaft, aus der sich die Zöglinge der Landerziehungsheime rekrutierten, eine Schicht, die einerseits die Mittel hat und andererseits an „Erziehung" im Sinne von Lietz interessiert ist – ein Motiv, das uns in der

Geschichte der Erziehung spätestens seit den Philanthropen immer wieder begegnet. Das war nicht die ursprüngliche Absicht von Lietz gewesen; er empfand es durchaus als einen Widerspruch. So ist zu verstehen und hat er verstanden die Gründung des Land-Waisenheims kurz vor dem Ausbruch des Krieges:

> „Fünfzehn Jahre Arbeit waren nötig, die 3 bestehenden Land-Erziehungs-Heime auszubauen und ihren Bestand zu sichern. Doch das Gefühl der Verpflichtung, auch für die Armen etwas zu leisten, Eltern und Kindern der Reichen Gelegenheit zu geben, dabei mitzuhelfen, schwand nicht aus meinem Herzen. Lag doch der Pulvermühle benachbart ein Gut, dessen Lage gleichsam aufforderte, diesen Plan zu verwirklichen. Endlich, vor wenig Wochen, wurde es erworben...
> Mit einer bis zwei Familien von je etwa neun bis zehn Kindern, Knaben und Mädchen, wollen wir hier sobald als möglich unsere Arbeit beginnen. Als Insassen denken wir uns im allgemeinen Ganz- oder Halbwaisen, die ohne menschenfreundliche Hilfe keine gute Erziehung erhalten würden."[9]

Und nach dem ersten Weltkrieg skizzierte Lietz eine „Volks-Einheits-Schule" – durchaus nicht originell und teilweise in Übereinstimmung mit einer Vielzahl von Reformpädagogen. „Volk" versteht er hier wie diese nicht mehr im Gegensatz zum „Bürger", sondern er konzipiert die Schule als eine, die „alle Kinder des deutschen Volkes aufzunehmen, zu erziehen" hat.

Und auch eine „Volkshochschule" oder ein „Deutsches Volkshochschulheim" plant er, wiederum in Übereinstimmung mit einer breiteren Bewegung; Herman Nohl, der gleich noch zu Worte kommen wird, war einer ihrer Exponenten. Kurz vor seinem Tode hat Lietz einen Plan entworfen; ich zitiere aus der Begründung:

> „2. Die gewaltige Umwandlung unseres wirtschaftlichen und politischen Lebens in den letzten Jahrzehnten, vor allen Dingen aber in allerjüngster Zeit, stellt höhere Anforderungen an die geistige Kraft der Volksgenossen, als es die frühere Zeit tat. Vom 20. Lebensjahr an stehen jedem Glied des Staates bedeutende politische Rechte zu, sind zahlreiche bürgerliche und politische Pflichten zu erfüllen, deren gewissenhafte Ausübung und Erledigung nicht geringe Vorkenntnisse und ein tieferes Verständnis für wirtschaftliche, soziale, politische, sittliche Fragen voraussetzen. Kaum die „höhere" geschweige denn die bisherige Volksschule konnte die Vorbereitung für die Ausübung dieser bürgerlichen Pflichten der Gegenwart erledigen. Soll diese den einzelnen Parteien überlassen werden? Das ist doch kaum zu wünschen, da sie dann stets einseitig, unwissenschaftlich, unsachlich ausfallen würde.
> 3. Die Anforderungen, welche der Beruf, vor allem in Industrie, Handel, Landwirtschaft, Gewerbe, Handwerk an die Geisteskraft der Arbeiterschaft stellt, sind auch bedeutend größer geworden. Volks-, Fortbildungs- und Fachschulen genügen schwerlich für die allgemeinen Bedürfnisse.

4. Vor allem aber ist der Charakter des jungen Menschen unserer Zeit einer viel schwereren Probe ausgesetzt, als es in der Vergangenheit der Fall war. Das meiste von dem, was ihm ehemals Stütze und Halt bot, ist zusammengebrochen: Kirchliche und staatliche Autorität, Überlieferung, Geschlecht, Sitte, Zunft- und Berufsregeln. Auch die Familie hat ihre ehemalige Bedeutung verloren. Die Tatsachen der jüngsten Zeit beweisen, daß nur zu viele, ich möchte sagen, die Mehrzahl des Volkes den wirtschaftlichen, politischen und sittlichen Aufgaben, die das Vaterland ihnen stellen muß, nicht gewachsen sind. Lust zur Arbeit, Freude an ihr und am Beruf, Verantwortlichkeits-, Pflicht- und Anstandsgefühl; Fähigkeit und Neigung, sich einzuschränken, Schweres zu ertragen; Heimats- und Vaterlandsliebe sind bei vielen geringer geworden oder gar geschwunden."[10]

„Die Volkshochschule vereinigt solche Glieder unseres Volkes, in denen aufgrund ihrer Erfahrungen nach Besuch der Volksschule und im Kampfe ums Dasein der Trieb zur Fortbildung und inneren Kräftigung erwacht ist. Männer und Frauen im Alter etwa zwischen 18 und 30 Jahren aus allen Berufsständen, aus Stadt und Land sollen es sein.

Das Heim will seinen Gliedern Gelegenheit bieten, eine für Körper und Geist gesunde Lebensweise kennenzulernen, zu betätigen und zu üben; für einige Zeit an einem wertvollen Gemeinschaftsleben teilzunehmen, in dem ein ernster Geist herrscht, auf Anstand und gute Sitte gehalten wird, weit verbreitete Unsitten vermieden werden. Es will anleiten, sich Wertvolles, Leben Erweckendes aus deutscher Kultur anzueignen, wofür in der Schulzeit bis zum 14. Lebensjahr kaum genügendes Verständnis vorhanden war."[11]

Das Konzept der Volkshochschule, wie gesagt, war nicht gänzlich neu, und man müßte eigentlich eher auf andere eingehen, wollte man darüber berichten, zum Beispiel den Dänen Nikolaus Grundtvig (1783–1872). Jetzt, nach dem ersten Weltkrieg, war es unausweichlich, daß die Ausbildung eines Menschen auch nach Abschluß der Schule nicht abgeschlossen sein könnte, und man suchte nach Formen, diese neue Aufgabe zu lösen. – Übrigens: Hier von „Pädagogik" zu sprechen, wäre nicht angemessen. „Volksbildung" oder „Erwachsenenbildung" – das sind die Begriffe, die dann im folgenden benutzt wurden.

2.3 Ein Modell?

Was ist der spezifische Beitrag, den Lietz – und, noch einmal: der steht stellvertretend für eine Generation von „Reformpädagogen" – zur Pädagogik geleistet hat?

Da fällt zunächst ins Auge, daß alle seine Unternehmungen in „Heimen" organisiert waren: ein an der Familie orientierter Sozialverband, mit umfassendem Erziehungs- und Bildungsanspruch, fern ab vom Leben in der modernen Gesellschaft, nämlich in einer „pädagogischen Provinz", in der Hoffnung, daß auf diese Weise umso besser auf ein menschliches Leben in derselben vorbereitet werden kann.

Wichtiger und folgenreicher ist die Entdeckung von Lietz, im Wandervogel, der Jugendbewegung insgesamt, daß die Gemeinschaft von Kindern und Jugendlichen von großer pädagogischer Bedeutung ist. Nach dem Muster der „Familie" hatte schon Pestalozzi, hatte auch Wichern seine Anstalten organisiert. Auch Lietz benutzt diesen Begriff. Aber im Unterschied zu jenen sieht er – wie seine Zeitgenossen – die Sache so, daß „die Jugend die Jugend erzieht", von „peer-group" spricht man heute. Zwar ist es, so denke ich, nicht zutreffend, hier von „Erziehung" zu sprechen. Wohl aber haben wir seitdem gesehen und praktizieren gelernt, daß die etwa Gleichaltrigen im Zusammenhang der Erziehung eine ganz wichtige Rolle spielen – können, sofern die Erziehungssituation entsprechend gestaltet ist. Und das war in den Landerziehungsheimen der Fall. – Und auch dieses: Lietz verstand sich ebenso, wie viele Jugendführer seiner Zeit, nicht nur oder nicht zuerst als „Erzieher", sondern als älterer Freund der Kinder und Jugendlichen. Daß „Erzieher" oder „Lehrer" Rollen sind, von Menschen gespielt, die mehr sind als nur Träger dieser Rolle, das haben uns jene Erzieher in der Tat auch gezeigt. Sie haben allerdings auch dem falschen Glauben Vorschub geleistet, man könne jene Rolle abstreifen und den jungen Menschen gleichsam von Mensch zu Mensch begegnen. Man kann das natürlich, aber dann fände „Erziehung", dann fände „Schule" nicht statt: dann verzichtete man auf die Leistungen, die diese Institutionen in der Gesellschaft erbringen können.

In den Biographien wird darauf hingewiesen, daß die Landerziehungsheime nach dem Tode von Hermann Lietz weitergeführt wurden, übrigens auch während des Nationalsozialismus, bis auf unsere Tage. Ich möchte an diesen Hinweis die Frage anschließen, welches die Funktionen eines derartigen Modells oder derartiger Modelle im Kontext des gesamten Bildungssystems sind. Kann man etwa die Schule nach einem solchen Modell modellieren? In den Programmen ihrer Begründer erscheinen sie häufig als erster Schritt, dem dann die Umgestaltung des ganzen Schulwesens folgen sollte. Sehr bald stellt sich dann heraus, daß solche Musterinstitute nicht oder nur in ganz begrenztem Umfange von der Person ihrer Gründer und dem Kreis derjenigen, die seine Ideen tragen, losgelöst werden können.

Man müßte auch an die Bedingungen erinnern, die zum Gelingen dieser Idee beigetragen haben. Es gab viele, nicht nur solche, die in der Persönlichkeit der Gründer der Landerziehungsheime lagen. Was Lietz angeht, so war dieser in jeder Hinsicht vorzüglich ausgebildet: Er war ein gelernter Pädagoge, hatte für seine Zeit die beste Ausbildung genossen, die es da gab. Er war außerdem gelernter Landwirt; er hatte Phantasie und ein enormes Organisationstalent. Dazu kamen äußere Bedingungen: eine von vielen gesehene und als pädagogisches Problem interpretierte Notlage, Unzufriedenheit mit der öffentlichen Erziehung, also der Schule am Ende des vorigen Jahrhunderts vor allem. Das hat jedenfalls dazu geführt, daß Lietz finanzielle Unterstützung fand und auch die Eltern, die ihm ihre Kinder schickten.

Nun kann man allerdings darauf hinweisen, daß doch sehr vieles, was in der Landerziehungsheim-Bewegung erprobt wurde, dann in das öffentliche Schulwesen übernommen worden ist: Klassenfahrten, Schullandheime, Werkunterricht; in der Ausbildung von Lehrern werden heute diejenigen Methoden des Unterrichts empfohlen, die in der Reformpädagogik erfunden worden sind. Aber: Das Berechtigungswesen ist geblieben. Und man nehme das Schullandheim und höre sich die bürokratische Sprache an, in der ein heutiger Schulpädagoge darüber schreibt:

> „Schullandheime sind Heime städtischer Schulen auf dem Lande, die im Wechsel von Schulklassen unter Leitung ihrer Lehrer für eine Woche, vierzehn Tage, seltener drei Wochen aufgesucht werden. Schullandheimaufenthalte kommen im allgemeinen noch nicht für die Grundschule in Betracht; sie können für die Klasse etwa in einem Abstand von drei Jahren wiederholt werden. Inhaltlich gehört das Schullandheim in den Umkreis von Schulwanderungen und Schulfahrten; es darf nicht mit dem Landerziehungsheim verwechselt werden."[12]

Und jeder weiß, wie es mit den Klassenfahrten geworden ist: Nur, wenn nicht nur alles versichert ist, sondern auch noch die vollen Reisekosten bezahlt werden, dann findet so etwas statt, was im übrigen nicht mehr im entferntesten mit den „Fahrten" der Landerziehungsheime zu tun hat. Könnte man also sagen, die Landerziehungsheime hätten eigentlich doch kaum einen Einfluß auf das öffentliche Schulwesen gehabt? man brauchte die Kritik von Lietz kaum in unsere Sprache zu übersetzen, wenn man sich die Schulen heute ansieht? Diese Überlegung ist verführerisch: totes Wissen, Erlebnis, Zusammenhalt der Gruppe, Ursprünglichkeit der Natur – das sind Topoi der heutigen pädagogischen Diskussion, die emotional hoch besetzt sind. Aber nichtsdestoweniger wäre jene Überlegung falsch. Die Lebensbedingungen heute sind völlig andere als die, unter denen Lietz gearbeitet hat, um nur ein paar Beispiele zu nennen: Unsere Gesellschaft lebt im Überfluß; „Urlaub" ist selbstverständlicher Bestandteil des Alltags eines jeden Mitglieds in unserer Gesellschaft, so daß Klassenfahrten einen völlig veränderten Stellenwert haben müssen; vom Wissen wird zwar immer noch behauptet, daß es tot sei, daß es dementsprechend der Motivation im Unterricht bedürfe – gleichwohl ist der Unterricht heute etwas völlig anderes als jener, den die anfangs erwähnten Gymnasiasten vor Augen hatten und kritisierten.

Es mag also deutlich werden: Wirkungen hatte das Modell, hatte „die" Reformpädagogik; eine Umgestaltung der alten Schule im Sinne des Modells war das nicht. Aber nicht Wirkungsforschung soll hier getrieben werden. Soviel jedenfalls läßt sich sagen: Unmittelbar übernehmen kann man nichts davon, die Bedingungen von Schule in der Gesellschaft heute sind in jeder Hinsicht völlig anders. Auch wenn dieses Kapitel der „Geschichte der Erziehung" noch in unsere Gegenwart hineinreicht, so handelt es von der Geschichte. Lernen können wir auch hier nur, indem wir sie uns kritisch aneignen. – Was dies bedeutet, das ist unausgesprochen das Thema des ganzen Buches; an seinem Ende wird es zu thematisieren sein.

2.4 Die „pädagogische Bewegung" in Deutschland

Hermann Lietz – wie alle, von denen im folgenden gehandelt wird – steht für eine Generation von Pädagogen, und am Schluß dieses Abschnitts soll auf den Kontext, in dem er steht, noch mit zwei Bemerkungen hingewiesen werden:
Die Kritik von Lietz und seinen Zeitgenossen und Mitstreitern richtete sich, wie eingangs gesagt, zunächst und vor allem gegen die Schule, wie sie sich im 19. Jahrhundert in Preußen und in Deutschland als „schulisches Gesamtsystem" etabliert hatte[13]: von der Ausbildung eines Systems mit einer eigenen Aufgabe bzw. Funktion, nämlich „Bildung" bzw. „Volksbildung"; der Ausbildung eines „relativ autonomen" Systems im Rahmen des Staates mit eigenem Personal, spezifischer Klientel (Definition von jungen Menschen als „Schülern"), mit einem eigenen Budget und rechtlich abgesichert und mit, wie gesagt, spezifischen Funktionen innerhalb der Gesellschaft (Ausbildung, Qualifikationen, dem „Berechtigungswesen"). Dieses System entsprach nun für die jungen Intellektuellen des ausgehenden 19. Jahrhunderts ersichtlich nicht dem Geist oder den Erwartungen derer, die man als seine Gründer in Anspruch nahm, also – Pestalozzis, Humboldts oder Diesterwegs; und es entsprach nicht den gesellschaftlichen Bedingungen, war ideologisch, erzeugte oder wurde legitimiert mit einem falschen Bewußtsein: Marx hatte mit aller Schärfe auf die Existenz des Proletariats aufmerksam gemacht, auch eher konservativen Theologen und Pädagogen war die nicht verborgen geblieben, eine Klasse, die nicht gleichsam einen reparablen Mißstand in der Gesellschaft darstellte, mit Pädagogik oder Innerer Mission zurechtzubringen, sondern als konsequenter Ausdruck der gesellschaftlichen Verhältnisse verstan-

den werden mußte. Also: Das Bildungssystem stand offensichtlich in einem eklatanten Widerspruch zu den Bedingungen der Existenz in der Gesellschaft und zu den Utopien, die seit der Aufklärung formuliert und – stellenweise – praktiziert worden waren.

Sehr schön und eindrucksvoll hat das ein etwas jüngerer Zeitgenosse von Lietz auf den Begriff gebracht: Herman Nohl (1879–1960), Erziehungswissenschaftler in Göttingen seit den 20er Jahren dieses Jahrhunderts. Er hat in seinem Buch „Die pädagogische Bewegung in Deutschland und ihre Theorie"[14] rekonstruiert, wie gegen Ende des vorigen Jahrhunderts jener Widerspruch gespürt und erlitten wurde – das Ungenügen der Schule und die vielfältigen Probleme außerhalb der Wahrnehmungsmöglichkeiten von Schule, die gleichwohl eine pädagogische Lösung brauchten:

> „Wenn man die pädagogische Bewegung in Deutschland verstehen will, wird man sie in dem allgemeinen Zusammenhang der kulturellen Bewegungen sehen müssen, in dem sie mit allen ihren Einzelströmungen selbst doch wieder nur eine Welle ist, eine Bewegung neben andern größten historischen Ausmaßes, dem Sozialismus, der Inneren Mission, der Frauenbewegung, der sozialpolitischen Bewegung, der nationalen Bewegung, um nur die wichtigsten zu nennen, die seit der französischen Revolution und seit der Deutschen Bewegung Europa in Atem halten."[15]

> „Hinter den Bewegungen des 19. Jahrhunderts steht die neue soziale, sittliche und geistige Not unseres Volkes, die durch die Entwicklung der Industrie, der Großstädte, der Arbeits- und Wohnverhältnisse, aber auch durch die naturwissenschaftliche Aufklärung und die Entwicklung der Spezialwissenschaften über die Seelen hereingebrochen ist. In diesem Prozeß ging der Selbstwert des Subjekts verloren; der Mensch, der nur noch nach seiner Leistungskraft gewürdigt wurde, wurde zur Masse, und alle Bindungen seines sozialen Daseins lösten sich auf. Parallel damit ging eine geistige Entwicklung, in der das Humanitätsideal unserer klassischen Welt zerstört wurde."[16]

> „Die Not, die hier entstand, wurde natürlich zuerst von der am meisten betroffenen Schicht empfunden, dem Proletariat, und so erwuchs die erste Gegenbewegung in der *Arbeiterschaft*. Hatte der Liberalismus gemeint, alles gehe von selbst gut, wenn jeder seinem Interesse nachgehe und nur Freiheit und Aufklärung gewährt werde, so erschien das jetzt als Ideologie einer bestimmten Klasse: das gesellschaftliche Sein sei die Grundlage des gesellschaftlichen Bewußtseins, das Ziel müsse sein, dieses Sein zu ändern, und zwar durch politische Machtverschiebung, bis den klassenlosen Staat herbeiführt, in dem der Egoismus keinen Ansatz mehr hat. ... In den 40er Jahren erschien diese Bewegung nur als Umsturz und letzte Folge einer völlig aufgelösten Zeit. Sie rief damals als Gegenbewegung die *Innere Mission* hervor. Das große Dokument dieser Bewegung ist die Denkschrift *Wicherns* von 1849. Sie will die allgemeine Verwahrlosung der Christenheit, die alle Schichten angegriffen hat und ihren letzten Grund in der Gottentfremdung hat, durch die Seelsorge überwinden."[17]

> „Auch die *Frauenbewegung* hat zunächst eine wirtschaftliche Grundlage in

der Verdrängung der Frau aus dem Haus in den Beruf und schließt sich ursprünglich an die politische Bewegung an, die auch für die Frau die allgemeinen Menschenrechte der Revolution in Anspruch nimmt. Bis allmählich das Bewußtsein entsteht, daß die Lage durch die wirtschaftlichen Verhältnisse nicht ausreichend bezeichnet wird, sondern daß es sich auch hier um eine tiefere Kulturnot handelt. Indem sich die Frau auf ihre eigene Leistung im Kulturganzen besinnt, entsteht ihr die Aufgabe, ihr innerstes Wesen, die Mütterlichkeit, in dieser Not zur Auswirkung kommen zu lassen und in die große Gesellschaftsordnung noch einmal alle jene Kräfte einzuführen, die den geistigsittlichen Untergrund der Familie gebildet haben."[18]

„Parallel zu dieser Bewegung, von der männlichen Seite ausgehend, erscheint seit den 70er Jahren die *sozialpolitische Bewegung*, vertreten durch den Verein für Sozialpolitik (Gustav Schmoller, Manifest des Vereins für Sozialpolitik, 1872), die Soziale Praxis, die evangelisch-sozialen Kongresse, die nun gegen die Not der einzelnen Klasse, die sich nicht selber helfen kann, und gegen die Gefahren, die von ihr den andern Klassen und der Staatsgesamtheit drohen, die Gesetzgebung und die staatliche Autorität in Bewegung setzt und sich von der Regelung der Arbeitsverhältnisse bis zum Kampf gegen die Kinderarbeit und dem Jugendschutz einerseits und in der sozialen Hygiene von der Bekämpfung der Säuglingssterblichkeit und der Einrichtung der Schulärzte bis zur Invalidenversorgung andererseits erstreckt....

In diesen vier Bewegungen waren wichtigste Kräfte des sozialen Daseins mobil gemacht worden, das Selbstbewußtsein des Proletariats und die Solidarität aller arbeitenden Menschen, die religiöse, die staatliche und die mütterliche Energie. Was aber noch nicht eigentlich angetastet war, – außer von Wichern – , war die *geistige Kultur* dieses Bürgertums im 19. Jahrhundert und ihr liberaler Bildungsgedanke. Sein bekanntester Ausdruck damals war das Buch von David Friedrich Strauß: ‚Der alte und der neue Glaube‘, das *Nietzsche* dann in seiner ersten Unzeitgemäßen Betrachtung über den Bildungsphilister (1873) hinrichtete. Hier erschien zum erstenmal mit aller Deutlichkeit das Bewußtsein der *Krise*, die für unsere Kultur als Ganzes auch in ihrer geistigen Form eingetreten war."[19]

Kulturkritik war die Konsequenz, die Kritik daran, daß das Wissen tot sei und töte; ihm wurde das lebendige Ideal, das Leben selbst als Ideal entgegengestellt. Für Lietz, allerdings nicht für alle Kulturkritiker, kann man pädagogisch präzisieren: Der „Kultur", präsent in den Inhalten des Unterrichts, muß der ihr zukommende Platz im gesamten Leben eines jungen Menschen angewiesen werden – und das praktizierte er.

2.5 Pädagogik als Wissenschaft

Und nun die andere Bemerkung, sie geht auf das Auseinandertreten von Pädagogik im Sinne von „Erziehung" auf der einen Seite und Pädagogik als Theorie („Erziehungswissenschaft") auf der anderen Seite. Einerseits finden wir praktische Versuche, Erfindungen, geboren aus der Kritik an der Praxis, die man vorfindet – bei Francke, bei Basedow und den Philanthropen, bei Pestalozzi und bei Fröbel oder Wichern, von ihnen allen wird zu handeln sein. Dem stand andererseits immer schon die Reflexion über diese Praxis gegenüber, bis zum Ende des vorigen Jahrhunderts zumeist ausschließlich von denen vorgetragen, die die Praxis auch praktisch reformiert haben (bei Rousseau, Humboldt und Marx war das etwas anders, auch darauf wird noch einzugehen sein; ebenso gab es seit dem Beginn des 19. Jahrhunderts Wissenschaftler, die unter anderem auch die Praxis von Erziehung theoretisch reflektierten: Kant, Schleiermacher, Herbart). Jetzt, zu Beginn des 20. Jahrhunderts, entstand neben Lietz und all den Reformern, die, wie er, die Schule kritisierten, eine etwas jüngere Generation von Pädagogen, von „Erziehungswissenschaftlern", die zum Teil selber noch in der Praxis tätig waren, die jedenfalls aber von berufs wegen diese Praxis solidarisch und kritisch, also theoretisch begleiteten. Jenes Buch von Nohl ist ein schöner Ausdruck dieser Haltung: Am Ende der Reformepoche schreibt Nohl deren Geschichte; zugleich versucht er, systematisch den Ertrag festzuhalten, neu zu bestimmen, was „Erziehung" ist, nachdem man über dreißig Jahre hin an einer Neugestaltung der Praxis gearbeitet hatte. Beide, Reformer und Wissenschaftler, haben jene Not gesehen, von der Nohl schrieb, und sie gleichermaßen als pädagogische Aufgabe interpretiert; beide haben die herrschende Praxis kritisiert. Der eine tat es praktisch, der andere, indem er sie auf den Begriff brachte. Und: Der eine lernte von dem anderen; so hat Lietz bei dem Philosophen Rudolf Eucken studiert und, wie gesagt, sich zu seiner Vision von dem – ebenfalls – Philosophen Fichte inspirieren lassen; so hätte Nohl nicht bestimmen können, was „Erziehung" ist, wenn er nicht die vielfältige und lebendige Praxis von Erziehung erfahren und vor Augen gehabt hätte. Diese Bemerkung läuft also darauf hinaus: Damals, zu Beginn dieses Jahrhunderts, entstand und etablierte sich an den deutschen Universitäten und später auch an den Pädagogischen Akademien eine selbständige akademische Disziplin, die „Pädagogik" oder „Erziehungswissenschaft". Nohl war einer der ersten „Erziehungswissenschaftler"; er selbst zog allerdings den doppeldeutigen Begriff der „Pädagogik" vor, der Praxis und Theorie zugleich bezeichnet. Gleichzeitig mit der Etablierung einer pädagogischen Wissenschaft entstand ein Problem, das uns bis heute beschäftigt, daß nämlich Theorie und Praxis der Erziehung scheinbar auseinanderfallen. Solange es – nehmen wir etwa Pestalozzi – ein und dieselbe Person ist, die praktiziert und reflektiert, solange mag das Problem als solches noch nicht in aller Schärfe deutlich werden. Jetzt, da die Personalunion aufgehoben ist, müssen wir uns mit demselben herumschlagen.

3 Das Gymnasium und die Bildung – Wilhelm von Humboldt (1767–1835) und Karl Heinrich Marx (1818–1883)

Die Schule des 19. Jahrhunderts,

- aus der die Wandervögel, jene Gymnasiasten, 1890 „in Wald und Feld" zogen, sie zumeist pauschal verdammend;
- der Lietz, Wyneken und Geheeb die „Erziehungsschule" entgegenstellten, realisiert in „Landerziehungsheimen";
- deren Unterricht, insbesondere in den künstlerischen, musischen Fächern Kunsterzieher, Schulmusiker und Deutschlehrer inhaltlich von Grund auf reformieren wollten;
- die Kerschensteiner, Gaudig und in der Sowjetunion Blonskij zur „Arbeitsschule" umgestalten wollten;

... sie war zuvor schon vehement attackiert worden: Friedrich Nietzsche hatte ihre Gestalt in seinen Reden über die „Zukunft unserer Bildungsanstalten" kritisiert[1]; nach ihm allerlei andere Kulturkritiker; die meiste Beachtung fanden Paul de Lagarde und Julius Langbehn. Woher nun aber das Recht der Kritik? aus dem Leiden Einzelner am Leben in ihr – gewiß auch. Aber die Kritik hatte – jedenfalls bei den Gebildeten unter ihren Kritikern – einen Maßstab, der nicht in den Empfindungen und Erfahrungen Einzelner oder von kleinen Gruppen lag, sondern allgemeiner war: die Idee und Gestalt einer Bildungsschule, wie sie zu Beginn des 19. Jahrhunderts in der „Reformzeit" konzipiert worden war.

Für die Idee und Gestalt dieser Schule steht hier Wilhelm von Humboldt; er wird an einer wesentlichen Stelle durch eine Bezugnahme auf Karl Marx ergänzt. Es gibt, wie allemal, viele andere, die herangezogen werden könnten: Reformer, die in allen Bereichen des – im weitesten Sinne – Schulwesens gewirkt haben und dies zumeist viel länger als von Humboldt (der nicht einmal ganze 16 Monate im preußischen Innenministerium die Funktion innehatte, die heute zum Geschäftsbereich des Kultusministers sowie des Ministers für Wissenschaft und Forschung gehören). – Man könnte auch viele Denker heranziehen, die von „Bildung" gehandelt haben, zumeist auch systematischer und vor allem ausführlicher: Herder etwa oder Schiller. – Ich habe Wilhelm von Humboldt deswegen ausgewählt, da er (mag sein) in der Schulreform die entscheidenden Weichen gestellt hat; vor allem deswegen, weil in seinem Werk beides zusammentrifft: die – wie wir heute sagen würden – bildungspolitische Praxis und ihre theoretische Begründung. In der pädagogischen Tradition steht

Humboldt jedenfalls für die Idee des humanistischen Gymnasiums, und das heißt, für die Idee einer allgemeinen, allgemeinbildenden Schule; und so soll das hier auch sein.

3.1 Zur Biographie Wilhelm von Humboldts

1767   als Sohn eines Kammerherrn der preußischen Kronprinzessin geboren (Ministerialadel, nicht landständisch); der Philanthrop Joachim Heinrich Campe und dann zehn Jahre Gottlob J. Knuth als Erzieher; Privatunterricht zusammen mit seinem zwei Jahre jüngeren Bruder Alexander

1787   Studium in Frankfurt/Oder (Rechtswissenschaft)

1788   Studium in Göttingen (eher philosophisch-kulturhistorische Studien)

1789   Reise mit Campe nach Paris

1790   anderthalb Jahre Referendar am Kammergericht; Legationsrat, Heirat, Privatier auf den Gütern des Schwiegervaters, Studien, Schreibversuche, Freundschaft mit Schiller und über ihn mit Goethe

1797   Aufenthalt in Paris; von dort aus zwei Spanienreisen, die zweite zum Studium der baskischen Sprache

1802–08 Ministerresident in Rom

1809–10	Direktor der Sektion für Kultus und Unterricht im Innenministerium
1810 ff.	Staatsminister und Gesandter in Wien usw.
1819	Minister für ständische Angelegenheiten, Entlassung
1820–35	Privatier; sprachwissenschaftliche und sprachphilosophische Studien und Werke.

3.2 Die preußische Schulreform

Ich beginne mit der Schulreform[2]: 1792 hat Humboldt eine umfangreiche Schrift niedergeschrieben (zu seinen Lebzeiten wurden nur Teile veröffentlicht): „Ideen zu einem Versuch, die Graenzen der Wirksamkeit des Staates zu bestimmen". Das Ergebnis faßt er so zusammen:

> „die Absicht nemlich, dass der wichtigste Gesichtspunkt des Staats immer die Entwikkelung der Kräfte der einzelnen Bürger in ihrer Individualität sein muss, dass er daher nie etwas andres zu einem Gegenstand seiner Wirksamkeit machen darf, als das, was sie allein nicht selbst sich zu verschaffen vermögen, die Beförderung der Sicherheit, und dass diess das einzige wahre und untrügliche Mittel ist, scheinbar widersprechende Dinge, den Zwek des Staats im Ganzen, und die Summe aller Zwekke der einzelnen Bürger durch ein festes, und dauerndes Band freundlich mit einander zu verknüpfen."[3]

„Nachtwächterstaat" hat man später einen Staat nach diesem Bilde bezeichnet. Da er also eher den einzelnen Bürgern einen Freiraum sichern als positiv gestalten sollte, hatte dieses Prädikat bald und hat es bei heutigen Pädagogen insbesondere einen eher schlechten Beigeschmack. Und als Illusion wird die Unterstellung kritisiert, daß das Wohl des einzelnen Bürgers mit dem des Staates widerspruchsfrei vermittelt werden könnte. – Jedenfalls dürfte jetzt nicht überraschen, was Humboldt über die öffentliche Erziehung sagte, das war damals ausschließlich das, was wir heute unter „Erziehung und Unterricht" in der Schule verstehen. Da heißt es nämlich lapidar:

> „Oeffentliche Erziehung scheint mir daher ganz ausserhalb der Schranken zu liegen, in welchen der Staat seine Wirksamkeit halten muss."[4]

Denn wenn der Staat mehr täte als das, und sei es nur, daß er die öffentlichen Erzieher, die Lehrer anstellte, dann bedeutete das:

> „Jede öffentliche Erziehung aber, da immer der Geist der Regierung in ihr herrscht, giebt dem Menschen eine gewisse bürgerliche Form."[5]
> „Ueberhaupt soll die Erziehung nur, ohne Rüksicht auf bestimmte, den Menschen zu ertheilende bürgerliche Formen, Menschen bilden; so bedarf es des Staats nicht."[6]

„Gewiss ist es wohlthätig, wenn die Verhältnisse des Menschen und des Bürgers soviel als möglich zusammenfallen; aber es bleibt diess doch nur alsdann, wenn das des Bürgers so wenig eigenthümliche Eigenschaften fordert, dass sich die natürliche Gestalt des Menschen, ohne etwas aufzuopfern, erhalten kann – gleichsam das Ziel, wohin alle Ideen, die ich in dieser Untersuchung zu entwikkeln wage, allein hinstreben. Ganz und gar aber hört es auf, heilsam zu sein, wenn der Mensch dem Bürger geopfert wird."[7]

Die „gewisse bürgerliche Form": Das ist ein bestimmter Platz in der bürgerlichen Gesellschaft; wir würden heute wohl von einem bestimmten Beruf sprechen. – Dieser Gedanke ist nicht neu. Er und seine konsequente Umsetzung in ein Erziehungsprojekt sind es, wegen derer Jean Jacques Rousseau einen Ehrenplatz unter den Klassikern der Pädagogik hat. Vor Humboldt haben die Philanthropen ihn aufgegriffen – nicht aber mit dieser Konsequenz. Liest man ihre Schriften, so hat man den Eindruck, beides sei zugleich möglich: die Erziehung zum Menschen und die zum Bürger, zum nützlichen Staatsbürger.[8]

Das Konzept von Rousseau war also durchaus nicht selbstverständlich. Im übrigen paßte so etwas damals auch kaum in die politische Landschaft: Im Jahre 1792 jedenfalls war es in Preußen alles andere als selbstverständlich, solche Erziehungs- und Staatsutopien zu denken und zu formulieren. Da hatte es, in vielen Maßnahmen der Regierung greifbar, eine politische Reaktion gegen die Aufklärung gegeben. Man muß vor allem hinzunehmen, daß die Revolution in Frankreich zur höchsten Irritation in den Nachbarstaaten geführt hatte, die, wie man sich denken kann, mit entsprechenden politischen Mitteln zu verhindern suchten, daß die Ereignisse in Frankreich sich andernorts wiederholen könnten. So gesehen, ist diese Konzeption des Staates als außerordentlich radikal einzuschätzen. Und man kann sich denken, daß der Autor eine solche Schrift nicht ohne weiteres publiziert.

Wie auch immer: Es mag da doch etwas widersprüchlich erscheinen, wenn so jemand das wird, was wir heute als „Kultusminister" bezeichnen. Zur Auflösung dieses Widerspruchs mag man darauf aufmerksam machen, daß Humboldt sehr lange zögerte, den Ruf anzunehmen; daß zudem zwischen beiden Daten 16 Jahre vergangen waren; und – vor allem – daß ja noch nicht ausgemacht ist, daß seine Tätigkeit als „Kultusminister" in einem grundlegenden Widerspruch zu jenen Ideen gestanden hat. Dies letztere, denke ich, ist das Wichtigste.

An Wilhelm von Humboldt vor allem – und vor allem auch an Johann Wilhelm Süvern[9], einen Professor für Altertumswissenschaft und Staatsrat in der Sektion des Kultus und Unterrichts – denken wir, wenn von der Gestaltung des Bildungswesens in Preußen die Rede ist, die dieses in seinen Grundzügen so festgelegt haben, wie wir es bis zum ersten Weltkrieg, ja, vielleicht bis auf den heutigen Tag kennen. Von Humboldt selbst haben wir keine ausgeführte Schrift zur Organisation des Schulwesens. Erst zu Beginn dieses Jahrhunderts wurden zwei Stellungnahmen ausgegraben und veröffentlicht, die Humboldt zu Vorschlägen vorgelegt hat, wie das Schulwesen in Königsberg einerseits und in Litauen andererseits zu reorganisieren sei – eine Art „Schulentwicklungsplan", wie wir das heute nennen würden. Sie sind ihm allerdings zu Plänen geraten, an denen grundlegende Prinzipien der Schulorganisation abzulesen sind. Diesen Prinzipien entsprechend hat dann die Sektion ein Schulgesetz[10] ausgearbeitet; 1819 war es fertig; Süvern ist dafür verantwortlich; dieser quittierte den Staatsdienst oder mußte es, und jenes blieb in der Schublade liegen. – Wie dachte sich Humboldt das Schulwesen?

> „Der allgemeine Schulunterricht geht auf den Menschen überhaupt, (...)
> Dieser gesammte Unterricht kennt daher auch nur Ein und dasselbe Fundament. Denn der gemeinste Tagelöhner, und der am feinsten Ausgebildete muss in seinem Gemüth ursprünglich gleich gestimmt werden, wenn jener nicht unter der Menschenwürde roh, und dieser nicht unter der Menschenkraft sentimental, chimärisch, und verschroben werden soll."[11]

„...auf den Menschen überhaupt..." – den Menschen als Menschen und nicht als Bürger; so hatte das, wie gesagt, schon Rousseau postuliert. Dieser Prämisse entsprechen, so Humboldt, drei aufeinanderfolgende „Stadien des Unterrichts":

> „Als natürliche Stadien aber kann ich nur anerkennen:
> den Elementarunterricht
> den Schulunterricht
> den Universitätsunterricht.
> Der Elementarunterricht umfaßt bloß die Bezeichnung der Ideen nach allen Arten, und ihre erste und ursprüngliche Classification, kann aber, ohne Nachtheil, in dem Stoff zu dieser Form in Natur- und Erdkenntniss mehr oder minder Gegenstände mit aufnehmen. Er macht es erst möglich, eigentlich Dinge zu lernen, und einem Lehrer zu folgen.
> Der Schulunterricht führt den Schüler nun in Mathematik, Sprach- und Geschichtskenntniss bis zu dem Punkte wo es unnütz seyn würde, ihn noch ferner an einen Lehrer und eigentlichen Unterricht zu binden, er macht ihn nach und nach vom Lehrer frei, bringt ihm aber alles bei, was ein Lehrer beibringen kann.
> Der Universität ist vorbehalten, was nur der Mensch durch und in sich selbst finden kann, die Einsicht in die reine Wissenschaft. Zu diesem Selbst-Actus im eigentlichsten Verstand ist nothwendig Freiheit, und hülfereich Einsamkeit, und aus diesen beiden Punkten fliesst zugleich die ganze äussere Organisation der Universitäten."[12]

Damit weicht Humboldt von der Entwicklung im 18. Jahrhundert ab. Da hatte es nämlich die Elementarschulen gegeben, in der Regel auf den

Dörfern; daneben in den Städten Schulen, die man als „Bürgerschulen"
bezeichnen könnte; und schließlich die Latein- oder Gelehrtenschulen
ebenfalls in den Städten, die auf das Studium vorbereiteten. Diese Schulen bestanden neben- und unabhängig voneinander; heutige Vorstellungen von einem horizontal gegliederten Schul*system* sind im Blick auf jene
Zeit völlig fehl am Platze.

Humboldt spricht sich also, und das ist modern, dezidiert gegen diese
wenn auch noch sehr flexible horizontale Gliederung aus (die sich gleichwohl später durchsetzte); und hier insbesondere gegen die Konzeption
einer mittleren Schule, die, da sie auf eine bestimmte Verwendung ausgerichtet sein sollte, nicht auf den Menschen als solchen zielte. Er setzt
dagegen *ein vertikal gestuftes System:*

Der *Elementarunterricht* als seine unterste Stufe „macht es erst möglich,
zu lernen und einem Lehrer zu folgen". Der Zweck des eigentlichen,

> „des Schulunterrichts ist die Uebung der Fähig-|keiten, und die Erwerbung
> der Kenntnisse, ohne welche wissenschaftliche Einsicht und Kunstfertig-
> keit unmöglich ist."[13]

Und diese letztere ist der Zweck des *Universitäts*unterrichts.

Wie gesagt, das war noch kein Organisationsplan. Aber nach dieser Maxime hat zunächst er, haben sich sodann seine Mitarbeiter gerichtet. In
der bildungspolitischen Praxis hieß das:

Die *Elementarschule* sollte nach Pestalozzis[14] Methode ausgerichtet werden; zu diesem Zweck wurden einige „Eleven" nach Yverdon geschickt,
die dann in Preußen als Multiplikatoren wirken sollten; ein ehemaliger
Mitarbeiter Pestalozzis, Karl August Zeller, wurde in Königsberg Leiter
des Lehrerseminars und sollte dort eine „Normalschule", also eine Musterschule einrichten; und was Humboldt selbst angeht, so hat er in
einem „Generalverwaltungsbericht" sehr verständnisvoll an den Innen-
minister und den König über Pestalozzi und seine Methode berichtet.

Dann die *Schule:* Es wurden organisatorische Maßnahmen getroffen, die
insgesamt auf die Etablierung dessen hinausliefen, was dann später
„Gymnasium" hieß. So wurden die Lehrerausbildung und -besoldung
festgelegt, desgleichen die Reifeprüfung; die Schulverwaltung wurde endgültig geregelt (Schulkollegium); eine „Wissenschaftliche Deputation"
(wir würden heute von einer „Lehrplankommission" sprechen), mit bedeutenden Wissenschaftlern und Schulleuten besetzt, wurde beauftragt,
die Lerninhalte festzulegen und überdies den Minister in allen einschlägi-
gen Fragen zu beraten – alles Einzelmaßnahmen, die eigentlich erst verständlich werden, wenn man sie vor dem Hintergrund jenes Konzepts
interpretiert.

Und schließlich die *Universität:* Die „erste wirklich moderne Universität

Universität Berlin (um 1820)

auf deutschem Boden"[15], nämlich die in Halle[16], war nach 1807 Preußen
genommen und dem Königreich Westfalen zugesprochen worden. So lag
es, wie sich Blankertz ausdrückt, nahe, eine neue Universität zu gründen,
und zwar in Berlin[17]. Die Vorarbeiten für diese Neugründung hat Humboldt mit besonderer Energie betrieben. Es gelang ihm, namhafte Wissenschaftler zu gewinnen (Fichte, Schleiermacher, Hegel), die dann kongenial
die Konzeption realisiert haben.
Diese Realität hat durchaus nicht alsbald und in allen Fällen den Vorstellungen entsprochen, die Humboldt und seine Sektion entwickelt haben,
ich habe das schon angedeutet. Die Gestalt, die die Schule als System im
Laufe des 19. Jahrhunderts annahm, entsprach nicht seiner Konzeption;
in der Praxis setzte sich tatsächlich eine horizontale Gliederung durch.
Bis auf den heutigen Tag wird deswegen die Idee eines vertikal gegliederter-
ten Schulwesens immer wieder mit Bezug auf Humboldt gegen die Realität des Bildungswesens geltend gemacht.
Und noch ein anderes Problem zeigte sich in der Folge: Es wurde sehr bald
deutlich, daß der Einfluß des Staates nicht im Sinne seiner frühen Denk-

schrift, nicht deren Buchstaben entsprechend auf Aufsichtspflichten und die Bereitstellung eines Finanzrahmens beschränkt werden könnte. Es erwies sich, daß der Staat positiv regelnd eingriff (heute spricht man von „Bürokratisierung"); und es zeigte sich, daß der Staat die Schule durch den Versuch einer entsprechenden ideologischen Ausrichtung in den Dienst der eigenen Interessen zu nehmen versuchte und immer wieder in seine Dienste zu nehmen verstand.[18]

Hier wird ein konstitutives Merkmal von Schule sichtbar: der Widerspruch zwischen dem Interesse des Staates an der Schule, die in Preußen seit dem „Allgemeinen Landrecht" von 1794 eine „Veranstaltung des Staats" ist[19], und dem des sich in ihr bildenden Menschen. Schulkritiker glauben bis auf den heutigen Tag, sie könnten diesen Widerspruch dadurch lösen, daß sie die eine Seite negieren. Ihnen ist Humboldt deswegen so lieb, weil sie ihn als Kronzeugen für ihre Ansichten heranziehen zu können glauben. Dies geht natürlich nur deswegen, weil Humboldt selbst die bildungspolitische und schulorganisatorische Umsetzung seines Konzepts in die Praxis nicht mehr leisten konnte bzw. nicht zu leisten hatte. Seine Mitarbeiter und Nachfolger, die das beharrlich und mit kleinen Erfolgen und Rückschlägen taten, finden wir nicht unter den legitimen Autoritäten unserer Geschichte der Erziehung[20].

3.3 Der Begriff der Bildung

Nun zu derjenigen Theorie, mit welcher Humboldt diese Konstruktion von Schule rechtfertigte oder begründete, der Theorie der Bildung.

Zunächst einmal: Im alltäglichen Sprachgebrauch heute erscheint dieses Wort in der Regel nur als Vor- oder Nachname, also als Bildungspolitik, -planung, -gerechtigkeit, -anstrengung und dergleichen ebenso wie als Erwachsenen-, Volks- und manchmal als Allgemeinbildung. Es wäre für das folgende nützlich, diesen Wortgebrauch einmal zu vergessen, denn er hat wenig mit dem zu tun, wovon ich nun handeln will.

Humboldt hat das Fragment eines Textes hinterlassen, das der Herausgeber mit „Theorie der Bildung des Menschen" überschrieben hat und das etwa aus der Zeit stammt, in der auch jene „Ideen zu einem Versuch, die Graenzen der Wirksamkeit des Staates zu bestimmen" verfaßt wurden, also Anfang der 90er Jahre des 18. Jahrhunderts.

In diesem Fragment notiert Humboldt, es gebe Klagen, „dass das Wissen unnütz und die Bearbeitung des Geistes unfruchtbar bleibt, dass zwar Vieles um uns her zu Stande gebracht, aber nur wenig in uns verbessert wird, und dass man über der höheren, und nur für Wenige tauglichen wissenschaftlichen Ausbildung des Kopfes die allgemeiner und unmittelbarer nützliche der Gesinnungen vernachlässigt"[21]. Diese Klage zeigt Humboldt, daß es so etwas wie ein Bedürfnis nach einer „inneren Verbesserung und Veredelung" gibt, eine „innere Unruhe"[22], die nicht befriedigt wird. – Man kann, statt vom einzelnen Menschen auszugehen wie hier, auch bei der Nation ansetzen (der Gesellschaft, im Unterschied zum Staate):

> „Was verlangt man von einer Nation, einem Zeitalter, von dem ganzen Menschengeschlecht, wenn man ihm seine Achtung und seine Bewunderung schenken soll? Man verlangt, daß Bildung, Weisheit und Tugend so mächtig und allgemein verbreitet, als möglich, unter ihm herrschen, dass es seinen innern Werth so hoch steigern, dass der Begriff der Menschheit, wenn man ihn von ihm, als dem einzigen Beispiel, abziehen müsste, einen grossen und würdigen Gehalt gewönne."[23]

Es sei erlaubt, das skizzierte Bild etwas salopp auszumalen. Wenn die kleinen grünen Wesen vom Mars ein Exemplar der Gattung homo sapiens sapiens einfingen: Wie müßte es beschaffen sein, daß sie einen zutreffenden Eindruck von „dem Menschen" erhielten?

Man fordert noch mehr:

> „Man fordert auch, dass der Mensch den Verfassungen, die er bildet, selbst der leblosen Natur, die ihn umgiebt, das Gepräge seines Werthes sichtbar aufdrücke, ja dass er seine Tugend und seine Kraft (so mächtig und so allwaltend sollen sie sein ganzes Wesen durchstralen) noch der Nachkommenschaft einhauche, die er erzeugt."[24]

Allgemein gesagt: Die Aufgabe unseres, der Menschen Dasein ist:

> „dem Begriff der Menschheit in unsrer Person, sowohl während der Zeit unsres Lebens, als auch noch über dasselbe hinaus, durch die Spuren des lebendigen Wirkens, die wir zurücklassen, einen so grossen Inhalt, als möglich, zu verschaffen".[25]

Und daraus ergibt sich für Humboldt:

> „Was also der Mensch nothwendig braucht, ist bloss ein Gegenstand, der die Wechselwirkung seiner Empfänglichkeit mit seiner Selbstthätigkeit möglich mache. Allein wenn dieser Gegenstand genügen soll, sein ganzes Wesen in seiner vollen Stärke und seiner Einheit zu beschäftigen; so muss er der Gegenstand schlechthin, die Welt seyn, oder doch (denn diess ist eigentlich allein richtig) als solcher betrachtet werden."[26]

Ersichtlich haben solche Erwägungen für eine Lehrplantheorie bzw. für die didaktische Frage nach dem Umfang des „Gegenstandes" Konsequenzen. Denkbar sind zwei Alternativen: „Allgemeinbildung" im Sinne der heutigen Kanons-Diskussion, also die Auszeichnung eines *Kanons von Inhalten*, der den allgemein Gebildeten ausmacht. Oder „kategoriale Bildung"[27], d. h. das Herausarbeiten des *bildenden Gehalts* aus einem „Gegenstand" oder besser: des „Gegenstands" als bildend. Man darf dabei, das lese ich in Humboldts Fragment, den „Gegenstand" nicht als isolierten Gegenstand betrachten. Soll er vielmehr die Ausbildung des ganzen Menschen vermitteln, so muß er für das Ganze, die „Welt" stehen.

Die Arbeit an sich selber in der Bearbeitung des Gegenstandes mit dem Ziel der Herausarbeitung der Menschheit im einzelnen Menschen – das ist es, was Humboldt unter „Bildung" versteht. Um die eingangs zitierte Klage aufzunehmen: Das Wissen wäre dann nicht unnütz, und die Bearbeitung des Geistes bliebe nicht unfruchtbar, wenn es all das umfaßte, was die Menschheit als Menschheit, die Menschlichkeit des Menschen ausmacht, greifbar in der Mannigfaltigkeit ihrer Hervorbringungen in einer Nation und in der Geschichte[28]. Für Humboldt waren es seine Sprachstudien, welche letztlich darauf abzielten, eben dies hervorzuarbeiten, die Menschlichkeit des Menschen, das, was Menschen als Menschen ausmacht. Und deswegen sollten in der Schule die Sprachen auch eine führende Rolle spielen, da er in ihnen, bildlich gesprochen, Menschheit aufgehoben sah.

3.4 Karl Heinrich Marx (1818–1883)

Das schrieb ein bürgerlicher Adeliger am Ende des 18. Jahrhunderts. Ich will es – der Logik meiner Darstellung widersprechend – ergänzen und anfügen, was ein anderer Bürger ein halbes Jahrhundert später hierzu schrieb – als systematisch notwendige Ergänzung, wie ich aus der Perspektive von heute rückblickend sagen würde; ich meine Karl Heinrich Marx (1818–1883). Ein paar ganz wenige Daten zu seinem Leben:

1818	in Trier als Sohn eines jüdischen Advokaten und einer Rabbinertochter geboren (die Familie zum Protestantismus konvertiert); ab
1835	Studium in Bonn, dann in Berlin: Jura, Geisteswissenschaften, Philosophie (Kreis der Hegelschüler) Promotion in Jena, statt der wissenschaftlichen Laufbahn Redakteur der Rheinischen Zeitung, dann Herausgeber der „Deutsch-Französischen Jahrbücher" (in Paris 1843)
1845	auf Veranlassung durch die preußische Regierung ausgewiesen (nach Brüssel, Zusammenarbeit mit Friedrich Engels)
1848	in Paris und Köln
1849	in Darmstadt verhaftet, dann mittellos nach London; Studien zur Ideologie der Arbeiterbewegung

Karl Heinrich Marx (1818–1883)

1867   erster Band des „Kapital" (der zweite und dritte Band 1885 und
           1894) von Engels posthum herausgegeben
1883   in London gestorben

In einem Text aus dem Jahre 1844 (auch posthum herausgegeben) zu
„Nationalökonomie und Philosophie" finden wir nun den Gedanken, den
wir bei Humboldt kennengelernt haben, verschärft sozusagen und auf die
Situation der Menschen seiner Zeit hin aktualisiert (womit ich nicht
sagen will, daß Marx die besagten Schriften von Humboldts gekannt
hätte). Das Wesen des Menschen ist die Gestaltung der gegenständlichen
Natur – die Arbeit:

> „Das praktische Erzeugen einer *gegenständlichen Welt*, die *Bearbeitung* der
> unorganischen Natur ist die Bewährung des Menschen als eines bewußten
> Gattungswesens, d. h. eines Wesens, das sich zu der Gattung als seinem
> eignen Wesen oder zu sich als Gattungswesen verhält. Zwar produziert
> auch das Tier. Es baut sich ein Nest, Wohnungen, wie die Biene, Biber,
> Ameise etc. Allein es produziert nur, was es unmittelbar für sich oder sein
> Junges bedarf; es produziert einseitig, während der Mensch universell pro-
> duziert; es produziert nur unter der Herrschaft des unmittelbaren physi-
> schen Bedürfnisses, während der Mensch selbst frei vom physischen Bedürf-
> nis produziert und erst wahrhaft produziert in der Freiheit von demselben;
> es produziert nur sich selbst, während der Mensch die ganze Natur reprodu-
> ziert; sein Produkt gehört unmittelbar zu seinem physischen Leib, während
> der Mensch frei seinem Produkt gegenübertritt. Das Tier formiert nur nach
> dem Maß und dem Bedürfnis der species, der es angehört, während der

Mensch nach dem Maß jeder species zu produzieren weiß und überall das inhärente Maß dem Gegenstand anzulegen weiß; der Mensch formiert daher auch nach den Gesetzen der Schönheit.
Eben in der Bearbeitung der gegenständlichen Welt bewährt sich der Mensch daher erst wirklich als ein *Gattungswesen*".[29]

Wenn das so ist, dann hat das die folgende pädagogische Konsequenz: Das prinzipiell als Mensch geborene Wesen wird zum Menschen im vollen, inhaltlichen Sinn dieses Begriffs, indem es sich die von Menschen gestaltete Wirklichkeit aneignet. Das gilt ganz handgreiflich für die Sinne:

> „erst durch den gegenständlich entfalteten Reichtum des menschlichen Wesens wird der Reichtum der subjektiven *menschlichen* Sinnlichkeit, wird ein musikalisches Ohr, ein Auge für die Schönheit der Form, kurz, werden erst menschlicher Genüsse und fähige *Sinne*, Sinne, welche als *menschliche* Wesenskräfte sich bestätigen, teils erst ausgebildet, teils erst erzeugt. Denn nicht nur die fünf Sinne, sondern auch die sogenannten geistigen Sinne, die praktischen Sinne (Wollen, Lieben etc.), mit einem Wort der *menschliche* Sinn, die Menschlichkeit der Sinne wird erst durch das Dasein *seines* Gegenstandes, durch die *vermenschlichte* Natur. Die *Bildung* der fünf Sinne ist eine Arbeit der ganzen bisherigen Weltgeschichte."[30]

Könnte man dies auch noch als anschauliche Erläuterung gleichsam von Humboldts Bestimmungen verstehen, so ist das folgende demgegenüber neu:

> „Man sieht, wie die Geschichte der *Industrie* und das gewordene *gegenständliche* Dasein der Industrie, das aufgeschlagene Buch der *menschlichen Wesenskräfte*, die sinnlich vorliegende menschliche *Psychologie* ist, die bisher nicht in ihrem Zusammenhang mit dem *Wesen* des Menschen, sondern immer nur in einer äußeren Nützlichkeitsbeziehung gefaßt wurden. In der *gewöhnlichen materiellen Industrie*... haben wir unter der Form *sinnlicher, fremder, nützlicher Gegenstände*, unter der Form der Entfremdung *die vergegenständlichten Wesenskräfte* des Menschen vor uns."[31]

In diesen Gegenständen, die dem sich bildenden Menschen gegenüberstehen, ist aufgehoben, *was Menschen als Menschen ausmacht*. Bildung – das bedeutete, sich diese menschlichen Wesenskräfte anzueignen.
Das aber versteht Marx anders als Humboldt, und das liegt nicht zuletzt daran, daß er – bildlich gesprochen – ein halbes Jahrhundert später schrieb und – nun nicht mehr bildlich gesprochen – an die Fabrikarbeiter des vorigen Jahrhunderts, die Proletarier dachte, als er das Wesen des Menschen zu bestimmen suchte. Bezugspunkt für ihn war dabei derjenige Stand in der Gesellschaft, der scheinbar durch den völligen Verlust des Menschseins gekennzeichnet war. Nur er kann oder an ihm kann sich erweisen, was die völlige Wiedergewinnung des Menschen bedeuten

könnte. Das war, wie gesagt, damals das Proletariat. Und so interpretierten er und Friedrich Engels im „Kommunistischen Manifest" dasjenige, was ich vorhin gleichsam im übertragenen Sinne als „Aneignung" bezeichnet habe, durchaus wörtlich:

> „Alle Einwürfe, die gegen die kommunistische Aneignungs- und alle Produktionsweise der materiellen Produkte gerichtet werden, sind ebenso auf die Aneignung und Produktion der geistigen Produkte ausgedehnt worden. Wie für den Bourgeois das Aufhören des Klasseneigentums das Aufhören der Produktion selbst ist, so ist für ihn das Aufhören der Klassenbildung identisch mit dem Aufhören der Bildung überhaupt.
> Die Bildung, deren Verlust er bedauert, ist für die enorme Mehrzahl die Heranbildung zur Maschine.
> Aber streitet nicht mit uns, indem ihr an euren bürgerlichen Vorstellungen von Freiheit, Bildung, Recht usw. die Abschaffung des bürgerlichen Eigentums meßt. Eure Ideen selbst sind Erzeugnisse der bürgerlichen Produktions- und Eigentumsverhältnisse."[32]

– das ist „das aufgeschlagene Buch der menschlichen Wesenskräfte"[33]. Anschaulicher und wiederum in den Worten des „Kommunistischen Manifests":

> „Die Bourgeoisie hat in ihrer kaum hundertjährigen Klassenherrschaft massenhaftere und kolossalere Produktionskräfte geschaffen, als alle vergangenen Generationen zusammen. Unterjochung der Naturkräfte, Maschinerie, Anwendung der Chemie auf Industrie und Ackerbau, Dampfschiffahrt, Eisenbahnen, elektrische Telegraphen, Urbarmachung ganzer Weltteile, Schiffbarmachung der Flüsse, ganze aus dem Boden hervorgestampfte Bevölkerungen – welches frühere Jahrhundert ahnte, daß solche Produktionskräfte im Schoße der gesellschaftlichen Arbeit schlummerten?"[34]

Wie gesagt: Da die Bourgeoisie dies besitzt, so muß diese zunächst einmal enteignet werden. Die Konsequenzen dieser Bildungstheorie liegen ebenso wie die der Humboldtschen auf der Hand. Wenn es „Menschheit" im umfassenden Sinne dieses Begriffs sein soll, die sich heranwachsende Menschen – Schüler – sollen aneignen können, dann müßten die Inhalte einer in diesem Sinne „allgemein"bildenden Schule all das repräsentieren, was Menschheit ausmacht. Humboldt hatte das so bestimmt:

Der Unterricht gehe

> „als gymnastischer
> ästhetischer
> didaktischer und in dieser letzteren Hinsicht wieder
> als mathematischer
> philosophischer, der in dem Schulunterricht nur durch die Form der Sprache rein, sonst immer historisch-philosophisch ist, und historischer
> auf die Hauptfunktionen seines Wesens."[35]

Die Konsequenz aus der Marxschen Einschätzung der „Industrie" ist bereits im kommunistischen Manifest angedeutet und später als „polytechnischer Unterricht" gefordert worden[36]:

> „Öffentliche und unentgeltliche Erziehung aller Kinder. Beseitigung der Fabrikarbeit der Kinder in ihrer heutigen Form. Vereinigung der Erziehung mit der materiellen Produktion usw."[37]

Leider kann man nicht sagen, daß dieses Konzept von Marx oder seinen Nachfolgern zunächst auch nur einigermaßen differenziert ausgearbeitet worden wäre. Ganz anders war das mit dem Humboldtschen Konzept, das bis in unsere Tage die Auseinandersetzung um die „Allgemeinbildung" bestimmt hat. Erst in der Konzeption der Arbeitsschule von Pavel P. Blonski[38] am Anfang dieses Jahrhunderts finden wir eine solche differenzierte Ausarbeitung; in Deutschland war es, wie gesagt, die „allgemeinbildende polytechnische Oberschule" in der DDR, in der bildungspolitische Konsequenzen erkennbar sind.

Wenn wir also vom Bildungssystem reden oder von Allgemeinbildung: In dieser Rede ist das aufgehoben, sie verweist uns auf das, was – wie an den beiden Klassikern erläutert – im 19. Jahrhundert konzipiert und in politische Praxis umgesetzt wurde, schrittweise, mit Abstrichen, vollständig eingelöst bis auf den heutigen Tag noch nicht.

4 Anfänge der Sozialpädagogik – Johann Hinrich Wichern (1808–1881)

Im Februar 1848 erschien in London eine Streitschrift (in deutscher Sprache), die wie folgt beginnt:

> „Ein Gespenst geht um in Europa – das Gespenst des Kommunismus. Alle Mächte des alten Europa haben sich zu einer heiligen Hetzjagd gegen dies Gespenst verbündet, der Papst und der Zar, Metternich und Guizot, französische Radikale und deutsche Polizisten.
> Wo ist die Oppositionspartei, die nicht von ihren regierenden Gegnern als kommunistisch verschrien worden wäre, wo die Oppositionspartei, die den fortgeschritteneren Oppositionsleuten sowohl wie ihren reaktionären Gegnern den brandmarkenden Vorwurf des Kommunismus nicht zurückgeschleudert hätte?
> Zweierlei geht aus dieser Tatsache hervor.
> Der Kommunismus wird bereits von allen europäischen Mächten als eine Macht anerkannt.
> Es ist hohe Zeit, daß die Kommunisten ihre Anschauungsweise, ihre Zwecke, ihre Tendenzen vor der ganzen Welt offen darlegen und dem Märchen vom Gespenst des Kommunismus ein Manifest der Partei selbst entgegenstellen."[1]

In demselben Jahre erschien in Hamburg ein Aufsatz, der so beginnt:

> „Kommunismus – der Name wirkt jetzt wie ein Medusenhaupt. Die Furcht geht vor ihm her und läßt das Blut in den Adern der bürgerlichen Gesellschaft erstarren. Und mit Recht. So unbekannt den meisten, die von dieser Furcht erfaßt sind, diese finstere Macht ihrem Wesen nach auch sein mag, so erkennbar ist sie doch an ihren Wirkungen, die überall inmitten der politischen Stürme und Brandungen hervorbrechen. Der Kommunismus ist seiner eigentlichen Natur nach nicht eine politische, sondern eine soziale Erscheinung; er ist an und für sich unbekümmert um die Staatsverfassung und hat eigentlich nur ein Interesse an den Rechten, welche bis dahin das persönliche Eigentum, dies im weitesten Sinne genommen, für sich in Anspruch genommen hat."[2]

Die Autoren des ersten Textes sind weltberühmt geworden; und es gibt kaum eine Geschichte der Pädagogik, in der nicht wenigstens Karl Marx erwähnt würde. Den Autor des anderen Textes sucht man vergeblich; erst in der jüngsten „Geschichte der Erziehung" von Heinz-Elmar Tenorth wird er erwähnt[3]; Herman Nohl hatte ihn als einen derjenigen genannt, die im 19. Jahrhundert die soziale Frage formuliert und eine pädagogisch-politische Antwort darauf versucht hatten. Von Johann Hinrich Wichern soll und muß in einer „Geschichte der Erziehung" die Rede sein. Er steht für den Ursprung dessen, was wir heute als „Sozialpädagogik" kennen –

nicht, daß er sie erfunden hätte; aber er hat vielfältige Ansätze in einem mustergültigen Modell zusammengefaßt, er hat die Sache als öffentliches Problem aufgefaßt und eingeschärft, und er hat versucht, dasjenige theoretisch zu begreifen, das er praktisch in Gang gesetzt hatte.

In einem Bericht aus dem vorigen Jahrhundert lesen wir über einen Kandidaten der Theologie, eben jenen Wichern, und eine Gruppe von Leuten das folgende:

> „Der ‚*männliche Besuchsverein*‘, in welchem er mit Männern allerlei Alters und Standes sich zusammenschloß, um in den Straßen, Gängen und Höfen der Stadt der Sünde, der Verkommenheit, dem Elend nachzugehen, führte ihn zu der Entdeckung der Quelle des Jammers, den er in den Sonntagsschulen schon bemerkte ... Am 8. Okt. 1832 waren die Freunde, welche in dem Besuchsverein sich gefunden hatten, im Hause des Schullehrers *Hoffmann* versammelt. Da ward der Gedanke zum erstenmal laut ausgesprochen, daß für Hamburg ein *Rettungshaus* gegründet werden müsse nach dem Vorgange Johann Falks in Weimar, der Gemeinde Kornthal in Württemberg, Zellers in Beuggen, des Grafen von der Recke in Düsselthal. Die Freunde gingen an jenem Abend nicht ohne das gegenseitige Versprechen auseinander, die Angelegenheit vor dem Herrn ernstlich zu erwägen, und ein Handwerksgeselle sprach die Hoffnung aus, daß der Herr ihnen ein ermunterndes Zeichen geben werde."[4]

Weiter wird dann berichtet, daß das erwartete Zeichen gegeben wurde: eine Spende von 100 Reichstalern. Auch fand man einen einflußreichen Helfer, den Syndikus Dr. Sieveking. Der stellte für die geplante Anstalt ein Haus zur Verfügung, in Horn – damals dreiviertel Stunden vor den Toren Hamburgs gelegen:

> „Die Angelegenheit war nun reif genug, um in voller Öffentlichkeit vor den christlichen Gemeinsinn der Stadt gebracht zu werden. Der provisorische Verwaltungsrat lud alle Bürger und Einwohner der Stadt, welche der Sache ihre Teilnahme schenkten, zu einer Versammlung in der Börsenhalle auf den 12. September abends ein. Vor einer dichtgedrängten, den ganzen Raum erfüllenden Zuhörerschaft leitete Sieveking die Verhandlung ein. Man hatte an die Anwesenden beim Eintritt ein Druckblatt verteilt, auf welchem ein Bild dessen, was man hoffte, gezeichnet war, und Sieveking sprach schon bei dieser ersten Versammlung aus, was die Freunde hofften: daß neben dem ersten Obdach des sogenannten Rauhen Hauses um die Betglocke der Vorsteherwohnung in reinlicher Armut ein ‚Rettungsdorf‘ erblühen werde ... Wichern erhielt dann das Wort, schilderte das Elend, das er in Hamburg gefunden, die Familienzerrüttung, die Kinderverderbnis, gab das Bild dessen, was werden sollte und widerlegte die Einwendungen. Schon jetzt ward es aufs bestimmteste ausgesprochen: ‚die Rettungsanstalt hat zur Absicht, verwahrlosten Kindern (beiderlei Geschlechts) bis zur Konfirmation eine Zuflucht und diejenige Erziehung zu gewähren, welche die Stelle der elterlichen Fürsorge so viel als möglich vertreten soll‘."[5]

Johann Hinrich Wichern (1808–1881)

Wichern trägt detailliert Einzelheiten der geplanten Anstalt vor (dazu gleich Näheres). Die Versammlung schließt so:

> „Als die Versammlung gefragt wurde, ob sich das Werk ihrer Teilnahme zu erfreuen haben werde, war eine allgemeine laute, freudige Zustimmung die Antwort."[6]

Dies war der Beginn eines Unternehmens, des sogenannten „Rauhen Hauses", das es 1868 dem Herausgeber einer „Enzyklopädie des ganzen Erziehungs- und Unterrichtswesens" wert war, daß ihm ein eigener und ausführlicher Artikel gewidmet wurde[7]. Worum ging es, und wer war dieser Wichern?

4.1 Aus der Biographie

1808	als Sohn eines Kontorschreibers geboren, welcher sich zum kaiserlichen Notar und Dolmetscher hochgearbeitet hatte
1823	Tod des Vaters; Notwendigkeit, zum Lebensunterhalt der Familie beizutragen
1826	Erziehungsgehilfe in einem Knabenpensionat – Besuch des Gymnasiums Johanneum in Hamburg (dank Unterstützung durch wohlhabende Freunde: Kreis von „Erweckten", u. a. Mat-

thias Claudius, Pastoren, Senatoren, Handwerker, denen es um praktizierte Religiosität und praktisch tätige Nächstenliebe gegenüber einer rationalen Theologie ging – ähnlich den alten Pietisten)

1829–31   Studium der Theologie in Göttingen und Berlin; Examen in Hamburg; Oberlehrer an einer Sonntagsschule; Mitglied des „Besuchsvereins"

1833   Beginn der Arbeit im Rauhen Hause

„Am 1. November 1833 zog denn Kandidat Wichern mit seiner Mutter, die noch lange im Segen in der großen und immer größer werdenden Anstaltsfamilie gewaltet hat, in das Rauhe Haus ein,"[8]

1848   Reise nach Schlesien als Beauftragter der preußischen Regierung: besondere Notstände wegen Mißernten und Seuchen

1849   „Die innere Mission der deutschen evangelischen Kirche. Eine Denkschrift an die deutsche Nation" (Aufgaben der Volkskirche in einer sich rapide wandelnden Welt)

1857   Eintritt in den preußischen Staats- bzw. Kirchendienst

„Am 14. Januar 1857 wurde Wichern von dem König Friedrich Wilhelm IV. von Preußen unter dem Titel eines Oberkonsistorialrates als Mitglied des evangelischen Oberkirchenrates und vortragender Rat im Ministerium des Innern für die Angelegenheiten der Strafanstalten und des Armenwesens nach Berlin berufen, mit dem ausdrücklichen Zugeständnis, daß er das Sommerhalbjahr im Rauhen Hause zubringen und überhaupt Vorsteher der Anstalt bleiben könne."[9]

1881   nach einem ersten Schlaganfall 1866 und einem zweiten 1871 gestorben

Im folgenden sollen zunächst einige Hinweise auf den Kontext jener Rede im Hamburger Börsenverein gegeben werden. Ich werde dann auf das „Rauhe Haus" eingehen und im Zusammenhang damit auf die „Rettungsanstalten" insgesamt so, wie Wichern sie schildert. Am Schluß sage ich noch etwas zu seinen sozialpolitischen bzw. sozialpädagogischen Vorstellungen.

4.2 Das soziale Umfeld

Der Kontext: das ist zunächst die Industrialisierung mit ihren Folgen, mit der Entstehung des Proletariats in diesem Zusammenhang, mit der unvorstellbaren Not eines Großteils der Bevölkerung in den Städten. Ich will hier berichten, wie Wichern das in Hamburg sah, und zitiere aus der Rede, die er im Börsenverein gehalten hat.

Er beginnt zunächst mit einem Hinweis auf die Situation im allgemeinen:

„Es ist eine allgemein wahrgenommene und reichlich bestätigte Tatsache, daß die Entartung und Entsittlichung des untersten Volkes auf eine Besorgnis erregende Weise in dem größten Teil der gebildeten Welt überhandgenommen hat. Die Zahl der Verbrecher steigt; im preußischen Staate allein zählte man vor einigen Jahren an 100 000; selbst Kinder sind in die Reihe der Verbrecher getreten. Vor etwas mehr als zehn Jahren rechnete man in London 8000 verbrecherische Knaben, und 1828 gab der Prediger in Newgate schon 15 000 Knaben an, die im Alter von acht bis zwölf Jahren allein in London von Diebereien lebten. Vor etlichen Jahren stand das Verhältnis der erwachsenen Verbrecher zu denen im jugendlichen Alter in den nordamerikanischen Vereinigten Staaten wie 7 zu 1, in Preußen und Holland wie 34, 35 zu 1 und, uns näher gerückt, in Schleswig-Holstein wie 16 zu 1. Was am nächsten lag, geschah zuerst. Eigne Gefängnisabteilungen für Kinder wurden eingerichtet; wie noch diesen Augenblick zu Rotterdam an einem eignen Gefängnisgebäude für Kinder fleißig gearbeitet wird. Bald jedoch bildete, und zwar zuerst in unserm Vaterland, menschenfreundliche und christliche Liebe Vereine, welche sich zur Aufgabe setzten, teils die bereits verbrecherisch gewordenen Kinder auf den Weg des Rechten durch ernste Zucht der Liebe zurückzuführen, teils denen, die in Gefahr standen, Bettler, Vagabunden oder Verbrecher zu werden, eine vorbeugende Hilfe zu leisten. Die bis dahin verborgen gebliebene Idee der Rettungsanstalten verwandelte sich in einem der edelsten deutschen Männer in lebendige, fruchtbringende Tat. Der edle *Johannes Falk* wand in Weimar die schönste, denn es war eine heilige, Blume in seinen Dichter- und Ehrenkranz durch die Begründung und Leitung der ersten Anstalt dieser Art (im Jahre 1814) und fand erst in diesem Werke den ihm bis dahin unbewußten Zweck seines Lebens."[10]

Und in Hamburg selbst:

„Aber tut es in Hamburg not, eine Anstalt der bezeichneten Art zu begründen? Wir möchten lieber die Frage stellen: Wie sehr tut solche Hilfe unter uns not?
Sind wir gleich nicht imstande, das Verhältnis der jugendlichen Verbrecher zu den erwachsenen in Hamburg genau hier anzugeben, so stehen doch neben vielen anderen Zeugnissen zwei Tatsachen für die Notwendigkeit solcher Anstalt auch in Hamburg fest:
1. Eine eigene Gefängnisschule für jugendliche Verbrecher ist in Hamburg notwendig geworden, und zwar erst seit fünf Jahren. Die mit 19 Kindern eröffnete Anstalt hat bis heute 200 und einige Kinder aufgenommen, wobei zu bemerken, daß viele Dahingehörige, welche der Polizei überliefert wurden, wegen Mangels an Raum in jene Schule nicht aufgenommen werden konnten und ins Detentionshaus geschickt werden mußten."[11]

Und dann reklamiert er zweitens die Erfahrungen derjenigen, die sich in solchen Angelegenheiten auskennen. Er selbst hatte als Oberlehrer die Pflicht und das Recht, Familienbesuche zu machen. Dies tat er. Uns sind „Notizen über gemachte Besuche, besonders in Beziehung auf die Sonntagsschule" überliefert, in denen Wichern sehr präzise festgehalten hat, was er in den Elendsquartieren der Vorstadt St. Georg beobachtete.

„Schon seit geraumer Zeit hat sein besonderer *Beruf* ihn in die Familien-
kreise der ärmsten Tagelöhner unserer Stadt, der Eckensteher, der Wall- und
Chausseearbeiter, der Grünwaren- und Milchaufträger, der Knochengräber
und Lumpensammler und denen ähnlicher unmittelbar und täglich hinein-
geführt. Dies sind zugleich die Familien, aus denen sich die Kinder für die
Rettungsanstalt am reichlichsten darbieten werden.
Eine Reihe von 14–15 Kindern, die sämtlich auf einer *Sahltreppe* in fünf
Familien ihren Aufenthalt haben, tritt mir hier vor die Seele. Ich bitte, mir
im Geiste in diese Wohnungen zu folgen. In der Tür gerade an wohnt eine
Frau, die als Kind mit Mutter und Geschwistern bei Nacht von dem trunk-
fälligen Vater auf die Straße getrieben zu werden pflegte. Als die Eltern
gestorben waren, verehelichte sie sich und wurde Mutter von einem Sohne,
der jetzt, etwa 17 Jahre alt, tagaus, tagein Lumpen und Knochen sammelt.
Nach dem Tode des ersten Mannes trat die Frau in eine wilde Ehe mit
einem andern Manne, unter welchem ihre Not und ihr Elend aufs höchste
gestiegen ist. Der Mann ist gestorben und hat das Weib als Mutter von zwei
Kindern zurückgelassen; das eine von diesen ist ein niedlicher Knabe von
sechs bis sieben Jahren, der hilflos in diesem Jammer herumschleicht, das
andere ein zwölfjähriges Mädchen, seit vielen Jahren stockblind. Geistige
Nahrung irgendeiner Art ist ihr bis vor kurzem nie geboten. Der bittersten
Armut und Not, der Tränen, besonders im letzten Winter, wollen wir nicht
weiter gedenken. Das Erwähnte aber zeugt von einem merkwürdigen und
bedeutungsvollen Erbteile, welches die unglücklichen Kinder von ihren
Eltern empfangen haben.“[12]

Das Fazit, das er in der Rede aus diesen Beobachtungen zieht, ist:

„Soll unter diesen Umständen gründlich und an der Wurzel geholfen werden, so kann es von Privaten nur geschehen mit dem Versuch, die Kinder
von den Eltern *auf eine gütliche Weise* zu überkommen, um dadurch möglichst den alten Familienstamm abzubrechen und in den Kindern ein mit
gesunder, frischer Lebenskraft ausgerüstetes Geschlecht wieder darzustel-
len. Wir haben hierin den Hauptgesichtspunkt aufgewiesen, unter welchem
sich die Idee der Rettungsanstalt, welche sich heute Ihrer Liebe darbietet,
vornehmlich bewegt. Solche Anstalt, wie die projektierte, muß so angelegt
sein, daß erkannt werden kann, sie erfasse mit klarem Bewußtsein und mit
heilender Übermacht die Grundbeziehungen des im Volke wirksamen
Übels; und dies wird von den Kundigen anerkannt werden, sobald die
Anstalt dem entstellten Volksleben gegenüber sich dergestalt organisiert,
daß sie einerseits zu dem Falschen und Verderbten den möglichst reinen
und scharfen Gegensatz darstellt, andererseits das in den Lebensverhältnis-
sen des Volkes noch ruhende und unaustilgbare Gute und Echte mit Liebe
und Achtung auffaßt, in sich aufnimmt und möglichst rein zu entwickeln
wenigstens imstande ist.
Nach diesem Grundsatz sollte das Leben der Anstalt nach unserer Hoffnung
seine rechte Gestaltung im Innern und Äußern erstreben.“[13]

Und damit sind wir bei seiner Anstalt, dem „Rauhen Hause“.

4.3 Das „Rauhe Haus" in Horn

Schon in seiner programmatischen Rede hatte Wichern angekündigt, daß jährlich dem Verwaltungsrat, der die Anstalt zu beaufsichtigen hätte, über deren Arbeit berichtet werden sollte. Das geschah dann auch. Aus dem ersten Bericht entnehme ich die Schilderung des Anfangs. Da werden zunächst die Kinder charakterisiert:

> „Nachdem ich zum 1. November 1833 das von alters her sogenannte Rauhe Haus mit meiner Familie bezogen hatte, traten am 8. desselben Monats die ersten drei Knaben ins Rettungshaus. Ganz allmählich sammelten sich bis zum 31. Dezember d. J. zwölf Knaben in dem Alter von 5 bis 18 Jahren, zu denen später noch zwei hinzukamen. Bis auf einen waren sie sämtlich in gänzlicher Verwahrlosung und Verwilderung aufgewachsen. *Acht* von diesen vierzehn waren außer der Ehe geboren, die ehelichen, bis auf zwei, aber unter dem Einfluß verbrecherischer oder frevelhafter und trunkfälliger Eltern oder sonst in einem unehrbaren Hauswesen groß geworden. Durch Bettelei und andere Anleitung hatten mehrere es bis zur Gewohnheit des hartnäckigsten Lügens und im Stehlen bis zu dem Grade gebracht, daß einer derselben sich in seinem 13ten Jahre schon zu 92 Diebstählen vor der Polizei bekannte. Mit sieben von diesen Knaben hatten Eltern, Armenpfleger und Schullehrer oder selbst die Obrigkeit vergebens versucht, sie zu bändigen und zum Gehorsam zu bringen. Die roheste, übermütigste Kraft, gepaart mit dem entschiedensten Willen, frei zu sein, und geübt in den kühnsten Versuchen, sich diese Freiheit zu verschaffen, kamen dadurch in unmittelbare Berührung mit den halbertöteten, entnervten, von allem Bösen völlig abhängigen Naturen; einer dieser Burschen hatte bereits in einer Kette gelegen und sich von ihr zu befreien gewußt, während ein andrer, der mit sieben andren zusammen gestohlen hatte, durch Sünden bereits halb blödsinnig geworden, hier ankam. Nur wenige hatten früher *nicht* auf Steinhaufen, Blockwagen, Sahltreppen viele ihrer Nächte zugebracht; nur, so bemerkte mir einer derselben später einmal, nur weckten mich im Winter, wenn ich auf dem Blockwagen schlief, immer die Sterne, weil sie so blank mich ansahen."[14]

Und aus dem folgenden Textstück mag man entnehmen, wie Wichern mit den Kindern arbeitete:

> „Mit am entschiedensten und einflußreichsten für die übrigen entwickelte sich von Anfang an der vierte unter diesen, der in seinem früheren Leben eine Wildheit und Unbändigkeit bewiesen hatte, wie keiner sonst, der, von allen früheren Führern aufgegeben, hierher geflüchtet wurde, damit hier der letzte Versuch der Besserung an ihm gemacht werde. Dieser Zwölfjährige war der erste, der gleich anfangs aufs entschiedenste vor allen wiederholt erklärte, er glaube keinen Gott, viel weniger einen Heiland, es gebe keine Auferstehung, kein Gericht, es müsse ihm denn bewiesen werden, daß dieser Gott und Heiland, an den er glauben solle, etwas für ihn tue. In seinem Zorn drohte er mit Messer und Totschlag, wie er schon früher

Knabenarbeitssaal im Rauhen Hause (um 1855)

einmal Hand an sich gelegt. Schreckliche Zufälle tobender Krämpfe, zuletzt
in ununterbrochener Dauer von 12 Stunden, worin wir unsrer vier ihn nicht
zu halten vermochten, machten ihn wochenlang zum Gegenstand des in-
nigsten Mitleids, bei welcher Gelegenheit ich nicht unterlassen kann, der
liebreichen, großen Hilfe des auch für uns zu früh entschlafnen Freundes,
des Herrn *Dr. Reitz*, zu gedenken. Wiederum war er halbe Wochen lang
unter Verwünschungen seines Lebens die Ursache heftiger Aufregungen
unter den Kindern, die in Wirklichkeit einmal ihr Essen ganz unterlassen
haben, um ihn durch Tränen und Bitten zur Besinnung zu bringen. Seine
ihm zum Bewußtsein gebrachten großen, früheren Verschuldungen führten
ihn aber zum Glauben und zum immer innigeren Anschließen an den früher
Verleugneten, über den er sich aber nichts wollte nur von außen anheften
lassen, was sich ihm nicht im Innern bewährte. Von dieser Liebe war sein
Gemüt erfüllt, wenn er zu andern Zeiten die Ursache großer Freude im
Hause wurde, wenn er z. B., um sich mit dem ganzen Hause, dessen Glieder
er alle betrübt, auszusöhnen, seine Kameraden, sie nacheinander um Vergebung zu bitten, umarmte und aus gleicher Ursache sich an alle übrigen
Hausgenossen wandte. Von Anfang an hat er nach der möglichst größten
Selbständigkeit getrachtet und kein rechtmäßiges Mittel ungenutzt gelas-
sen, sich diese zu verschaffen; er mußte aber in dieser Hinsicht besonders
auch deswegen zurückgehalten werden, weil er da, wo er sich selbst überlassen war, alles zerstörte und das oft in guter Meinung. Dieser Trieb zum
Verwüsten ist bei mehreren unsrer Kinder eigentümlich; bei dem betreffen-

den Knaben ging er auf alles über; derselbe zeigte sich z. B. auch, wenn er graben sollte und dann nur Löcher wühlte, wobei er oft seine Bemerkungen sehr eigentümlicher Art mitteilte, z. B., ob er bei so fortgesetzter Arbeit wohl endlich durch die Erde hindurchkommen würde und wie es da unten auf der andern Seite wohl aussehen möchte. Allmählich übrigens konnte ich seinem Streben auch hierin gewähren, ohne es zu bereuen, da sich, wie bei ihm oft, so auch hier, zeigte, daß er mit seiner Liebe auch diesen Trieb zuzeiten überwinden konnte. Um ihn zu halten, hatte man ihn früher in eine Kette gelegt; als er einmal bei uns zu entlaufen willens war und Zeit und Gelegenheit schon vorher bedacht und bestimmt hatte, wurde er durch höhere geistige Kräfte der Liebe von seinem bis dahin verborgen gehaltenen Entschlusse zurückgebracht und bekannte, was er im Sinne gehabt; früher hatte er den Seinen und Fremden mit allerlei Listen und Lügen das Ihre genommen, in unserm Hause ist er jetzt als einer von denen bekannt, die grade am lautesten bei solchen Vorkommnissen ihren Unwillen äußern und selbst andere, wenn er nur kann, an dergleichen hindert. Seine Mutter wie seine Geschwister hat er früher aufs empörendste gemißhandelt, so daß sie noch jetzt ihn fürchten; derbe ist er noch heute, zuzeiten noch mehr als das, aber grade durch seine Liebe in dieser Form hat er, den meisten zwar ein Rätsel, Zugang zu den Herzen mancher seiner Kameraden gefunden und besonders durch seine Liebe gegen die augenfällig Unglücklichsten und am meisten Alleinstehenden unter denselben großen Segen gestiftet. Was ihm nicht aus seinem freien Innern kommt, ist ihm eine Last; alles Gesetz wirkt tötend auf ihn, lähmt in ihm alles Interesse."[15]

Wie er mit den Kindern arbeitete? ja, aber auch dies: Hier wird anschaulich geschildert, was es heißt, das bezeichnete soziale Problem der Verwahrlosung pädagogisch, als ein pädagogisches interpretieren.
Man liest nicht nur dies, sondern auch von Problemen: vom Weglaufen, Diebstählen und Prügeleien; vor allem in späteren Berichten ist davon die Rede. Wichern berichtet glaubhaft, daß es nicht nur harte Maßnahmen der Leitung waren, sondern auch die Kinder selbst, die bei der Lösung dieser Probleme halfen, z. B. hier:

„Ein Vorfall aber, der die Festfreude zuerst zu trüben schien, nachher aber dasselbe allen damaligen Hausgenossen bleibend ins Gedächtnis prägte, muß noch besonders angegeben werden. Am zweiten Tag gegen Abend nämlich entlief einer der größeren Knaben. Es war dies der erste Fall der Art. Ich fand ihn sogleich im Christmarkt zwischen den hellerleuchteten Weihnachtsbuden wieder; zwar erschrak er, als ich ihn da so unerwartet bei seinem Beschauen begrüßte, aber kehrte ohne weiteres Besinnen auf der Stelle mit um, wenn auch unter ängstlichen Erwartungen, da er bis dahin schon oft genug Gelegenheit gehabt, die Strenge der Kinderzucht im Rauhen Hause an anderen zu sehen. Als wir wieder eintraten, sangen gerade die übrigen Knaben, um die Mutter her im Kreise sitzend, ihre Weihnachtslieder und äußerten beim Anblick des zurückkehrenden Flüchtlings laut ihren Unwillen. Die ältesten sollten selber die Strafe bestimmen, gingen deswegen allein und hatten nach einer Viertelstunde sinnige, aber harte Strafen ausgedacht. Als sie dieselben aber mit eignem Munde dem Straffälligen ankündigen sollten, schwiegen alle, bis einer, der früheren eignen, viel größeren Verschuldungen ähnlicher Art eingedenk, plötzlich um Vergebung für ihn bat – eine Wendung, welche keiner erwartet hatte. Alle stimmten ein, reichten ihm die Bruderhand, so daß das Weihnachtsfest für diesmal erst dadurch für uns seine rechte Bedeutung schien erhalten zu sollen. Am erfreulichsten aber war der Vorfall in seinen Folgen auf den Übeltäter selbst, dem so vergeben war. Volles Vergeben und Vergessen war ihm zugesagt; so wurde er, als wenn nichts der Art geschehen wäre, einige Tage darnach, zu seinem eignen großen Erstaunen, wieder wie früher zum Milchholen eine Viertelstunde weit allein ausgeschickt und gehört seit der Zeit mit zu denjenigen, welche die weitesten Wege in die Umgegend machen, ohne je die Freiheit wieder gemißbraucht zu haben."[16]

Auf die Entwicklung der Anstalt im einzelnen kann ich nicht eingehen. Soviel sollte deutlich geworden sein: Hier wurde ein Modell außerfamiliärer Erziehung praktiziert, das nach dem Muster der Familienerziehung eingerichtet war. Getragen war es von der Überzeugung, daß den Armen das Evangelium gepredigt werden müsse, damit sie in die Lage versetzt würden, aus ihrer Not herauszukommen.

Das Evangelium predigen: Das war wörtlich gemeint, und das war zugleich Chiffre, Symbol für mehr als das, was man sich heute darunter vorstellen möchte. Das Evangelium stand für den Sinn eines Lebens, das die betroffenen Menschen selbst in die Hand zu nehmen hatten, und es stand im Alltag des „Rauhen Hauses" zugleich für harte Arbeit an Aufbau und Unterhaltung des Werkes auf der einen Seite und damit zugleich an der eigenen Person auf der anderen Seite. Dies letztere dürfen wir durchaus als eine Parallele zu dem ansehen, wovon unter dem Stichwort der „Bildung" schon die Rede war: Da hatte Humboldt das Individuum auf der einen Seite dem Gegenstand schlechthin, der Welt gegenübergestellt und versprochen: Wenn ein Individuum das, worin sich Menschheit, das Wesen des Menschen dokumentiert, bearbeitend aneignet, daß es sich dann als Menschen oder zum Menschen bildet. Und ich hatte auf Marx verwiesen und diesen Gedanken dahingehend näher bestimmt, daß die Welt Produkt der Arbeit von Menschen sei; in der Konsequenz müßte „Aneignung" hier auch als Arbeit von Menschen verstanden werden, als produktive Arbeit; „polytechnischer Unterricht" ist die didaktische Konsequenz, die man später daraus gezogen hat.

Hier, bei Wichern, wird das praktiziert: Haus- und Gartenbau, Hauswirtschaft mit allem, was dazu gehört. Bei dem sowjetischen Reformpädagogen Anton S. Makarenko finden wir das dann zwei Generationen später ganz ähnlich wieder; und in den sogenannten „Industrieschulen" war so etwas zwei Generationen früher schon einmal versucht worden; von einer, der von Johann Heinrich Pestalozzi, werden wir noch hören.

Wichtig ist noch, daß mit dem Heim eine „Brüderschaft des Rauhen Hauses" verbunden war:

> „„Wir, die hier versammelten Brüder, stammen aus allen Gauen unseres lieben Vaterlandes. Unsere Heimat ist in Preußen von der Memel bis zum Rhein, in Baden, Bayern und Hessen, in Württemberg, Thüringen und Hannover, in Mecklenburg, Holstein und Schleswig. Unter uns ist keiner, der nicht imstande wäre, sein täglich Brot mit dem zu erwerben, was er bis dahin gelernt, sei es als Lehrer oder Handwerker, als Landmann oder Kaufmann, oder welchen anderen ordentlichen Standes oder Herkommens er sei. Äußerer Mangel hat uns nicht ins Rauhe Haus geführt. Als wir aber in fernen Landen von dem Werke, das der Herr in diesem Hause begonnen und weiter geführt, gelesen und gehört, haben wir gebeten, uns an dem Segen und an der Arbeit unter den Kindern teilnehmen zu lassen.
> . . . Was wir aber alle haben, das geben wir, nämlich uns selbst als Opfer des Dankes gegen Gott, dem Ganzen zu Nutz. Was jeder gelernt und sich an innerer und äußerer Geschicklichkeit und Fertigkeit erworben und was er hier sich noch erwerben wird durch Übung und Unterweisung, das soll dem Rauhen Hause vornehmlich zum Dienst unter seinen Kindern, denen hier alles verpflichtet ist und denen wir eben Brüder sein wollen, gewidmet sein, bis, der uns gerufen, uns auch weiter sendet im Namen des Herrn, der das Gebot zeigen wird, dem wir werden zu folgen haben . . .'.
> Aber der erste Name für dieses keimende Werk: ‚Gehilfeninstitut als Seminar für die innere Mission', welcher bald in den der ‚Brüderanstalt' geändert ward, deutet schon darauf hin, daß die Brüdersache keineswegs nur im Interesse des Rauhen Hauses betrieben ward. ‚Seminar für innere Mission' – das weist in die Weite des Volkselends, das deutet auf eine Pflanzschule gläubiger Liebe zur Rettung der Brüder."[17]

Ich denke, man darf dies als den Anfang einer Institution interpretieren, in der professionelle Heimerzieher, Sozialarbeiter, ausgebildet wurden.

Es wäre ungerecht gegen andere, wenn man Wichern als Erfinder der Heimerziehung bezeichnen wollte: Schon 1833 beschrieb er selbst in einem längeren Artikel zwei Vorgänger (Falk in Weimar und Kopf in Berlin). Im Jahre 1868 hat er einen sehr umfangreichen Artikel über „Rettungsanstalten" in der besagten Enzyklopädie verfaßt, in dem er zusammenstellte, was es vor und neben dem „Rauhen Hause" gegeben hat. Aber ich denke, man wird, das zeigt gerade auch dieser Artikel, Wichern als denjenigen sehen dürfen, der „Heimerziehung" als pädagogische Aufgabe verstanden, dann praktiziert und schließlich propagiert hat.

Der eben genannte Artikel ist in mehrfacher Hinsicht interessant. Zunächst einmal enthält er eine Bestandsaufnahme und eine Erfolgsstatistik, eine der ersten Statistiken wohl übrigens, die sozusagen im Kontext der Bildungspolitik ihre Funktion hatte.

„In den genannten 79 Anstalten sind seit ihrer Begründung mit Ausnahme der wenigen im vorhergehenden bezeichneten Fälle bis Oktober und November 1867

Aufgenommen . . . . 10 527 Zöglinge
von denselben sind

a) in der Anstalt gestorben 247 (3%)
b) den Eltern etc. aus irgendeinem Grunde, größtenteils wider den Willen der Anstalt, etliche wegen Krankheit, Blödsinn, Epilepsie u. dgl. zurückgegeben, zu einem sehr kleinen Teil auch entlaufen 630 (7,7%)
c) ordentlich nach in der Anstalt erfolgter Konfirmation, also mit dem Willen der Anstalten entlassen 7223 (89,3%)
    sind = 8100.

Von diesen 8100 Entlassungen betragen sich:

a) *schlecht:*
    1. obrigkeitlich *nicht* bestraft . . 305 (4,2%)
    2. obrigkeitlich *bestraft* 339 (4,7%)
        also überhaupt schlecht 644 (8,9%)
b) *mittelmäßig,* d. h. schwankend 1251 (17,3%)
c) *gut,* d. h. nähren sich redlich mit ihrer Hände Arbeit 4529 (62,6%)
d) sind *verschollen,* nach der Entlassung gestorben oder zur Zeit unbekannt 799 (11,2%)
    sind die obigen ordentlich Entlassenen   7223 (100 %)

Nach Abzug der überhaupt Entlassenen etc. . . . . 8 100 Zöglinge
verbleiben als gegenwärtiger Bestand . . . . 2 427 Zöglinge"[18]

Auf den ersten Blick kann man ihr entnehmen, daß die Anstalten unter dem Strich als recht erfolgreich angesehen werden durften, wenn auch die Begriffe, nach denen die Zöglinge da gruppiert werden, für unsere Vorstellung auf den zweiten Blick etwas unpräzise sind.

Sodann, und darauf möchte ich noch ein wenig eingehen, ist das Verhältnis der Heimerziehung zum Staat prekär und wird von Wichern ausführlich diskutiert. Damit bin ich bei den sozialpolitischen Vorstellungen Wicherns.

4.4 Die sozialpolitischen Vorstellungen Wicherns

Wichern sah sehr klar, daß der Staat von den Rettungsanstalten Nutzen hat.

„Es bedarf keiner weiteren Auseinandersetzung, daß die staatlichen und kommunalen Behörden kein geringes Interesse an dem Gedeihen dieser

Anstalten zu nehmen haben und, je mehr sie den Geist derselben zu würdigen wissen, auch wirklich nehmen. Der Kommune werden dadurch die Proletarier, dem Staat die Zuchthauskandidaten gemindert."[19]

Aber umgekehrt wäre eine Abhängigkeit vom Staat problematisch. Er erörtert dieses Problem im Zusammenhang dieses Artikels auf die Weise, daß er auf eine Bestimmung des preußischen Strafgesetzbuches eingeht:

> „So sollen, um mit Preußen zu beginnen, nach § 42 des preußischen Strafgesetzbuches von 1851 Angeschuldigte, die noch nicht das 16. Lebensjahr vollendet haben, und wenn festgestellt worden, daß sie ohne Unterscheidungsvermögen gehandelt, freigesprochen und im Urteil festgestellt werden, ob sie ihrer Familie zu überweisen oder in eine Besserungsanstalt ‚zu bringen sind'. Da bei Ausgabe des neuen Strafgesetzbuches dergleichen ‚Besserungsanstalten' nur hier und da sehr einzeln als ständische (z.B. Schweidnitz, Zeitz, Tapiau, Bennighausen usw.) und als staatliche Anstalten gar nicht existierten, so mußte zur Vollstreckung des Urteilsspruches ein Ersatz gesucht werden. Der Staat sah aus diesem Anlaß auf die Rettungshäuser, und die Rettungshäuser sahen auf den Staat."[20]

Das impliziert eine Gefahr:

> „Eine falsche Verbindung mit den Staats- und Kommunalbehörden bringt das Rettungshaus fast unvermeidlich in die Gefahr, irgendwie den Schein einer Straf- oder Korrektionsanstalt anzunehmen, ja sogar irgendeine Modifikation derselben zu werden; dadurch entsteht die Gefahr, in den Zöglingen das Gefühl zu erwecken, nicht freie Kinder einer freien Familie, sondern Züchtlinge, die vom Gesetz im Zaum gehalten werden sollen, zu sein ... so wird dieser Verirrung durch ein falsches Verhältnis der Anstalt zur Polizei nur noch mehr Vorschub getan und damit dem Wesen der Rettungshäuser empfindlicher Schaden zugefügt. Geht das Rettungshaus auf solche gefährliche Art der Verbindung ein, so wird ihm zuletzt auch die christliche Barmherzigkeit entfremdet, es wird ihm dadurch mehr und mehr die materielle Hilfe zu seiner Erhaltung und namentlich das Vertrauen der besseren Eltern entzogen, die nun nicht mehr geneigt bleiben, für ihre Kinder die freie Hilfe einer christlichen Anstalt in Anspruch zu nehmen."[21]

Deswegen lehnt er eine Unterstellung der Rettungsanstalten unter den Staat ab:

> „Die Privatanstalt kann Hilfe leisten, soweit es not tut, muß sich dabei aber zugleich sicherstellen, daß die ihr zukommende Freiheit, ihr eigentliches Lebenselement, gewahrt bleibt, sowohl hinsichtlich der Zahl und teilweise auch Qualität sowie in der Behandlung der Kinder, desgleichen in Wiederauflösung des Verhältnisses. Sowie aber in einer solchen Anstalt von den staatlichen oder Kommunalbehörden eine gewisse Zahl der Kinder fest fixiert wird und die Behörden sich ein unbedingtes Überweisungsrecht bei der Stellenbesetzung erwerben, oder wenn eine so große Zahl derselben normiert wird, daß sie der Zahl der anderen Zöglinge gleich- oder so gut wie gleichkommt, so wird die Anstalt gefährdet und droht faktisch eine Staats-

oder Kommunalanstalt, wenn auch auf privater Unterlage, zu werden. Sie ist jedenfalls nicht mehr eine freie Rettungsanstalt und muß in den Augen des Publikums zuletzt auch diesen Charakter verlieren."[22]

Die Ablehnung begründet er also mit dem spezifisch pädagogischen Charakter der Anstalten, positiv also und nicht etwa von einem Verständnis des Staates aus, wie das Humboldt zuvor bei der Schule getan hatte. Wichern sah nicht nur die Not in Hamburg und in Schlesien oder wo auch immer. Ihm war klar, daß es sich dabei um den Ausdruck eines säkularen, gesellschaftlichen Problems handelte. Ich gehe jetzt darauf ein, wie er das Problem sah und in vielen Reden und Aufsätzen definierte. Dazu greife ich den eingangs erwähnten, im Jahre 1848 geschriebenen Aufsatz „Über den Kommunismus und die Hülfe gegen ihn" auf. Noch einmal:

> „Kommunismus – der Name wirkt jetzt wie ein Medusenhaupt. Die Furcht geht vor ihm her und läßt das Blut in den Adern der bürgerlichen Gesellschaft erstarren. Und mit Recht."[23]

Ich habe nicht feststellen können, ob Wichern das „Kommunistische Manifest" kannte. Der Anfang des Textes scheint mir zu zeigen, daß er dessen Anfang aufnimmt und bewußt ein Gegenstück dazu formuliert: „Es geht ein Gespenst um in Europa, das Gespenst des Kommunismus". – Also:

> „Und wo ist die Hilfe gegen den Kommunismus? Was kann zur Überwindung und Errettung des Proletariats geschehen?"[24]

Wichern sieht nun von der politischen und der sozialen Seite der „sogenannten Proletarier- und Arbeiterfrage" ab; er betrachtet nur die kirchliche. Seine Antwort ist:

> „Was von der Kirche als Kirche geschehen muß, um den unteren Klassen der Gesellschaft christlich gründlich zu helfen, ist in dem einen Wort zusammenzufassen: *Den Armen muß das Evangelium gepredigt werden!* Diese zukünftige Tatsache muß eins der größten Zeichen der Wiedergeburt und inneren Erneuerung der Kirche werden. Die Frucht wird sein, daß die Armen in Kraft der göttlichen Predigt glauben – glauben, wie das Glauben allein gemeint sein kann, namentlich zur Erneuerung ihres ganzen persönlichen, häuslichen, gesellschaftlichen und politischen Lebens. Wo dieser Glaube ist, da ist die Grundlage aller Hilfe, namentlich die Macht zur Überwindung aller derjenigen Kräfte gewonnen, welche heute aus den Pforten der Hölle hervorgetreten sind und drohen, wenn auch nicht die Gemeinde zu vernichten (was unmöglich ist), doch Tausenden von Kirchengliedern das Heil zu rauben und ein neues Heidentum neben der Kirche heraufzubeschwören."[25]

Das soll alles sein, „den Armen das Evangelium predigen"? Man verstehe es nicht falsch. Wofür steht der Begriff denn? für die Predigt von der

Kanzel der Kirche? Gewiß. Aber was bedeutet das? Unterschiedliches, je nach den Adressaten. Denken wir zunächst an die Bürger, die Handwerker insbesondere, so ist zu erinnern, daß – im Sinne des eingangs erwähnten „Besuchsvereins" Predigt und Gebet ohne gleichzeitige Nächstenliebe nicht denkbar sind. Und so liest man ein wenig später in demselben Dokument: Die Predigt im engeren Sinne erreiche die Armen ja gar nicht, sondern vielmehr diejenigen, die zu helfen in der Lage sind. Diesen predigt Wichern, um es so zu sagen, ins Gewissen.

In einem Vortrag während des 11. Kirchentages in Barmen nimmt sich Wichern der Frage der „Erziehung und Bewahrung der weiblichen Jugend in der arbeitenden Bevölkerung mit besonderer Berücksichtigung der Fabrikbevölkerung" an. Hier macht er ganz deutlich, welche Aufgaben die „Besitzer größerer industrieller Etablissements" und die „Hausfrauen" sowie „das christliche Erziehungs-, Anstalts- und Vereinswesen" haben, die „außerordentlichen und mit den sozialen Zuständen der Gegenwart aufs Tiefste verwachsenen Notstände unter der weiblichen Jugend" zu beheben[26]. Die Predigt ist also zunächst einmal Bußpredigt an die Reichen, an die Verantwortlichen, verantwortlich zu handeln.

Und dann die „Armen", denen das Evangelium gepredigt werden soll: Ich denke, daß auch um die Mitte des vorigen Jahrhunderts die christliche Predigt noch etwas von jener aufklärenden Kraft hatte haben können, die sie – recht verstanden – in den vorigen Jahrhunderten immer wieder gehabt hatte und allemal da haben kann, wo sie die Angesprochenen über ihre Situation in der Welt und vor dem Angesicht Gottes – als Menschen! – unterrichtet. Dazu gehört – wir haben das im „Rauhen Hause" gesehen –, daß die Armen zu sinnvoller Arbeit an ihrer Existenz angehalten werden. Wichern war, wie gesagt, davon überzeugt, daß diese Arbeit zugleich Arbeit der Menschen an sich selbst wäre. Und er konnte auf eindrucksvolle Erfolge hinweisen. „Evangelium" – das war für ihn offensichtlich der Begriff für den Sinn der Existenz von Menschen in der Gesellschaft; Symbol für ein menschenwürdiges Dasein in einer menschlichen Gesellschaft.

Wichern hat also die Not, die ihn zu seinem eigenen Werk genötigt hat, grundsätzlich anders interpretiert, und er hat – praktisch – grundsätzlich anders darauf geantwortet, als Marx und Engels das taten. Man wird festhalten dürfen, daß die besagte Abhandlung über den Kommunismus diesem gegenüber eine grundsätzlich andere Position bezieht, als das die Autoren des „Kommunistischen Manifests" taten, welches ein Jahr zuvor erschienen war. Man wird Wicherns Konzept der Sozialpädagogik sicher gerecht, wenn man es als „konservativ" bezeichnet. Das Leitbild, an dem sich sozialpädagogisches Handeln zu orientieren hat, sind die vorhandenen Ordnungen, die Familie zumal. Sozialpolitik hätte diese Ordnungen wieder herzustellen; die Predigt der Kirche hätte die Menschen auf ihre soziale Verantwortung aufmerksam zu machen; Sozialpädagogik hätte denen, die aus den Ordnungen herausfallen, einen an der christlichen (und bürgerlichen) Familie orientierten Ersatz zu leisten. Eine sozialrevolutionäre Konzeption von Sozialpädagogik, wie man sie im Gefolge des „Kommunistischen Manifests" hätte konzipieren können – Abschaffung von Privateigentum an Produktionsmitteln und Bildung, dann würden sich die sozialen Probleme von selbst erübrigen –, dies kam Wichern nicht in den Sinn. Seine Konzeption war es allerdings, die sich bis auf den heutigen Tag in der Praxis der Sozialpädagogik durchgesetzt hat.

5 Die Ausbildung von Volksschullehrern – Friedrich Adolph Wilhelm Diesterweg (1790–1866)

Vorweg eine Frage, die ich hier stelle und die bei jedem anderen gestellt werden könnte: Was ist es, was diesen Menschen zu einem „Klassiker der Pädagogik" macht? Nun – zuerst einmal sind wir es und unsere Interessen: Diesterweg war ein liberaler, bürgerlicher Lehrerbildner. Und es verleiht unseren Bemühungen in der Lehrerbildung heute Richtung und Glanz, wenn wir unsere Ideen und Gedanken bei ihm vorgedacht finden. Diese letztere Denkfigur kann man geradezu klassisch an der Diesterweg-Rezeption in der DDR studieren – von einem Bericht über einen Berliner Kongreß 1966[1] anläßlich seines 100. Todestages bis hin zum Vorwort der jüngsten Auswahlausgabe anläßlich seines 200. Geburtstages[2]:

> Im Nichts des Neuanfanges von 1945 waren es unter anderem die liberalen Traditionen des Bürgertums (und später auch die Klassiker des Marxismus-Leninismus), an denen man sich für die Neugestaltung der Schule orientieren konnte. Interessanterweise war das im Westen ganz anders: Eine nennenswerte Diesterweg-Rezeption gab und gibt es nicht; da hatte und hat die Tradition der „Reformpädagogik" die entscheidende Orientierungsfunktion[3].

Nun war Diesterweg beileibe nicht irgendwer. Ich denke, es ist sein *Konzept der Lehrerbildung,* das die Auseinandersetzung mit seinem Werk fruchtbar für eine solche Anknüpfung macht – fruchtbar, weil das Konzept so vielseitig ist und weil Diesterweg es gleichsam von sehr unterschiedlichen Seiten ausgestaltet, durchgesetzt und verteidigt hat: als Seminardirektor, als Lehrbuchautor, als Publizist und als Politiker. In einer Person war er alles das, Lehrer zuvor ja auch noch, wo mancher von uns an einem Teil schon genug zu arbeiten hat.

Auf den Lehrerbildner gehe ich im folgenden etwas näher ein. Dazu sage ich etwas über das „Seminar", die Institution, in der damals die Volksschullehrer ausgebildet wurden, und über die „Didaktik", das Wissen also, das diesen Lehrern für ihre Berufspraxis mit auf den Weg gegeben wurde und wird. Doch zuvor ein paar Daten aus seinem Leben.

Friedrich Adolph Wilhelm Diesterweg
(1790–1866)

5.1 Aus der Biographie

1790	in Siegen als Sohn eines Fürstlich Nassau-Oranischen Justizamtmanns geboren

Beide Eltern stammten aus eingesessenen Siegener Bürgerfamilien (Verwaltungsjuristen, zünftige Handwerker, Unternehmer) Ich erwähne dies mit Bedacht, denn es ist verblüffend und charakteristisch: Nahezu alle Klassiker der Pädagogik stammen aus dem Bürgertum (und häufig aus dem höheren).
Besuch der Siegener Lateinschule
Studium der Naturwissenschaften in Herborn, Heidelberg und Tübingen

1812   Lehrer am Gymnasium in Worms
1813   an der Frankfurter „Musterschule", einer Bürgerschule mit dem Charakter einer Realschule
1818   an der Lateinschule in Elberfeld
1820   Berufung als Direktor an das neu gegründete bzw. zu gründende Lehrerseminar in Moers
1832   Direktor des „Seminar für Stadtschulen" in Berlin
1847   Beurlaubung, 1850 Versetzung in den Ruhestand
        Umfangreiche Publikationstätigkeit (insbesondere gab er zwei Lehrerzeitschriften heraus)
1858   Abgeordneter im preußischen Landtag
1866   In Berlin gestorben.

5.2 Das Lehrerseminar

Zu Beginn des 19. Jahrhunderts war in Preußen wohl klar, daß die Ausbildung der Volksschullehrer auf einen solideren Fuß gesetzt werden müsse als den, auf dem sie sich damals befand. Zuvor konnte nur bei den wenigsten von einer Ausbildung überhaupt geredet werden, dann nämlich, wenn sie ein „seminarium" durchlaufen hatten – eine „Pflanzstätte" für angehende Lehrer. Was war das? Es gibt ein hübsches Zeugnis davon in dem Roman Anton Reiser (1785) von Karl Philipp Moritz. In dem lesen wir:

> „Anton war nun über vierzehn Jahre alt; und es war nötig, daß er, um konfirmiert oder in den Schoß der christlichen Kirche aufgenommen zu werden, einige Zeit vorher in irgendeine Schule gehen mußte, wo Religionsunterricht erteilt wurde.
>
> Nun war in H[annover] ein Institut, in welchem junge Leute zu künftigen Dorfschulmeistern gebildet wurden, und womit zugleich eine Freischule verknüpft war, welche den angehenden Lehrern zur Übung im Unterricht diente. Diese Schule war also eigentlich mehr der Lehrer wegen, als daß die Lehrer gerade dieser Schule wegen dagewesen wären, – weil aber die Schüler nichts bezahlen durften, so war diese Anstalt eine Zuflucht für die Armen, welche dort ihre Kinder ganz unentgeltlich konnten unterrichten lassen; und weil Antons Vater eben nicht gesonnen war, viel an seinen so ganz aus der Art geschlagenen, und aus der göttlichen Gnade gefallenen Sohn zu wenden, so brachte er ihn dann endlich in diese Schule, wo derselbe nun auf einmal wieder eine ganz neue Laufbahn vor sich eröffnet sahe.
>
> Es war für Anton ein feierlicher Anblick, da er gleich in der ersten Stunde des Morgens, alle die künftigen Lehrer mit den Schülern und Schülerinnen in einer Klasse versammelt sahe. – Der Inspektor dieser Anstalt, der ein Geistlicher war, hielt alle Morgen mit den Schülern eine Katechisation, welche den Lehrern zum Muster dienen sollte. – Diese saßen alle an Tischen, um die Fragen und Antworten nachzuschreiben, während daß der Inspektor auf und nieder ging und fragte. In einer Nachmittagsstunde mußte denn irgendeiner von den Lehrern, in Gegenwart des Inspektors, die Katechisation mit den Schülern wiederholen, welche derselbe am Morgen gehalten hatte.
>
> Nun war das Nachschreiben für Anton schon eine sehr leichte Sache geworden, und als der Lehrer den Nachmittag die Vormittagslektion wiederholte, so hatte sie Anton weit besser als der Lehrer stehend, in seiner Schreibtafel nachgeschrieben, und konnte also freilich mehr antworten, als jener fragte, welches bei dem Inspektor einige Aufmerksamkeit zu erregen schien, die äußerst schmeichelhaft für ihn war."[4]

Der Zufall will es, daß ich die „Grundsätze der Anweisung künftiger Lehrmeister in deutschen Schulen in dem ... Schulmeister-Seminario zu Hannover" aus dem Jahre 1774 besitze (die „deutschen Schulen", das sind die Elementarschulen). Da sieht man sehr schön, was den besagten Kandidaten beigebracht wurde oder beigebracht werden sollte; es beginnt so:

„§ 1. Die Methode oder Lehr-Art, der man sich in Unterrichtung der Kinder bedienet, muß 1) so beschaffen seyn, daß man *ohne ihre grosse Mühe* den Zweck vollkommen erreiche; damit die Kinder das Lernen mehr für eine Lust, als für eine beschwerliche Last ansehen.

§ 2. Daher muß man in allen Dingen, die man den Kindern beybringen will, A) *von dem leichtesten anfangen,* und von diesem nach und nach zum schwereren hinaufsteigen, und B) *jedes zum erstenmahle vorkommende* Ding oder Wort, das ihnen dunkel ist, kurz und faßlich ihnen *vorher erklä-ren,* ehe man weiter gehet. C) Dabey müssen die Kinder nicht mit vielen Dingen auf einmahl *überhäufet* werden; weil sie dadurch leicht verdrüßlich gemacht werden, und in der That weniger oder nichts fassen, wenn sie gar zu viel lernen sollen. Es muß ihnen alles, wobey es geschehen kann, D) durch fleißiges *Fragen* eingeschärfet werden. Die Fragen aber sind also einzurichten, daß sie entweder die Antwort schon in sich fassen, oder doch die Begriffe der Kinder nicht übersteigen.

§ 3. Wie denn (E) ein jeder Lehrmeister sich nach der Schwachheit der Kinder klüglich *herablassen,* und sie nicht nach seiner eigenen Fähigkeit sich vorstellen, auch nicht die Begriffe der stumpferen Köpfe und Anfänger nach der Fähigkeit der witzigeren und geübteren abmessen, sondern *allen allerley* werden muß, damit er einer jeden Art nützlich sey.

§ 4. Die Lehr-Art muß 2) so beschaffen seyn, daß nicht bloß eine Kraft, sondern alle *Kräfte der Seele* durch sie geübet und gebessert werden. Es ist also nicht genug, daß die Kinder vieles mit dem blossen Gedächtnisse fassen, sondern der a) *Verstand* muß hauptsächlich aufgekläret, geschärfet, und zum Guten brauchbar gemacht werden. Daher muß ihnen von allem der *Grund* gezeigt werden, warum z. E. etwas so und nicht anders heisse, und sie müssen lernen, eine jede Sache nach allgemeinen Grund-Regeln und Unterscheidungs-Zeichen zu beurtheilen.

§ 4. b) Der *Wille* der Kinder darf eben so wenig vergessen werden, oder ungebessert bleiben. Man muß dieserwegen eine jede Gelegenheit ergreifen, die Kinder zum Guten zu erwecken, und am Bösen ihnen einen Abscheu beyzubringen. Doch muß dies nicht durch Predigen und lange Reden ge-schehen, noch immer einerley Art und Vortrag dabey gebraucht, am wenig-sten Kaltsinnigkeit dabey verspüret werden. Die Lehr-Art muß also auch hierzu bequem seyn; denn die Kinder bekommen sonst an den Ermahnun-gen leicht einen Eckel, oder sie werden ihnen mehr zur Gewohnheit, als daß man dadurch bessere.“[5]

So harmlos uns das zu sein scheint, so war das doch das Fortschrittlichste, was es damals gab. Denn in der Praxis waren bis dahin die Lehrer wohl eher Handwerker, solche, die ihr Handwerk in der Schulstube ausführen konnten, Schneider zum Beispiel; einige wohl auch unversorgte Kriegs-invaliden. Einen sehr anschaulichen Eindruck der üblichen Qualifikatio-nen von Lehrern vermittelt der folgende Bericht über einen Bewerber für eine Lehrerstelle:

„2. Jakob Maehl, Weber aus D., hat die Fünfzig hinter sich, hat gesungen: a) O Mensch, bewein dein etc.; b) Zeuch ein zu deinen Thoren etc.; c) Wer nur

den lieben Gott läßt etc. Doch Melodie ging ab in viele andere Lieder; Stimme sollte stärker sein, quekte mehrmalen, so doch nicht sein muß. Gelesen Josua 19, 1–7 mit 10 Lesefehlern; buchstabirte Josua 18, 23–26 ohne Fehler. Dreierlei Handschriften gelesen – schwach und mit Stocken; drei Fragen aus dem Verstand, hierin gab er Satisfaction. Aus dem Catech. den Declaog und die 41. Frage recitirt ohne Fehler; dictando drei Reihen geschrieben – fünf Fehler; des Rechnens auch nicht kundig...
Es wurde nun einmütig davon gehalten, daß Jakob Maehl wohl der kapabelste... item sei seine Auffühung bekannt und gut, wogegen den andern, namentlich dem Kesselflicker, nicht zu trauen, sintemalen er viel durch die Lande streiche."[6]

Zu Beginn des Jahrhunderts, wie gesagt, war klar, daß ein solches Trivialschulwesen den Erfordernissen jener Zeit nicht mehr genügte. Im Zuge der inneren Reformen, zu denen die nationale Katastrophe – der Zusammenbruch des Deutschen Reiches und seiner Staaten – nötigte, wurden in Preußen verschiedene Modelle der Lehrerausbildung diskutiert, für das „Lehrerseminar" entschied man sich:

> „Der Gedanke der neuen ‚Lehrerbildungsanstalten' war in Preußen bereits 1812 entschieden worden. Die Lehrerseminare sollten nicht in der Form von rein praktischen Übungs- und Fortbildungskursen bzw. von sogenannten Normalinstituten arbeiten, wie der Pestalozzianer Zeller und in etwa auch Schleiermacher es vorschlugen. Sie sollten auch nicht als rein ‚literarische' Bildungsstätten nach dem Plan von Ludwig Natorp eingerichtet werden. Ihr Ziel sollte vielmehr die Verbindung beider Aufgaben sein als wissenschaftliche und zugleich praktisch ausgerichtete Anstalten, wie Süvern es vertrat."[7]

Die Neugründung des Seminars in Moers 1820 war eine Konsequenz aus dieser Politik. Ehe allerdings die Institution eine feste und jedenfalls in einem Lande – in Preußen – durchgängige Form annahm; ehe gar alle Volksschullehrer das Seminar durchlaufen bzw. eine gleichwertige Ausbildung erhalten hatten, da vergingen noch Jahrzehnte. Diesterweg war einer der wichtigsten unter denen, die den Aufbau leisteten; er war natürlich nicht der einzige. Vielmehr gab es eine Vielzahl selbstbewußter und fähiger Kollegen, die die Politik des preußischen Staates in dieser Hinsicht mitgestalteten und die politischen Rahmenbedingungen in praktizierbare Praxis umsetzten.
Ein schönes Dokument dessen ist eine Konferenz von Seminardirektoren, die im Jahre 1849 stattgefunden hat. Die Forderungen zu Arbeitsbedingungen, Qualifikation, Bezahlung und Versorgung der Lehrer, die man damals formulierte, die zwar nicht alsbald in die Praxis umgesetzt wurden, zeugen von diesem Selbstbewußtsein; hier ein Auszug, der die Organisation der Lehrerseminare betrifft:

III. Unterricht in dem Schullehrer-Seminar.
A. Gegenstände des Unterrichts.
§. 10.
Der Unterricht in dem Schullehrer-Seminar zu
Mörs erstreckt sich auf folgende Gegenstände:
Religion,
Sprache,
Zahlenlehre,
Größenlehre,
Naturkunde,
Geschichte und Geographie,
Pädagogik und Didaktik,
Zeichnen und Schreiben,
Theorie der Musik und
Gesang.
Hierzu kommen noch die Uebungen der Zöglinge im
Unterrichten und in der Musik außer den bestimmten
Lehrstunden, auch eine zweckmäßige Anleitung zum Gar-
tenbau und zur Obstbaumzucht zur gelegenen Zeit.

Reglement für das evangelische
Schullehrer-Seminarium zu Moers

„1. Der Staat sorgt durch vollständig organisirte öffentliche Seminarien für
die Bildung der Volksschullehrer.
2. Jede Provinz erhält die von ihr erforderte Anzahl Seminarien, die aus
allgemeinen Staats- oder Provincialschulfonds unterhalten werden. Ein Seminar soll höchstens 60 Zöglinge haben…
6. Die Seminarien sind in der Regel in Städten mittlerer Größe anzulegen,
die namentlich den vollständigen Anschluß an eine mehrclassige Schule
und, wenn möglich, an eine Waisen- oder sonstige Erziehungsanstalt gestat-
ten.
7. Die Seminarien sind in der Regel geschlossene Anstalten, welche als
Erziehungsanstalten durch ihre ganze Haus- und Lebensordnung, ohne Ab-
schließung gegen das Leben im Staat, Kirche und Gemeinde, ihre Aufgabe
darein setzen, ihre Zöglinge zu einer bewußten und selbständigen Stellung
für diese Gebiete des öffentlichen Lebens vorzubereiten. Die Seminarien
feiern als Anstalten die kirchlichen und vaterländischen Feste…
11. In allen Seminarien findet ein wenigstens dreijähriger Cursus statt. Die
Aufnahme in ein Seminar hängt von dem Ausfall einer Prüfung bei dem
betreffenden Seminar ab. Ausnahmsweise kann nach dem Ausfall der Prüfung auch die Aufnahme in die zweite Classe gestattet werden. Zur Aufnahme ist ein Alter von mindestens 17 Jahren erforderlich…
14. Für die Präparandenbildung zum Eintritt in das Seminar sorgt der Staat
nicht durch besondere Anstalten. Mit keinem Seminar darf eine Präparan-
denschule verbunden sein. Für die Präparandenbildung wird von dem Seminar eine durch die vorgesetzte Behörde zu bestätigende Anweisung veröffentlicht. Regel ist, daß der Präparand sich in einer wohleingerichteten
Volksschule aushelfend mit beschäftige. Für die Vorbereitung der am besten
ausgebildeten Präparanden durch Volksschullehrer werden vom Staate Prä-
mien bewilligt. Für die Organisation der Präparandenbildung im Bezirk
sorgen der Schulrath, der Seminardirector und die Schulinspectoren…
19. Das erste Jahr des Seminarunterrichts wird vorzugsweise zur Ergänzung
und Klärung des elementaren Unterrichtsmaterials benutzt; im zweiten

Jahre waltet die Einführung in die Unterrichtsbehandlung und das Beiwohnen des Unterrichts in der Uebungsschule vor, im dritten Jahre steht die praktische Unterrichtsertheilung vorne an."[8]

Das waren Forderungen. Im übrigen zeigte sich schon auf dieser Konferenz die künftige Richtung der preußischen Politik. So soll der damalige König, Friedrich Wilhelm IV., eine Ansprache an diese Direktoren gehalten haben, die so begann:

> „All das Elend, das im verflossenen Jahr über Preußen hereingebrochen, ist Ihre, einzig Ihre Schuld, die Schuld der Afterbildung der irreligiösen Massenweisheit, die Sie als echte Weisheit verbreiten, mit der Sie den Glauben und die Treue in dem Gemüthe Meiner Unterthanen ausgerottet und deren Herzen von Mir abgewendet haben. Diese pfaufenhaft aufgestutzte Scheinbildung habe ich schon als Kronprinz aus innerster Seele gehaßt und als Regent alles aufgeboten, um sie zu unterdrücken. Ich werde auf dem betretenen Wege fortgehen, ohne mich irren zu lassen; keine Macht der Erde soll mich davon abwendig machen. Zunächst müßen die Seminare sämmtlich aus den großen Städten nach kleinen Orten verlegt werden, um den unheilvollen Einflüssen eines verpesteten Zeitgeistes entzogen zu werden. Sodann muß das ganze Treiben in diesen Anstalten unter die strengste Aufsicht kommen."[9]

Auch wenn der Text nicht authentisch sein sollte, so trifft er die politische Situation recht gut. Und hier wird deutlich, wogegen Diesterweg schon zuvor und in der Folge noch vehementer publizistisch zu Felde zog: gegen eine Rekonfessionalisierung der Volksschule und der Ausbildung der Volksschullehrer.

Hier setzten die Konflikte ein, die uns heute wichtig sind: Nicht zuletzt wegen der dezidiert liberalen Position Diesterwegs gilt er als ein Klassiker der Pädagogik. Er hatte eine, wie gesagt, entschieden liberale, von der vor und bald wieder nach der Revolution von 1848 herrschenden kirchlichen Lehre abweichende Vorstellung von der christlichen Religion und dementsprechend vom Religionsunterricht und seiner Rolle in Lehrerausbildung und Schule. Die Entlassung aus seinem Amt 1850 hängt hiermit zusammen.

1854 wurde die Arbeit der Seminare und der Volksschulen in sogenannten „Regulativen" festgelegt – nach ihrem Verfasser, einem ehemaligen Seminardirektor, die „Stiehlschen" genannt. Das war einerseits als Bestrebung der Vereinheitlichung zu sehen: Mindestanforderungen sollten verbindlich gemacht, das Niveau sollte innerhalb des Staates ausgeglichen werden; übrigens wurde eine Übungsschule für jedes Seminar vorgeschrieben (eine Forderung auch von Diesterweg, in Berlin war sie bereits verwirklicht). Der Stundenplan umfaßte nach dem Regulativ die Fächer: Schulkunde, Religion, Deutsch, Rechnen (und später auch wieder Geometrie), Naturkunde, Geschichte, Geographie, Musik, Zeichnen, Schreiben und Turnen. Der Kursus war durchweg dreijährig; eine zweijährige Präparandie wurde später vorgelagert.

In vielen durchaus nicht unwichtigen Einzelheiten stimmte Diesterweg zu. Aber daß die Regulative Bestimmungen enthielten, die den Umfang der Unterrichtsgegenstände rigide einschränkten, das war ein Angriffspunkt, den der ehemalige Direktor eines der bedeutendsten Seminare sofort aufgriff. So wurde beispielsweise der Geometrieunterricht dem Seminar untersagt. – Der Religionsunterricht sollte auf Katechismus, Gesangbuchverse (dreißig für die Volksschüler, fünfzig für die Präparanden und achtzig für die Seminaristen), sowie Bibelsprüche beschränkt werden. – Als bezeichnend für den Geist der Regulative stellte Diesterweg immer wieder heraus:

> „Die Regulative verbieten den Seminaristen als Privatlektüre die *sogenannte klassische Lektüre*", an ihrer Stelle werden unter anderm „die Märchen der Gebrüder Grimm und andere Kinder- und Missionsschriften" empfohlen.[10]

„An die Stelle von Pädagogik, Methodik, Didaktik... – wie die Bezeichnungen in den verschiedenen Anstalten lauteten – tritt das Fach Schulkunde: ‚Der Unterricht über Schulkunde hat sich vor Abstractionen und Definitionswerk sorgfältig zu bewahren und (ist) möglichst praktisch und unmittelbar zu gestalten.'"[11] Diesterwegs Urteil, kurz und bündig:

> „Ich halte die Schulregulative für... unpädagogisch", und „sie sind, mit einem Worte, allseitig und radikal reaktionär".[12]

Bis zu seinem Tode hat er die Regulative bekämpft, publizistisch und dreimal im Rahmen einer Anhörung im Landtag – ohne Erfolg. Die Entwicklung in der Praxis ging allerdings weiter:

> „Der Seminar-Unterricht in Preußen bewegt sich also schon lange nicht mehr in den Grenzen, sondern nur noch auf der Grundlage und den Bahnen, die ihm 1854 gewiesen worden sind"[13],

so schrieb Ende der 60er Jahre ein Seminardirektor.

Gegen Ende des Jahrhunderts war das Lehrerseminar dann so weit ausgebaut, daß man sagen kann: Die Seminare erreichten „den Leistungsstand von lateinlosen höheren Schulen und erhielten... 1900 auch die begehrte Berechtigung" zum einjährig freiwilligen Militärdienst[14].

5.3 Die Didaktik

Damit habe ich das Stichwort für den zweiten Aspekt, die Didaktik. Ich erinnere an die Hannoverschen „Grundsätze": Sie umfassen das Wissen, das für die Führung des Lehramts erforderlich ist, und nur das. Zwei Generationen später, 1835, veröffentlichte Diesterweg einen „Wegweiser zur Bildung für deutsche Lehrer", in seinem allgemeinen Teil von ihm selbst verfaßt. Der sieht nun ganz anders aus, ich zitiere ein wenig ausführlicher, um einen Eindruck von dem Unterschied zu vermitteln.

Da wird der Rahmen abgesteckt:

> „Heutzutage werden die meisten Volksschullehrer in Seminarien gebildet. Bei dem Eintritt wird schon ein gewisses Maß von Kenntnissen, Fertigkeiten und allgemeiner Bildung verlangt; die Zöglinge verweilen in diesen Anstalten zwei, jetzt meistens drei ganze Jahre in dem Lebensalter, in welchem der Mensch am bildungsfähigsten ist. Unter solchen Umständen kann etwas geleistet werden, und es wird etwas geleistet."[15]

Und, wie zu erwarten steht, folgen jetzt mehrere Gruppen von „Regeln für den Unterricht":
- solche, die aus den Anlagen des Menschen entspringen;
- solche, die den Lehrstoff betreffen;
und diese beiden sind die wichtigsten. Dazu kommen
- solche, die auf die äußeren Verhältnisse und
- solche, die auf die Person des Lehrers zielen.

Es sind die folgenden:

> *„Regeln für den Unterricht in betreff des Schülers, des Subjekts*
> 1. Unterrichte naturgemäß
> 2. Richte dich bei dem Unterrichte nach den natürlichen Entwicklungsstufen des heranwachsenden Menschen
> 3. Beginne den Unterricht auf dem Standpunkte des Schülers, führe ihn von da aus stetig, ohne Unterbrechung, lückenlos und gründlich fort
> 4. Lehre nichts, was dem Schüler dann, wenn er es lernt, noch nichts ist, und lehre nichts, was dem Schüler später nichts mehr ist
> 5. Unterrichte anschaulich
> 6. Schreite vom Nahen zum Entfernten, vom Einfachen zum Zusammengesetzten, vom Leichteren zum Schwereren, vom Bekannten zum Unbekannten fort
> 7. Unterrichte nicht wissenschaftlich, sondern elementarisch
> 8. Verfolge überall den formalen Zweck oder den formalen und materialen zugleich, errege den Schüler durch denselben Gegenstand möglichst vielseitig, verbinde namentlich das Wissen mit dem Können und übe das Erlernte so lange, bis es dem untern Gedankenlaufe übergeben ist
> 9. Lehre nie etwas, was der Schüler noch nicht faßt

10. Sorge dafür, daß die Schüler alles behalten, was sie gelernt haben
11. Nicht abrichten, nicht ad hoc erziehen und bilden, sondern die allgemeine Grundlage zur Menschen-, Bürger- und Nationalbildung legen
12. Gewöhne den Schüler ans Arbeiten, mache es ihm nicht nur lieb, sondern zur andern Natur
13. Berücksichtige die Individualität deiner Schüler

Regeln für den Unterricht in betreff des Lehrstoffes, des Objekts

1. Verteile den Stoff jedes Lehrgegenstandes nach dem Standpunkte oder den Entwicklungsgesetzen des Schülers
2. Verweile vorzüglich bei den Elementen
3. Gehe bei der Begründung abgeleiteter Sätze häufig auf die ersten Grundvorstellungen zurück und leite jene aus diesen ab
4. Verteile jeden Stoff in bestimmte Stufen und kleine Ganze
5. Deute auf irgendeiner Stufe einzelne Teile der folgenden an und führe auch einzelnes aus, um die Wißbegier des Schülers anzuregen
6. Verteile und ordne den Stoff so, daß auf der folgenden Stufe in dem Neuen das Bisherige immer wieder vorkommt
7. Verbinde sachlich-verwandte Gegenstände miteinander
8. Von der Sache zum Zeichen, nicht umgekehrt
9. Richte dich bei der Wahl der Lehrform nach der Natur des Gegenstandes
10. Ordne den Lehrstoff nicht nach erdachten Begriffen, allgemeinen Schematen, sondern betrachte überall alle Seiten desselben
11. Leite nachfolgende Sätze nicht durch allgemeine Operationen ab, sondern entwickle sie aus der Natur der Sache
12. Der Lehrinhalt richte sich nach dem Standpunkte, den die Wissenschaft erreicht hat

Regeln für den Unterricht in betreff äußerer Verhältnisse, der Zeit, des Ortes, des Standes usw.

1. Betreibe mit deinen Schülern die Gegenstände mehr nach- als nebeneinander
2. Berücksichtige den künftigen Stand deines Zöglings
3. Unterrichte kulturgemäß

Regeln für den Unterricht in betreff des Lehrers

1. Suche den Unterricht anziehend zu machen
2. Unterrichte mit Kraft
3. Mache die Lernstoffe dem Schüler mundgerecht! Und: Halte überall auf gute Aussprache, scharfe Akzente, deutliche Darstellung und denkrichtige Anordnung
4. Stehe nie still
5. Habe Freude an der Entwicklung oder Bewegung für dich und für deine Schüler"[16]

Man sieht: allgemeine Orientierungen, von den Seminaristen und Lehrern selbständig in der jeweiligen Unterrichtssituation auszulegen, mit

Inhalt zu füllen, nicht aber Rezepte; und begründet mit dem, was man seinerzeit über Menschen, ihr Lernen und die Struktur der Lerngegenstände wußte. Auch daß dann noch etwas über die Lehrerrolle folgt, erwarten wir eigentlich – bis auf den heutigen Tag gehört das zur Lehrerausbildung. Und wenn ich noch ergänze, daß der „Wegweiser" mit einem Kapitel über „Die Bestimmung und Aufgabe des Menschen- und Lehrerlebens" beginnt, so ist das für heutige Profis ebensowenig ungewöhnlich, wie es das damals war. Aber danach, vor den Kunstregeln, kommt ein Kapitel zum Studium, insbesondere zum Lektürestudium. So etwas fehlt den heutigen Didaktiken. Warum?

Die Seminaristen waren Volksschulabsolventen. Ein paar Jahre hatten sie noch ihre Bildung zu vervollkommnen, im Institut der Präparandie; meist hieß das, unter Anleitung eines Lehrers oder Pfarrers. Viel war das nicht, was dabei herauskam, jedenfalls nicht so viel, wie es damals und heute Abiturienten an die Universitäten mitbringen. Deswegen hatte das Seminar zu Diesterwegs Zeiten beides zugleich zu leisten: die Vermittlung von allgemeiner Bildung und die Vorbereitung auf den Lehrerberuf.

Für den Menschen überhaupt gilt:

> „Durch unausgesetztes *Streben* nach dem Ziele seines Lebens löset er die Aufgabe des Lebens. Sie ist ihm von seinem Schöpfer gesetzt; er setzt sie sich selbst; er macht sich die Erziehung seiner selbst zur Lebensaufgabe; das Leben ist ihm die Schule zur Erziehung für die Vollendung der Menschheit in ihm selber."[17]

Für den Erzieher und Lehrer hat „diese Aufgabe noch eine besondere Bedeutung":

> „Er soll sich nicht nur selbst erziehen und zum Ziele der Vollendung führen; er soll auch andere erziehen; er hat das Geschäft der Erziehung und Bildung sich zum Lebensberufe erkoren. Die Selbsterziehungsaufgabe durch das Leben hindurch gewinnt dadurch noch eine höhere Bedeutung. Er will *andere* für das wahre Leben gewinnen, *andere* veranlassen, das Wahre und Gute zu erstreben, in *andern* die höchste Entwicklung der Anlagen und Kräfte erstreben; darum sucht er diese erhabenen Eigenschaften zuerst und zunächst *sich selbst* anzubilden."[18]

Er könne demnach nur solange wahrhaft erziehen und bilden, „als er selbst an seiner wahrhaften Erziehung und Bildung arbeitet"[19].

Und so sind alle Maßnahmen gleichsam doppeldeutig: Wenn man die Klassiker liest – so zur eigenen Bildung *und* im Blick auf die Bearbeitung im Unterricht der Volksschule; wenn man in die Anfangsgründe der Astronomie einsteigt – auch dies zur Erweiterung des eigenen Horizonts *und* zugleich als Vorbereitung auf den späteren eigenen Unterricht: *Bil-*

dung der Seminaristen und ihre Ausbildung fallen für Diesterweg *zusammen.*
Womöglich war dies der empfindlichste Widerspruch zu den Regulativen: Das Pensum des Seminars sollte nämlich nur in zwei Fächern „über das für den Volksschulunterricht erforderliche Maß" hinausgehen: „in der Religion und in der ‚deutschen Sprache'"[20]. Diese Fächer und nur sie sollten der Persönlichkeitsbildung der Seminaristen dienen. Im übrigen habe es um die Vermittlung von Lehrbefähigung zu gehen, nicht von allgemeiner Bildung. Diese sei nicht erforderlich dort, wo „das Seminar als Erziehungsanstalt eine ‚evangelisch-christliche Lebensgemeinschaft' darstellen" soll[21]. Daß selbstbewußte und gebildete Lehrer, daß der progressive und liberale (ehemalige) Seminardirektor damit überhaupt nicht einverstanden waren, das liegt auf der Hand. Bis zur Weimarer Verfassung hin haben die Volksschullehrer sich gegen die Bevormundung durch die Kirche gewehrt – damals, zu Stiehls Zeiten, war das weit mehr als die Schulaufsicht, da war es das Konzept einer Ausbildung in einer christlichen *Erziehungs*anstalt, dem Diesterweg das einer anspruchsvollen *Bildungs*anstalt entgegenstellte.
Bildungsinhalt und zugleich Inhalte des Unterrichts in der Schule: Das unterscheidet Diesterweg von den späteren, also auch den heutigen Didaktikern – kein Wunder, denn auch die Schule und die Lehrerausbildung unterscheiden sich. Wenn wir den Text heute lesen, so ist er aus zwei Gründen interessant: Einmal eben wegen dieses Aspekts, daß nämlich die Ausbildung der eigenen Bildung dienen kann. Was vermittelt das Universitätsstudium angehenden Lehrern denn heute? Von dem, was da bearbeitet wird, können sie nur das wenigste anwenden. Wohl aber können sie, wenn die Ausbildung denn etwas taugt, pädagogische Urteilskraft, pädagogische Bildung erwerben. Ich werde diesen Gesichtspunkt am Ende noch einmal aufgreifen. – Und auch dies finden wir zum andern schon im „Wegweiser", eine Form des Wissens nämlich, die – zwischen Rezept und wissenschaftlicher Analyse – Orientierung für das Handeln in der Praxis, für das Unterrichten in der Schule anstrebt.
Diesterweg war Bürgersohn und Bürger, Bildungsbürger im guten und präzisen Sinne dieses Wortes. Lehrer bildete er aus für die Volksschule. Das war nicht unsere, das war die Schule für die Kinder des „gemeinen" Volkes, wie es damals hieß. In Elberfeld, wo – wie man weiß – die Industrie in Deutschland relativ weit fortgeschritten war; in Berlin, wo wie in anderen Großstädten – Hamburg, Johann Hinrich Wichern wirkte um jene Zeit – das Proletariat entstand; dies durchaus nicht seiner selbst so bewußt, wie man nach der Lektüre des Kommunistischen Manifests glauben möchte, sondern grenzenlos und für uns unvorstellbar elend: Da hat Diesterweg gesehen, für wen er seine Lehrer auszubilden hatte. Es ist

bemerkenswert, daß er da theoretisch die Abstriche zu machen nicht bereit war, die in der praktischen Politik wohl unumgänglich waren. Mit Bedacht, Nachdruck und ohne Nachsicht hat er an dem großen Begriff der allgemeinen Menschenbildung festgehalten, der allgemeinen Bildung aller Menschen, den er beispielsweise bei den Klassikern Goethe, Schiller und Herder formuliert fand, den er von Schleiermacher gehört haben mag und den er durch Pestalozzi gelebt sah. Mit pädagogischem Geschick hat er das von den Pädagogen der Aufklärung Gelernte zusammengebracht zu einem Rüstzeug für die Lehrer, die es dann in den Alltag zu übersetzen hatten.

6 Der Kindergarten – Friedrich Wilhelm August Fröbel (1782–1852)

Friedrich Fröbel war nicht der erste, der sich um die Erziehung außerhalb der Familie, die Erziehung der – wie wir heute sagen – „Vorschulkinder" gekümmert hat; auch war er in seiner Zeit nicht der einzige. Die Sache lag sozusagen in der Luft (die durch die industrielle Produktion zum ersten Mal nachhaltig verschmutzt wurde). Wohl ist er Erfinder des „Kindergartens". Und er hat dieser Einrichtung eine besondere theoretisch-pädagogische Begründung gegeben, die aber damals durchaus fortschrittlich war und vor allem einen erheblichen utopischen Überschuß enthielt. Dieser ist es, der die Auseinandersetzung mit seiner Erfindung und ihre Begründung noch heute fruchtbar und produktiv machen kann. Man muß allerdings bereit sein, sich auf ihn einzulassen und die teilweise recht schwer zu verstehende Sprache, Begriffs- und Bilderwelt zu studieren. (In einer Einführung werden diese natürlich nur in Andeutungen erscheinen.)

6.1 Das Umfeld

Ich beginne mit der Zeit. Man muß hier berichten oder erinnern, daß das „ancien régime" nicht nur in Frankreich, sondern nach den Feldzügen Napoleons auch in Deutschland wo nicht beseitigt, so doch in seinen Grundfesten so erschüttert worden war, daß durchgreifende Reformen der Gesellschaft unausweichlich wurden. Für Preußen kennen wir sie unter dem Namen der „Stein-Hardenbergschen Reformen": eine Gemeindereform (Stein), die Abschaffung der Leibeigenschaft und des Zunftwesens, die Modernisierung des Militärs (dies verbunden mit den Namen Gneisenau, Scharnhorst und Clausewitz) und die Reform des Bildungswesens (verbunden mit den Namen von von Humboldt und Süvern). Anders als in Frankreich gingen diese Reformen nicht von einem politisch siegreichen Bürgertum aus; die feudale Verfassung der Gesellschaft blieb in wesentlichen Zügen in Kraft, bzw. sie wurde sehr bald restauriert. Gleichwohl: Motiviert waren diese Reformen durch die Interessen des politisch fortschrittlichsten Standes, des Bürgertums, das in seiner Entfaltung durch die Strukturen der alten Gesellschaft behindert wurde. Und „Entfaltung" bedeutet hier die Entfaltung von rationellen Verfahren der Produktion und des Handels. Man verfalle also nicht in den Irrtum zu glauben, die besagten Reformen seien gleichsam eine unvermittelte Umsetzung der „Menschenrechte". Deren Proklamation dürfte zutreffender vielmehr als

Ausdruck eben derselben gesellschaftlichen Kräfteverhältnisse zu interpretieren sein.

Ich weise deswegen darauf hin, weil die rechtliche Absicherung gewisser Freiheiten nicht ohne weiteres die tatsächliche Freiheit der Menschen zu ihrer unmittelbaren Folge hatte, sondern häufig eine alte Unfreiheit durch eine neue ersetzte. So mußten etwa die Bauern, nun nicht mehr leibeigen, ihr Land kaufen, um die darauf liegenden Lasten abzulösen. Und die Gesellen waren zwar aus der Botmäßigkeit ihrer Meister entlassen, damit zugleich aber auch aus der sozialen Fürsorge, die denselben ihnen gegenüber oblag; und so mußten sie nun, wie Marx das später beschrieb, ihre Arbeitskraft auf dem Markt verkaufen. Ein Aspekt der Befreiung war also, überspitzt gesagt, daß sie das Proletariat schuf, das die kapitalistisch organisierte industrielle Produktion ermöglichte.

Man muß davon reden, wenn vom „Kindergarten" und ähnlichen Einrichtungen die Rede ist – überhaupt dann, wenn von der Entstehung der „Sozialpädagogik in der industriellen Gesellschaft"[1] gehandelt wird. Einige Zitate aus den „Beiträgen zur Geschichte der Vorschulerziehung" mögen das illustrieren:

> „Mit Beginn des 19. Jahrhunderts entstanden in einzelnen deutschen Ländern Bewahranstalten, Warteschulen, Kleinkinderschulen und Anstalten ähnlicher Bezeichnung, die vorwiegend für die kleinen Kinder der arbeitenden Bevölkerung eingerichtet wurden. Während sich diese Institutionen bis 1830 nur langsam und zögernd entwickelten, stieg ihre Zahl nach 1830 erheblich an und erreichte zwischen 1830 und 1848 ihre größte Ausdehnung."[2]

Es waren zwei Motive, die zur Einrichtung dieser Anstalten führten: Einmal war es aus christlicher Nächstenliebe motiviertes Mitleid mit diesen Kindern (oder – in humanistischer Variante – Mitleid mit diesen Kindern als Menschen); zum anderen waren es die angedeuteten Erfordernisse der industriellen Produktion:

> „Das rasche Anwachsen solcher Einrichtungen läßt sich nicht aus zufälligen Ursachen erklären, sondern spiegelt das Wirken bestimmter objektiver Gesetzmäßigkeiten in der Gesellschaft wider. Es lassen sich gewisse Parallelen zwischen der industriellen Umgestaltung der Wirtschaft und der Herausbildung von Vorschulanstalten feststellen.
> Obwohl die industrielle Revolution bereits im letzten Drittel des 18. Jahrhunderts eingesetzt hatte, konnte sich der Kapitalismus in dem rückständigen und zersplitterten deutschen Staatengebilde bis etwa 1830 nur langsam durchsetzen. Erst die Entwicklung der Naturwissenschaften, zahlreiche Erfindungen und die zunehmende Mechanisierung der Produktion ermöglichten der deutschen Bourgeoisie, größere Kapitalien in Maschinen und Fabrikhallen anzulegen, Frauen und Kinder als billige Arbeitskräfte zu beschäfti-

gen und mit zunehmender ökonomischer Macht auch einige politische Rechte zu erringen.

... In der preußischen Baumwollindustrie läßt sich dieser Aufschwung an folgenden Zahlen nachweisen:

Während 1819 mit 14 276 mechanischen Webstühlen gearbeitet worden war, betrug die Zahl dieser Webstühle bereits 1834 31 759 und war 1840 auf 48 540 angestiegen.

Die Umwälzungen im Bereich der Produktion brachten wesentliche Veränderungen auf allen Gebieten des gesellschaftlichen Lebens mit sich. Neue Klassen entstanden, neue Klassenbeziehungen, Herrschaftsformen und Ausbeutungssysteme bildeten sich heraus. Durch die Konkurrenz der Fabriken wurden immer mehr Handwerksbetriebe ruiniert. Nur wenigen Handwerksmeistern gelang es, ihre Betriebe zu kapitalistischen Unternehmen auszubauen und damit in die Klasse der Bourgeoisie aufzusteigen. Die Masse der kleinen und mittleren Warenproduzenten verlor ihre Produktionsmittel und sank in die Klasse des Proletariats ab. Die besitzlosen Landarbeiter wurden entweder in den neugegründeten Betrieben ihrer Agrarherren ausgebeutet oder wanderten in die Städte, um ihre Arbeitskraft billig zu verkaufen. Kleine und mittlere Bauern wurden Halbproletarier und betrieben ihre Landwirtschaft nur noch im Nebengewerbe. Die Masse der Landbevölkerung führte das elende und mühevolle Leben feudaler Hintersassen, die wochentags für den kapitalistischen Unternehmer schuften und sonntags die Felder ihrer Grundherrn bestellen mußten."[3]

Und nun zu den Kindern:

„Das Elend der Kinder begann nicht erst zu dem Zeitpunkt, zu dem sie als Arbeiter in die Fabriken eintraten, es begann bereits bei ihrer Geburt. Während die Mütter und größeren Geschwister von frühmorgens bis spätabends zur Lohnarbeit aus dem Haus gingen, blieben die kleineren Proletarierkinder ohne Aufsicht, Pflege und Erziehung in den Elendswohnungen zurück, waren eingesperrt oder suchten auf den Straßen Nahrung und Beschäftigung.

Amtsprediger Döhner aus Freiberg macht 1829 in einem Artikel auf das traurige Los der kleinen Kinder aufmerksam,

,dem sie bei Entfernung ihrer Eltern preisgegeben sind ... ,Was macht sie mit ihren kleinen Kindern', fragte ich unlängst eine Witwe, ,wenn sie, wie so oft, nach G. geht?' – ,Ich schließe die Tür ab und schneide ihnen Brot in eine Schüssel Milch ein', war die Antwort der Mutter, die noch früh vor dem Erwachen der zwei- und dreijährigen Mädchen sich entfernt und vor abends acht Uhr nicht zurückkehren kann ...

Hier gibt man ihnen Schlafpulver und macht sie dadurch dumm oder sperrt sie ein und setzt die hilflosen ein- bis zweijährigen Geschöpfe nicht zu übersehenden Gefahren aus, dort heißt man die etwas Größeren sich auf den Straßen herumtreiben und legt bei ihnen dadurch den Grund zum Müßiggang, zur Arbeitsscheu, Betteln und Dieberei ...'

Diesen Kindern fehlte es nicht nur an der notwendigen Pflege und Erziehung, es mangelte an den elementarsten Bedingungen, die für eine gesunde und normale Entwicklung erforderlich sind.

Sie wuchsen im Schmutz enger und feuchter Kammern oder im finsteren Winkel eines elenden Massenquartiers auf, wo es ihnen an frischer Luft, Sonnenschein und Sauberkeit fehlte. Vom ersten Tage ihres Lebens an erhielten sie weder quantitativ ausreichende noch qualitativ richtig zusammengesetzte Nahrung. Sie hungerten und konnten nicht zweckmäßig bekleidet werden, es mangelte an Betten und Bettzeug. Viele von ihnen starben, bevor sie das erste Lebensjahr erreicht hatten...

Es erlebten von 1000 Neugeborenen

	fürstliche und gräfliche Familien	*Stadtarme*
das 5. Lebensjahr	943	655
das 10. Lebensjahr	938	598
das 15. Lebensjahr	911	584

...Wenn auch die soziale Not der Kinder für manchen Angehörigen der herrschenden Klasse der Anlaß war, Kinderbewahranstalten zu fordern bzw. zu gründen, so läßt sich der objektive Grund für das massenhafte Entstehen gesellschaftlicher Kindereinrichtungen doch nicht auf die Einsicht und das Verständnis einzelner Persönlichkeiten zurückführen.
Der objektiv erzielte Entwicklungsstand der Produktivkräfte forderte eine bessere Ausbildung des Nachwuchses von früh an, er gestattete keine Vergeudung potentieller Arbeitskräfte.
Die Veränderungen in der Sphäre der Produktion stellten einerseits höhere Anforderungen an die Erziehung und Bildung der heranwachsenden Generation und entzogen andererseits der Familie als bisherigem Träger der Kleinkindererziehung die realen Möglichkeiten einer produktionsverbundenen Erziehung."[4]

Das, wie gesagt, müssen wir uns vor Augen führen, wenn wir die Entstehung des Kindergartens und die Resonanz verstehen wollten, die Fröbel hatte.

Ich gehe nun nicht auf die verschiedenen Ansätze im einzelnen ein:

- die Kinderbewahranstalt, die 1812 von der regierenden Fürstin von Lippe-Detmold in Detmold gegründet wurde;
- die 1818 von Friedrich Wadzick in Berlin gegründete Kinderbewahranstalt;
- den Einfluß, den die Übersetzung eines Buches von Samuel Wilderspin in Deutschland hatte; oder auf
- Johann Georg Wirth in Augsburg und Theodor Fliedner in Kaiserswerth.

Ich komme vielmehr gleich zu Friedrich Wilhelm August Fröbel und gebe zunächst einige Daten zu seinem Leben:

Friedrich Wilhelm August Fröbel
(1782–1852)

6.2 Aus der Biographie

1782   als sechstes (und letztes Kind aus erster Ehe) eines Dorfpastors
        in Thüringen geboren;
        Elementarschule;
        Lehre bei einem Forst-Geometer;
        kurzes Studium der Naturwissenschaften in Jena;
        drei Jahre als Forstamtsaktuar, dann als Privatsekretär auf ei-
        nem brandenburgischen Gut tätig;
        ein Jahr an einer Pestalozzi-Schule in Frankfurt/Main;
        währenddem ein achtwöchiger Besuch bei Pestalozzi;
        Hauslehrer in einer Frankfurter Adelsfamilie (drei Knaben, ein
        Mädchen); für zwei Jahre mit den Knaben zu Pestalozzi;
        Studium in Göttingen und Berlin (Sprachen, Chemie, Kristallo-
        graphie)

1813/14 Teilnahme an den Befreiungskriegen (Lützowsches Freicorps)
         zwei Jahre Assistent beim Mineralogischen Institut in Berlin

1816   Tod eines älteren Bruders, der drei Kinder hinterließ; mit die-
         sen und zwei weiteren Neffen gründet er die „Allgemeine
         Deutsche Erziehungsanstalt", die

1817   nach Keilhau bei Rudolstadt in Thüringen verlegt wird; Mit-
         arbeiter sind Freunde aus der Zeit der Befreiungskriege; bis zu
         vierzig Zöglinge gegen Ende der 20er Jahre; dann Rückgang, da

die Anstalt politisch verdächtig war: ein Burschenschaftler wurde beschäftigt

1831–36 verschiedene Einrichtungen in der Schweiz, unter anderem eine Lehrerbildungseinrichtung und ein Waisenhaus in Burgdorf

1837 „Anstalt zur Pflege des Beschäftigungstriebes der Kindheit und Jugend" in Blankenburg, Thüringen; später mit einer „Bildungsanstalt für Kinderführer" verbunden

1840 Kindergarten (Finanzierung durch Aktien; Kinderführerkurse); Reisen zur Verbreitung der Idee; Entwicklung von Materialien und Texten („Mutter- und Koselieder")

1848 eine Lehrerversammlung reklamiert den Kindergarten als Baustein eines einheitlichen Bildungswesens

1851 Verbot des Kindergartens in Preußen

1852 gestorben.

6.3 Fröbels Verständnis von Erziehung

Bei der Vergegenwärtigung des Werkes von Fröbel beginne ich mit dem für unsere Ohren etwas eigenartigen Titel der Keilhauer Anstalt: „Allgemeine Deutsche Erziehungsanstalt". Eine seiner späteren Planungen – es wurde nichts daraus – nannte er „Volkserziehungsanstalt", und er erläuterte das, was er sich darunter vorstellte, so:

> „Und so ist also das Ganze in seinem Wesen aufgefaßt. Die Erziehung des Knaben – vor allem zum Menschen – ist das Fundament, worauf diese Anstalt beruht; dieses Streben ist es, was ihren Geist ausmacht und ihren Plan bestimmt. Deshalb wird auch gar kein Lehr- und Unterrichtsgegenstand, welcher dem Menschen vorwaltend als Menschen, ohne Berücksichtigung einer späteren besondern Richtung desselben nötig ist, in derselben ausgeschlossen sein. Selbst-, Gottes-, Natur- und Menschheitserkenntnis, also Sittenlehre, Religion, Naturkunde (Erdkunde usw. eingeschlossen) und Geschichte; Kenntnis und Aneignung aller rein menschlichen Darstellungs- und Erkenntnismittel, also der Muttersprache (mit Kenntnis der gewöhnlichsten, in dieselbe aufgenommenen Fremdwörter und ihrer Bedeutung), Kenntnis des Raums – und so Zahl-, Form-, Größenkunde und Zeichnen –, der Farbe, – Übung des Farbensinnes, – des Tons – Gesang und Musik; genug, alle aus unserm bisherigen erziehenden und lehrenden Wirken bekannten, als von uns zur allgemein menschlichen Bildung gerechneten Unterrichtsgegenstände, werden in der diesem Kreise, diesem Bildungszweck angemessenen Ausdehnung den Gegenstand des Unterrichts dieser Anstalt ausmachen und somit die fremden und alten Sprachen ausgeschlossen sein.
> Da nun das Volk in seiner Gesamtheit der Träger des rein Menschlichen ist;

da man selbst im gewöhnlichen Sprachgebrauch streng genommen unter Volk eigentlich immer eine solche Gemeinsamkeit versteht, welche das Höchste und Beste zu bewahren und zu pflegen strebt, sich um dasselbe für seine Darlebung sammelt und verbindet; da dem Volke als solchem das Leben, das Tun weit näher liegt als das Erkennen, wenigstens das frühere, ist: darum der Name ‚Volkserziehungsanstalt'."[5]

„Volks-" oder „Deutsche Erziehungsanstalt"? Da findet man etwas von dem nationalen Pathos des revolutionären Bürgertums, das sich gegen Kleinstaaterei und Feudalismus richtete. – Man muß allerdings auch sagen: Fröbel fand wenig Resonanz mit diesen und ähnlichen Aufrufen. Es sind private Vereine, vornehmlich in Städten und zum Teil von diesen unterstützt (wie man sich nach den einführenden Bemerkungen schon denken kann). Die Breitenwirkung aber, die er sich erhofft hatte, blieb aus. So hatte er, um ein Beispiel zu nennen, 1808 aus der Schweiz einen Erziehungsplan an seinen Landesherrn nach Thüringen geschickt und gehofft, der werde ihn unterstützen und ihm die Mittel zur Durchführung zur Verfügung stellen. Die Antwort war eine höflich ablehnende Anerkennung.

Was Fröbel unter Erziehung verstand, darauf muß nun noch ein wenig näher eingegangen werden, weil man sonst seine Vorschläge für die Praxis nicht recht verstünde:

> „Diese Erziehung geht aus von der in jedem Wesen, nur auf den verschiedensten Stufen des Bewußtseins ruhenden unmittelbaren Ur- und Grundwahrnehmung, daß alles Dasein hervorgegangen ist aus dem Sein an sich, dem Ursein, aus Gott; – diese Erziehung gründet sich auf die Anerkenntnis, auf die Pflege und Erfassung des Menschenwesens als eines Funkens aus Gott. Sie verwirklicht sich durch die Überzeugung, daß das All, die Welt, die Natur, die unmittelbare Offenbarung Gottes, seines Seins und Wesens, die unmittelbare Selbstoffenbarung Gottes, und daß der Mensch als erschienen und erscheinend, selbst ein wesentlicher Teil derselben ist; daß alles Geschehende und Geschehene, der Geist der Geschichte, das Wesen und die Bedingung des Lebens kundtue und daß die Geschichte des Einzelwesens, des Menschen selbst ein wesentlicher Teil der großen Weltgeschichte ist und sich so die Weltgeschichte auch in ihm und durch ihn offenbare. Diese Erziehung nimmt und beachtet jedes Wesen als eine Knospe an dem großen Lebensbaume, jedes Kind, jeden Zögling nimmt und beachtet, pflegt und entwickelt sie als – ein Auge an dem großen Baume der Menschheit; wie ihr der Baum ein Sinnbild alles entwickelnden Lebens, des Lebens des Menschen und der Menschheit in allen Stufen und Forderungen, überhaupt ein erfassendes Erkenntnismittel ist."[6]

Die Frage ist jetzt nur noch: Was ist das allen Gemeinsame, das Gesetz, das alles verbindet und in den Dingen, der Geschichte, den Menschen aufgedeckt werden kann? Kennten wir es, so könnte die Erziehung diesem

Gesetz entsprechend eingerichtet werden, und sie müßte erfolgreich sein. Dieser Gedanke wird uns noch begegnen, bei Rousseau; „Natur" ist bei ihm der Schlüsselbegriff.

Zunächst ist noch ein Gedanke einzuschieben:

> „Dieser Erziehung ist nichts, und so noch weniger irgendein Mensch auf irgendeiner, auch der niedrigsten Stufe der Entwicklung, in den untergeordnetsten Lebensverhältnissen, klein und unbedeutend; denn jedes und jeder ist eine einen göttlichen Lebensfunken in sich schließende Knospe, ein solches Auge, dessen Innerstes zu einem höheren Leben gepflegt und entwickelt werden kann und soll. Jede Entwicklungsstufe, auf welcher sie etwas, sei es Ding oder Mensch, findet und erkennt, ist ihr wichtig; denn sie ist eine für das Erscheinen des Seins, für das Erkennen des daseienden Göttlichen in der lückenlosen Stetigkeit im All, notwendig bedingte, darin begründete, dadurch geforderte Durchgangsstufe, ein bedingter Übergangspunkt der Entwicklung. Jede dieser Stufen gilt ihr insofern gleich, als in jeder die Anlage und Bedingung zur Entwicklung des Ganzen, des Seins und Lebens liegt, als jede unvollkommenere Entwicklungsstufe bei richtiger Erfassung, Pflege und Entwicklung die Bedingung zu einer, wenigstens zur nächsthöheren und so immer fortschreitend ist. Denn jedes ruhende daseiende Sein geht durch Unbewußtsein, d. h. nicht Wissen des Seins, zum Bewußtsein, zum Selbstwissen des Seins, zum Wissen des Eigenseins empor.
> Weil hiernach nun nichts an sich klein ist, indem es die Anlage zur Erkennung und Darlegung, Darlebung des All in sich trägt; weil nichts so gesondert, besonders so einzeln dasteht, durch und in welchem nicht wenigstens die Anlage liege, das Ganze, das Allgemeine nachzuweisen: so ist ihr auch kein menschlicher Beruf, keine menschliche Wirksamkeit als solche für ihre Pflege und Erziehung klein, wertlos und unbedeutend.
> Diese Erziehung ergreift darum auch das Kleinste, Geringste, Niedrigste, ergreift den Kleinsten, Geringsten, Niedrigsten, achtend und pflegend ihn zu und für höheres, reineres Dasein, Leben und Wirken zu entwickeln."[7]

Bei dem Kleinen dürfen wir sicher auch an die Kinder denken. Wichtig ist hier zunächst der Gedanke, daß alles das Ganze spiegelt, daß die Entwicklung eines jeden – Dinges oder Menschen[8] – Entfaltung jenes Ganzen ist. Danach suchte Fröbel. Er hoffte, daß er es in den einfachsten Formen der Natur finden könne. Seine Studien dienten offensichtlich dem Ziel, diesem Gesetz des Ganzen auf die Spur zu kommen. So hatte er es in Göttingen als das „Gesetz des Sphärischen" formuliert, später anders – allemal eigenartig und kompliziert.

6.4 Die „Spielgaben"

Wir ahnen, was er meinte, wenn wir uns nunmehr seinen sogenannten „Spielgaben" zuwenden. Zunächst einmal:

Fröbel hat eine ganz tiefsinnige und durchaus praktische Deutung des Kinderspiels vorgetragen und dementsprechend „Spielgaben" entwickelt:

„Wie das neugeborne *Kind* gleich einem reifen, der Mutterpflanze entsunkenem *Samenkorne,* das *Leben* in sich selbst trägt und es auch, gleich jenem, in fortgehendem, aber immer geistigerem Zusammenhange mit dem allgemeinen Lebensganzen *selbsttätig* aus sich entwickelt, so sind auch *Tätigkeit* und *Tun* gleich *die ersten Erscheinungen des erwachenden Kindeslebens,* und zwar eine Tätigkeit, ein Tun mit dem eigentümlichen *Ausdrucke* des *Innerlichen* und *Innersten: –* innere Tätigkeit und inneres Tun, zur Kundwerdung und Kundmachung eben dieses Innern und Innersten, *durch* Äußeres und *am* Äußeren... darin liegt das *Wesen* des *Menschen,* als eines zum Selbstbewußtwerden und einstigem Selbstbewußtsein bestimmten, wenn auch nur erst in schwachen Andeutungen und leichten Umrissen, dennoch schon bestimmt genug zum Beobachten und Erfassen ausgeprägt; und... eben in der richtigen Erfassung und durch die rechte Pflege des Beschäftigungstriebes des Kindes... wird dem Menschen, gleich von seinem ersten Erscheinen als Kind, in seiner dreieinigen Beziehung zur Natur, zur Menschheit und zu Gott ganz genügt."[9]

„Beachtung der Umgebung, selbsttätiges Aufnehmen der Außenwelt, und Spiel, selbständiges Herauswirken, Hervorleben aus sich, sind also die ersten freitätigen Beschäftigungen des Kindes, wenn seine leiblichen Bedürfnisse befriedigt sind und es sich wohl und kräftig fühlt. Diese Doppeläußerung, Aufnehmen und Hervorleben, ist notwendig in dem Wesen des Kindes, wie des Menschen überhaupt begründet; indem eben seine irdische Bestimmung ist, durch prüfende *Aufnahme der Außenwelt* in sich, durch mannigfaltige beachtende Gestaltung seines Wesens, *Darstellung seiner Innenwelt,* außer sich und durch prüfende *Vergleichung beider,* zu der *Erkennung ihrer Einheit,* zu der *Erkenntnis des Lebens an sich* und zur treuen *Nachlebung nach den Forderungen desselben zu gelangen."* [10]

Das hat Konsequenzen für die Erziehung im allgemeinen, und daraus ergeben sich im besonderen die Gesichtspunkte, nach denen die Spielgaben konstruiert sind und zu interpretieren und anzuwenden sind:

„Darum nun laßt uns suchen dem Kindchen sobald sein Leben, seine Selbst- und Freitätigkeit, sein Glieder- und Sinnengebrauch erwacht ist, sobald es seine Ärmchen und Händchen frei bewegen, wenn es Töne vernehmen, sie unterscheiden und seine Achtsamkeit, seine Blicke dahin wenden kann, woher sie kommen; laßt uns dann dem Kinde einen Gegenstand seiner Selbst- und Freitätigkeit geben, welcher den Ausdruck der Selbständigkeit und doch Beweglichkeit hat, welcher in dieser Selbständigkeit und Beweglichkeit von dem Kinde erfaßt (Faust) und begriffen (ge- und ergriffen) werden kann, in welchem gleichsam wie in seinem eigenen Gemüte die *Einheit* aller Mannigfaltigkeit ruht, welche ihm in seinem neuen Lebensdasein entgegen tritt, worin es also auch, wenn auch noch ganz unbewußt, sein eigenes, in sich selbst ruhendes, selbständiges und doch bewegliches Leben gleichsam in einem Spiegel sehen, so wie solches daran üben und versuchen kann, und dies ist die *Kugel* oder vielmehr der *Ball."*[11]

Das kann als Definition des „Spiels" gelesen werden. Eigentlich aber ist es mehr als das, ein Hinweis nämlich, näherhin eine Anleitung für Eltern und Erwachsene, dem Spiel einen *Sinn* zu geben, das Spiel des Kindes als sinnvolles Tun zu interpretieren.

Wenn es nun um die Förderung des Kinderspiels, seine im engeren Sinne pädagogische Deutung geht, dann ergibt sich folgerichtig:

> Dem Kind muß „für seine innere, seine Seelentätigkeit und zu deren Entwicklung und Bildung, ein Gegenstand gegeben werden. Es ist aber keineswegs gleichgültig, nein! Es ist im Gegenteil eine Sache von höchster Bedeutung, welch ein Gegenstand hier dem Kinde, als wahres entgegengesetzt gleiches Gegenbild seiner selbst, gereicht werde."[12]

Was nun kommt, das verblüfft denn doch:

> „Ein solcher Gegenstand ist aber einzig und allein, ohne alle Einschränkung, der *Ball*, es ist der Ball ohne die leiseste Willkür; vielmehr mit der strengsten Notwendigkeit in der Wahl"[13].

Jedenfalls das bedarf einer Erläuterung:

> „Wie nun aber der Ball all' den Forderungen der ersten und frühen Kindheitspflege genügend ist, das soll hier ganz kurz angedeutet werden. Als das Kind allseitig erstarken machender und entwickelnder Gegenstand muß der Ball, außer den eben geforderten drei Haupteigenschaften, noch alle die sinnlichen Gegenstände in sich schließen, ja – und dies ist noch das Wichtigste – vom Sichtbaren zum Unsichtbaren, also vom Sinnlichen zum Übersinnlichen überleiten so ist es: – der Ball hat Körperraum – Gestalt – Größe – Inhalt oder Stoff – Farbe – bewirkt Töne – ist ein Ganzes in sich – mehrfaches Glied anderer Ganze – ist also ein Gliedganzes – schließt Einheit und Vielheit in sich – ist zu teilen – ist bewegbar – wie aber auch ruhend – vor allem aber ist er auch selbst- oder springkräftig – er ist schwer – hat einen unsichtbaren und doch wahrnehmbaren Schwerpunkt – wie eine unsichtbare und doch erkennbare Mitte; – ist dabei sich in alles schmiegend und fügend – sich gleichsam in alles umwandelnd – dem Kinde demnach – (und dies ist weiter eine seiner wesentlichsten Eigenschaften), nach dessen Fordern alles seiend, – namentlich für jedes Bedürfnis und jedes Alter neue Eigenschaften, sich immer kräftiger und vielseitiger entwickelnd. – Durch dieses letztere nur besonders wird der Ball ,*des Kindes bleibend-liebster Spielgenosse*', nicht nur durch seine ganze Kindheit hindurch, sondern sogar über sie hinaus, selbst bis in das reife Jünglingsalter."[14]

Der Ball selbst ist es also nicht, er muß vielmehr erst in der pädagogischen Situation zum Symbol des Ganzen gemacht werden. Klar, nur so kann der Gegenstand dem Kinde *alles* werden; sobald es ein bestimmtes Ding wäre, könnte es nur einen Ausschnitt der Welt darstellen. – Eine Mutter mit „natürlichem und unverdorbenen Muttersinn"[15] weiß schon, wenn auch oft unbewußt, wie sie mit dem Ball recht umzugehen hat. Aus dieser Praxis heraus entwickelte Fröbel Anleitungen zu seinem Gebrauch:

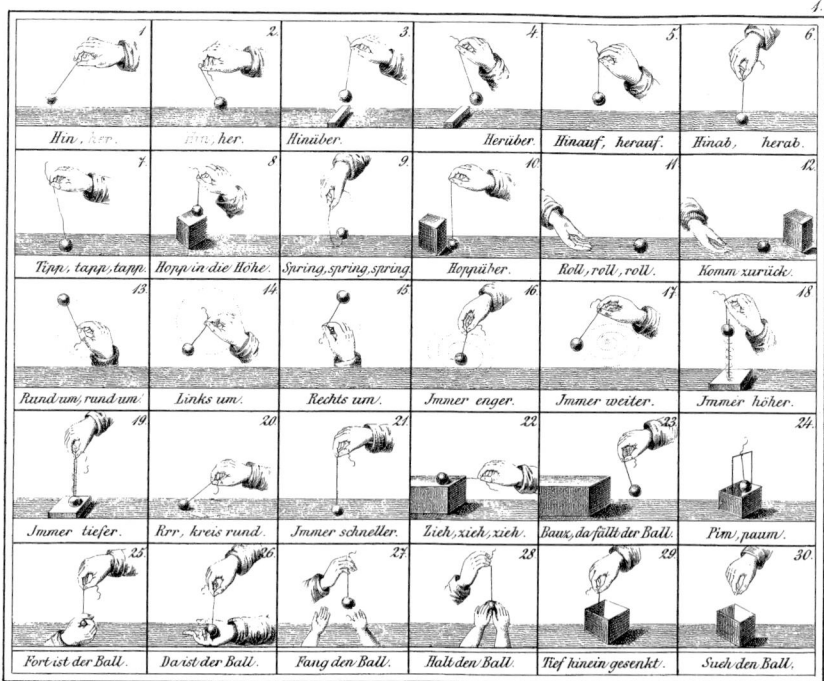

Die erste Spielgabe Fröbels: der Ball

„Der an der Schnur hängende Ball entschlüpft nach leisem, steten Zuge des Kindchens Hand und –
,Pim, paum; pim, paum!' – ,Tick, tack; tick, tack!' – ,Hin, her; hin, her!'
ertönt zugleich aus der Mutter Mund und bezeichnet seine Bewegung.
Schon dieses ganz einfache Spiel läßt durch Verbindung mit Ton, Wort und Anderem mancherlei Wechsel zu.
,Sieh, Kindchen, sieh den Ball: hin, her; hin, her!'
Vergleiche Tafel I Nr. 1 und 2.
Der Ball ruhend: ,Da hängt der Ball!'
Den Ball langsam an der Schnur hebend und senkend: ,auf, ab!' oder ,hinauf, hinab!' S. Nr. 5. 6.
Ihn *über* einen Gegenstand, z. B. die quer aufgestellte zweite Hand schwingen lassend: ,dort, hier; dort, hier!' ,hinüber, herüber!' S. Nr. 3. 4.
Oder die Schnur des Balles bedeutend verlängernd, so daß er langsam schwingt, bald *zu*-, bald *weg*schwingend: ,nah, fern; nah, fern!' oder ,jetzt kommt der Ball, fort geht der Ball!' oder ,es kommt der Ball, weg geht der Ball!' oder ganz allgemein bezeichnend: ,da kommt es, weg geht es!'
Die langsame Bewegung durchs Wort bezeichnend: ,lang–sam, lang–sam!'
Den Ball im Freien kreisförmig und langsam schwingend: ,rund um, rund um!' – ,rechts um, rechts um!' – ,links um, links um!' vergl. Nr. 13. 14. 15.“[16]

Das Churmhähnchen.

„Soll Dein Kind das Thun von
etwas Anderm lassen,
Mußt Du es ein Gleiches selbst
ausführen lassen.
Darin ist es tief gegründet,
Daß Dein Kind
Gern, geschwind
Nachahmt, was es um sich findet."

Wie das Hähnchen auf dem
Thurme
Sich kann dreh'n im Wind und Sturme,
Kann mein Kind sein Händchen wenden,
So sich neue Freuden spenden.

Aus den Mutter- und Koseliedern Fröbels

Weitere Spielgaben sind dann Zylinder, Würfel, Plättchen; ich könnte auch noch das heute noch bekannte Falten von Papierblättern erwähnen. Und hierher gehören die „Mutter- und Koselieder":

> „Dem Kinde nun nicht nur zum Gebrauch seines Körpers, seiner Glieder- und Sinnentätigkeit, sondern später zum vollen Bewußtsein derselben und demselben zu verhelfen und Mütter und deren Stellvertreterinnen zum *Bewußtsein* dieser Kinderpflege und deren höheren Bedeutung und letzteren Beziehung zu erheben, habe ich einige Liedchen und Spiele, wie sie mir aus dem Leben selbst entgegentraten unter dem Namen
>
> *Koseliedchen*
> Körper-, Glieder- und Sinnenspiele mit ganz kleinen Kindern
>
> festgehalten."[17]

... ein kleines Lied für das Kind, eines für die Mutter, und das eingebunden in eine symbolhaltig dargestellte Situation des alltäglichen Lebens.

6.5 Der Kindergarten

Es mag schon deutlich geworden sein: Die Kinderbewahranstalt, sie hatte die Beschäftigung der Kinder zum Zweck gehabt, deren Mütter sich nicht um sie kümmern konnten – eine Maßnahme der sozialen Fürsorge also. Der „Kindergarten" hingegen, nach Fröbels Konzeption, war durch einen eigenen pädagogischen Zweck definiert, wenn er auch tatsächlich die Funktion einer Kinderbewahranstalt übernommen haben mochte. – Das Jahr 1840 wird als sein Geburtsjahr benannt. Da nämlich publizierte Fröbel seinen „Entwurf eines Planes zur Begründung und Ausführung eines Kinder-Gartens, einer allgemeinen Anstalt zur Verbreitung allseitiger Beachtung des Lebens der Kinder, besonders durch Pflege ihres Tätigkeitstriebes. Den Deutschen Frauen und Jungfrauen als ein Werk zu würdiger Mitfeier des vierhundertjährigen Jubelfestes der Erfindung der Buchdruckerkunst zur Prüfung und Mitwirkung vorgelegt"[18]. Sehr präzise beschreibt Fröbel, welches die Aufgabe dieser Anstalt in der Gesellschaft zu sein hätte:

> „Frauenleben und Kinderliebe, Kinderleben und Frauensinn, überhaupt Kindheitspflege und weibliches Gemüt trennt nur der Verstand. Sie sind ihrem Wesen nach eins ... Allein das Leben hat in seinen mannigfachen Entwicklungen und in seiner vielseitigen Ausbildung oft gegen das Gefühl der Mutter, überhaupt gegen das weibliche Gemüt und gegen die Bedürfnisse des Kindes durch die Riesengewalt äußerer Verhältnisse eine *unnatürliche Trennung* zwischen Kindheit und Frauenleben, zwischen Weiblichkeit und Kinderleben gestellt ... Doch nicht in allen Lebensverhältnissen, wo sich die Gewalt der Lebensforderungen zwischen die Mutterliebe und die Kinderpflege drängt, kann solche Vermittlung durch Kindermädchen

und Kinderwärterinnen geschehen, was die von der Frauenliebe und dem mütterlichen Frauensinn ins Leben gerufenen Kleinkinderanstalten beweisen. Diese müssen dann eben als ein Ganzes die Vermittlung zwischen Kind und Mutter übernehmen. Allein dafür bedarf es auch der ausgebildeten Führerinnen und genügenden Gehilfen; und so ist dann auch dieser Forderung zu genügen."[19]

Der Pflege des Kindes in den ersten Lebensjahren als Basis für „die erweiterte Entwicklung und bestimmtere Ausbildung"[20], dem soll die geplante Anstalt dienen. Nein, nicht nur und nicht zuerst das: Der „eigentliche Zweck derselben ist...: *für die erste Pflege und Erziehung der Kindheit gleichsam Gärtnerinnen und Gärtner zu bilden.*

Wir laden daher hierdurch alle deutschen Frauen und Jungfrauen zur gemeinsamen Begründung und Ausführung *einer allgemeinen Anstalt zur allseitigen Pflege des Kinderlebens bis zum schulfähigen Alter* mit deutschem Gemüte ein; wir fordern mit deutschem Geiste sie auf zur gemeinschaftlichen Begründung und Ausführung eines *deutschen Kindergartens.*"[21]

Insgesamt soll die Anstalt dann so aussehen:

„Als Vermittlerinnen zwischen Mutter- und Kinderleben müssen... die Kindermädchen und Kinderwärterinnen genügen und darum auf der einen Seite mit den häuslichen Geschäften und deren Besorgung bekannt, auf der andern mit der Pflege und Führung des Kindes vertraut, sie zu befriedigen geschickt sein. In dieser letzten Beziehung würden die Kinderpflegerinnen, die Erzieher und Erzieherinnen in das Wesen und den Entwicklungsgang des Kindes eingeführt, zu der Achtung und Liebe desselben beseelt, mit den Forderungen des Kinderlebens und deren Befriedigung durch eine entsprechende Pflege und Erziehung bekannt gemacht, zur Kenntnis der Natur und Beachtung des Lebens im Umfange ihres Wirkungskreises hingeleitet und zu einer diesem angemessenen Führung und Behandlung des Kindes befähigt werden...
Zur möglichst vollkommenen Erreichung des sich gesteckten Gesamterziehungszweckes würde... mit der *Bildungsanstalt für Kinderpflegerinnen, Erzieher und Erzieherinnen* zugleich *eine Kleinkinder-, Pflege- und Beschäftigungsanstalt* verbunden werden, an welcher kleine Kinder jedes Alters bis zur Schulfähigkeit Anteil nehmen würden. In dieser Kinderpflegeanstalt, *in diesem Kindergarten im engeren Sinne,* würden die Bildlinge unter Anleitung erfahrener, in die Ausführung der Idee eingelebter Kinderführer, ihrem künftigen Beruf entgegen sich ausbilden. Dieser Kindergarten würde darum Übungsanstalt für die Bildlinge und zugleich Musteranstalt für ähnliche, in gleichem Sinne auszuführende Anstalten sein.
In Beziehung auf die Unterstützung der *Hausfrau* würden die Kinderpflegerinnen zugleich in Besorgung der häuslichen und wirtschaftlichen Geschäfte den nötigen Unterricht und zur Ausübung derselben die notwendige Gelegenheit erhalten, das gesamte Häusliche der Anstalt unter kräftiger, einsichtiger und durchgreifender hausmütterlicher Führung würde dazu auf

das Vollständigste Mittel und Wege bieten. – Ebenso würden für Erreichung der weiblichen Handarbeiten im Umfange der Bildungssphäre die allseitig tüchtigsten Lehrerinnen für die Anstalt gewonnen werden. Genug, keine Seite und Richtung für die geforderten Bildungssphären würde ausgeschlossen, selbst die Natur-, besonders die Gewächs- und Gartenpflege mit eingeschlossen sein."[22]

Eine beachtlich komplexe Einrichtung war das also, was Fröbel da konzipiert und in bescheidenem Umfang auch praktiziert hat: eine neue *pädagogische* Institution; definiert durch einen pädagogischen Zweck, also nicht durch die gesellschaftliche Problemlage, die ihr Anlaß war; ausgestattet mit spezifischen, pädagogischen Mitteln, den Spielgaben; bis hin zur Ausbildung eines eigenen Personals.

Um die Sache zu finanzieren, auch daran hat er gedacht, ruft er zum Zeichnen von Aktien über zehn Taler auf; und er stellt sich vor, daß nach einer Art Schneeballsystem jede Frau, die sich durch seinen Aufruf angesprochen fühlt, zehn weitere zur Zeichnung einer Aktie motivieren wird. So hoffte er, daß er 100 000 Taler zusammenbekommen und seinen Plan auf diese Weise realisieren könnte. Der Erfolg entsprach nicht den Erwartungen:

> „Obwohl der Kindergarten den Forderungen der Zeit entsprach und allmählich auch sein ‚gesellschaftliches Bewährungsfeld' ... fand, stieß die Verbreitung der Kindergartenidee auf erhebliche Schwierigkeiten. So erhielt Fröbel z. B. auf sein Ersuchen, die Aktienunterzeichnungen auch für Preußen zu genehmigen, vom Berliner Ministerium der geistlichen, Unterrichts- und Medizinalangelegenheiten einen abschlägigen Bescheid: Es sei kein Bedürfnis nach dem ‚Deutschen Kindergarten' vorhanden! Dasselbe Ministerium hatte aber bereits 1827 ein Zirkularreskript versandt, das die königlichpreußischen Regierungen zur Errichtung von Kleinkinderschulen nach dem Vorbild des Engländers Samuel Wilderspin aufforderte. Die Gründe dafür liegen auf der Hand: Während solche Kleinkinderschulen der ‚Verwilderung der Kinder der Armen' begegnen und gehorsame, willige, brauchbare Menschen in Fabriken und Schulen entlassen sollten, diente der Kindergarten der freien und allseitigen Entwicklung.
> Bei solchen Hindernissen nimmt es nicht wunder, daß auch die Aktienverkäufe nur schleppend vorangingen. Im Juni 1843 waren erst 155 Aktien unterzeichnet und davon lediglich 37 bar eingezahlt. ‚Zu wenig', schrieb deshalb am 27. November 1843 der ‚Allgemeine Anzeiger der Deutschen', ‚zu wenig, um etwas Rechtes damit anzufangen, nicht 50 Millionen Taler zu viel, wie bei der neuesten Eisenbahn-Aktienunterzeichnung in Sachsen. Freilich sind dort Geldzinsen zu verdienen, hier nur ein Gotteslohn.'"[23]

Und, wie gesagt, nach dem Scheitern der Revolution von 1848 wurde der Kindergarten 1853 in Preußen überhaupt verboten (das Verbot wurde Ende der 50er Jahre wieder aufgehoben).

Gleichwohl hat sich die Idee, wie wir wissen, dann durchgesetzt. Fröbel selbst hat gegen Ende seines Lebens versucht, in Vorträgen dafür zu werben. Daß die Volksschullehrerschaft den Kindergarten als Vorstufe des Schulwesens reklamierte, wird auch zu seiner Verbreitung beigetragen haben. Auf der anderen Seite hatten die Lebensbedingungen der Kinder in der Gesellschaft Konsequenzen, die eine Erziehung der Kinder vor dem Schuleintritt als öffentliche Aufgabe sehen ließen.

Dies ist das eine, weswegen in einer Geschichte der Erziehung an Fröbel zu erinnern ist: Vorschulerziehung als öffentliche Aufgabe, in einer Musteranstalt in der notwendigen Komplexität realisiert. Das andere ist wiederum das, was man als den *utopischen Überschuß* bezeichnen kann: Wenn auch später und andernorts Fröbels Idee zu methodischem Schematismus einerseits und politischem Konformismus andererseits verkommen sein mag, so werden wir in der Auseinandersetzung mit Fröbel darauf zurückverwiesen, daß das Spiel mit und die Anleitung von Kindern seinen Sinn in deren allseitiger Entwicklung als einer Entwicklung von Menschen als Menschen hat – wir werden darauf zurückkommen.

7 Wohnstubenerziehung und die Elementarmethode – Johann Heinrich Pestalozzi (1746–1827)

Dieses Kapitel beginne ich mit einem Bilde, und zwar so, daß derjenige, den ich vorstellen möchte, selbst zu Worte kommt. Im folgenden werde ich dann gleichsam einzelne Züge dieses Bildes erläutern und von diesem her sein Werk aufschließen.

„Freund! Ich erwache abermal aus meinem Traum, sehe abermal mein Werk zernichtet und meine schwindende Kraft unnütz verschwendet.

Aber so schwach, so unglücklich mein Versuch war, so wird es jedem menschenfreundlichen Herzen wohltun, sich einige Augenblicke ob demselben zu verweilen und die Gründe zu überlegen, die mich überzeugen, daß eine glückliche Nachwelt den Faden meiner Wünsche sicher da wieder anknüpfen wird, wo ich ihn lassen mußte.

Ich sah die ganze Revolution von ihrem Ursprung an *für eine einfache Folge der verwahrlosten Menschennatur* an und achtete ihr Verderben für eine unausweichliche Notwendigkeit, um die verwilderten Menschen zur Besonnenheit über ihre wesentlichsten Angelegenheiten zurückzulenken.

Ohne Glauben an das Äußere der politischen Form, die sich die Masse solcher Menschen selber würde geben können, hielt ich einige durch sie zur Tagesordnung gebrachte Begriffe und rege gemachte Interessen für schicklich, hie und da etwas für die Menschheit wahrhaft Gutes anzuknüpfen.

Also brachte ich auch meine alten Volkserziehungswünsche, soviel ich konnte, in Umlauf und legte sie vorzüglich mit dem ganzen Umfang, in dem ich sie denke, in den Schoß Legrands (damals einer der Direktoren der Schweiz). Er nahm nicht nur Interesse dafür, sondern urteilte mit mir, die Republik bedürfe der Umschaffung des Erziehungswesens unausweichlich, und war mit mir einig: *die größtmöglichste Wirkung der Volksbildung könnte durch die vollendete Erziehung einer merklichen Anzahl Individuen aus den ärmsten Kindern im Lande erzielt werden, wenn diese Kinder durch ihre Erziehung nicht aus ihrem Kreis gehoben, sondern durch dieselbe vielmehr fester an denselben angeknüpft würden.*

Ich beschränkte meine Wünsche auf diesen Gesichtspunkt. Legrand begünstigte ihn auf alle Weise. Er fand ihn so wichtig, daß er einmal zu mir sagte: ‚Wenn ich auch von meinem Posten abtrete, so geschieht es nicht, bis du deine Laufbahn angetreten.'

Da ich meinen Plan von der öffentlichen Erziehung der Armen im dritten und vierten Teil von ‚Lienhard und Gertrud' (erste Ausgabe) umständlich dargelegt, so wiederhole ich seinen Inhalt nicht. Ich legte ihn mit dem ganzen Enthusiasmus sich nähernder Hoffnungen dem Minister *Stapfer* vor. Er begünstigte ihn mit der Wärme eines edlen, die Bedürfnisse der Volksbildung aus den wesentlichsten und höchsten Gesichtspunkten umfassenden Mannes. Ebendies tat auch der Minister des Innern, *Rengger*.

Johann Heinrich Pestalozzi (1746–1827)

Meine Absicht war, zu meinem Zweck im Zürichgebiet oder Aargau ein Lokal zu wählen, das durch Vereinigung der Lokalvorteile, der Industrie, der Landkultur und der äußern Erziehungsmittel mir den Weg sowohl zur Ausdehnung meiner Anstalt als zur Vollendung ihrer innern Zwecke erleichterte. Aber das Unglück von Unterwalden (im September 1798) entschied über das Lokal, das ich wählen mußte. Die Regierung sah es als dringend an, diesem Distrikt wieder aufzuhelfen, und bat mich, für einmal den Versuch meiner Unternehmung an einem Ort zu machen, dem wahrlich alles mangelte, was den glücklichen Erfolg derselben auf einige Weise befördern könnte."[1]

Als 53jähriger hat Johann Heinrich Pestalozzi dies geschrieben, in einem Alter, wo sich manch einer schon auf das Geleistete besinnt, es als Alterswerk zusammenfassend darstellt und sich langsam auf den Ruhestand vorbereitet. – Wer war dieser Pestalozzi?

7.1 Aus der Biographie

1746	in Zürich geboren; bei Mutter und Magd sowie dem Großvater, einem Dorfpfarrer, aufgewachsen
1754–64	Besuch der Lateinschule ohne Abschlußprüfung; verkehrt in geistig führenden, politischen, republikanischen Kreisen seiner Vaterstadt
1767	so etwas wie eine Landwirtschaftslehre

1769	Landerwerb, Heirat, Bau des „Neuhof"; das landwirtschaftliche Unternehmen scheitert
1775	Einrichtung einer Armenanstalt, einer „Industrieschule": „Eine Bitte an Menschenfreunde und Gönner zu gütiger Unterstützung einer Anstalt, armen Kindern auf einem Landhause Auferziehung und Arbeit zu geben" Bitte um finanzielle Unterstützung, d. h. ein Darlehen über einige Gulden für sechs Jahre. Der Aufruf hatte Erfolg; die Mittel sind bald aufgebraucht
1779	Auflösung der Anstalt
1781	erster Teil von „Lienhard und Gertrud" Schriftstellertätigkeit (Stellungnahmen in politischen Auseinandersetzungen zwischen der Landbevölkerung und dem städtischen Patriziat)
1799	Anstalt für Armen- und Waisenkinder in Stans; wird nach kurzer Zeit (5 Monate) aufgelöst, da das Gebäude als Lazarett gebraucht wird
1800	Erziehungsanstalt, Schulmeisterseminar im Schloß Burgdorf
1803	Reföderalisierung der Schweiz, keine finanzielle Unterstützung durch die Zentralregierung
1804	Verlegung der Anstalt nach München-Buchsee, da das Schloß von der Berner Regierung gebraucht wird
1805	Yverdon/Iferten im Kanton Waadt: Ein „Institut", d. h. eine Internatsschule, verbunden mit einem Lehrerseminar; Weltruhm; gute Mitarbeiter
1815	Konflikt unter den Mitarbeitern
1818	Armenanstalt (bezahlt aus dem Erlös der gesammelten Werke) in der Nähe
1825	Auflösung des Instituts, zum Enkel nach Neuhof
1826	Autobiographie, der „Schwanengesang"
1827	gestorben

7.2 Die Industrieschule

Nach dieser Skizze des Lebenslaufs werden einige Anspielungen, die wir im anfangs zitierten Texte finden, verständlich. „Abermal" – dem ging nämlich der Versuch einer, wie ich die Anstalt nannte, „Industrieschule" auf dem Neuhof voraus.

> „Ich sah in einer armen Gegend das Elend der bei den Bauern von den
> Gemeinden verdungenen Kinder; ich sah, wie erdrückende Härte des Eigen-
> nutzes diese Kinder fast alle durchgehends an Leib und Seel – fast dörfte ich

sagen, zugrunde richtet, wie viele, ohne Mut und Leben, serbend, zu keiner Menschlichkeit, zu keinen Kräften sich selbst und dem Vaterlande empor-wachsen können. Ich hielt die Lage meiner Güter bei Königsfelden für schicklich, auf denselben einige Versuche in dieser meiner Herzensangele-genheit zu machen, und schien damals mit Kräften unterstützt zu werden, die mir jetzt mangeln. Indessen hat sich durch Erfahrung von mehr als einem Jahr gezeigt, daß diese Begriffe und Hoffnungen nach überstiegenen Anfangsschwierigkeiten erreicht werden könnten."[2]

„Dagegen verspreche ich, wenn ich zum Endzweck einer solchen Unterstüt-zung gelange, alle meine Zeit und Kräfte ganz zur Bildung solcher armen verlassenen Kinder, mit Abandonnierung aller andern Geschäfte, anzuwen-den. Ich verspreche, die Anzahl anzunehmender Kinder dem Verhältnis der Anzahl und Stärke der zu erhaltenden Vorschüsse gemäß einzurichten. Ich verspreche, diese Kinder alle im Lesen, Schreiben und Rechnen zu unter-richten. Ich verspreche, alle Knaben, soviel meine Lage, Kenntnis und Um-stände es zugeben, zur Kenntnis des engern Taunerfeldbaues anzuführen. Ich verstehe dadurch die Mittel und Wege, aus kleinen Stücken Landes durch vorzügliche Anbauungsart mehrere Produkte zu ziehen."[3]

Die Sache war nicht neu; überall in Mitteleuropa gab es derartige Schu-len; der Hauslehrer von Humboldts, Campe, hatte zum Beispiel über sie ein bedeutendes Buch geschrieben[4]. Von Pestalozzi können wir besonders viel über die Konzeption und die Risiken einer solchen Anstalt erfahren, da er ungewohnt unerbittlich und unnachsichtig seine Hoffnungen, Er-folge und Mißerfolge protokolliert hat.

Zu den Randbedingungen seines Unternehmens:

Seine Zeit. Die weitgehende Gleichberechtigung mit dem städtischen Bür-gertum, die der Schweizer Landbevölkerung im Mittelalter mehrfach ur-kundlich zugestanden worden war, war etwa seit dem 16. Jahrhundert einer wachsenden Vormachtstellung der Städte gewichen, in denen das Patriziat die Macht in der Hand hielt. Es drückte das Landvolk in eine wirtschaftli-che, politische und soziale Abhängigkeit herab; größere Wirtschaftsunter-nehmungen, die Teilnahme an Handel, Industrie und Gewerbe waren der Landbevölkerung untersagt, die politische Mitwirkung, der Zugang zu öf-fentlichen Ämtern und Offiziersstellen verschlossen, endlich sogar die Möglichkeit verwehrt, das städtische Bürgerrecht zu erwerben. Etwa um die Zeit der Geburt Pestalozzis wurde das öffentliche Interesse an der Landwirt-schaft in der Schweiz wieder größer, ausgelöst durch die Bedürfnisse der kapitalistischen Entwicklung und angeregt durch die von Frankreich ausge-hende Bewegung der Physiokraten, die von der Gesundung der Landwirt-schaft eine Gesundung des gesamten Wirtschaftslebens erhofften. In der Generation, zu der auch Pestalozzi zählte, wuchs die Begeisterung für die Landwirtschaft; man faßte sie zugleich als eine Tätigkeit auf, die den Land-bewohner aufklären und ihm damit zum kulturellen Fortschritt verhelfen sollte. Neben der Landwirtschaft war ein Teil der ländlichen Bevölkerung der Schweiz in die Textilverarbeitung einbezogen, gewöhnlich in der Form

des hausindustriellen Verlagssystems. Eigenproduktion der lebenswichti-
gen Güter durch die Landwirtschaft und gemeinsame heimindustrielle Tätigkeit der Bauernfamilien unter der Leitung des Vaters verschafften – vor
der Französischen Revolution – einem Teil der Landbewohner ein relativ
gesichertes Auskommen, während ein anderer Teil in bitterster Armut
dahinvegetierte. Als zu Beginn des 19. Jahrhunderts der Prozeß der Industrialisierung, die Entwicklung des Fabriksystems allmählich auch auf die
Schweiz übergriff, löste sich die patriarchalisch produzierende und konsu-
mierende bäuerliche Familie immer mehr auf und fiel der Verelendung
anheim; in den Städten entstand das produktionsmittellose Proletariat, und
die ökonomischen Gesetze der kapitalistischen Produktion setzten sich
mehr und mehr durch."[5]

In ein paar Stichworten das Konzept: Versorgung der Kinder mit dem, was
zu einem befriedigenden Leben unerläßlich ist, als erstes, und das in einer
familienähnlichen Gemeinschaft von Erzieher und Kindern; dann ein in
den Alltag des gemeinsamen Lebens eingebundener Unterricht, in dem
die Fähigkeiten und Fertigkeiten vermittelt werden sollten, die für ein
menschenwürdiges Leben der Kinder in ihrem Stande unerläßlich waren:
handwerkliche zuerst und das nötige Wissen sodann. „Industrie" steht als
Begriff für eine Ausbildung der Kinder für den Stand, in den sie hineingeboren sind, bei Pestalozzi also: den des Landarbeiters.
Gescheitert ist Pestalozzi nicht zuletzt deswegen, weil er ausdrücklich
darauf verzichtete, vermögende Kinder heranzuziehen, deren Eltern zum
Unterhalt des Instituts hätten beitragen können, und da er hoffte, daß
diese Anstalt sich durch seine und der Kinder Arbeit würde selbst erhalten können. Das ist in jener Zeit nie gelungen: Industrieschulen blieben
als solche immer dann Zuschußbetriebe, wenn der Zweck ausschließlich
ein pädagogischer und nicht auch ein ökonomischer war, und genau das
war bei Pestalozzi der Fall.

7.3 Das Menschenbild

Sodann ist in dem Rechenschaftsbericht über seinen Aufenthalt in Stans
von der „Revolution" die Rede – der französischen des Jahres 1789,
versteht sich. In einem kurzen, sehr distanzierten Absatz interpretiert
Pestalozzi die Revolution vor dem Hintergrund seines Bildes vom Menschen: ... „eine einfache Folge der verwahrlosten Menschennatur... eine
unausweichliche Notwendigkeit, um die verwilderten Menschen zur Besonnenheit über ihre wesentlichsten Angelegenheiten zurückzulenken"[6].
– Auf dieses, sein Menschenbild, möchte ich nunmehr eingehen.
Kurz vor dem zitierten Bericht, im Jahre 1797, hatte Pestalozzi eine
Schrift veröffentlicht, in der er seine Anthropologie, sein Menschenbild

darlegte: „Meine Nachforschungen über den Gang der Natur in der Entwicklung des Menschengeschlechts". Die Methode, deren er sich bediente, war die folgende:

„Was bin ich, und was ist das Menschengeschlecht?
Was hab ich getan? Und was tut das Menschengeschlecht?
Ich will wissen, was der Gang meines Lebens, wie es war, aus mir gemacht hat; ich will wissen, was der Gang des Lebens, wie er ist, aus dem Menschengeschlecht macht.
Ich will wissen, von was für Fundamenten mein Tun und Lassen und von was für Gesichtspunkten meine wesentlichsten Meinungen eigentlich ausgehen und unter den Umständen, unter denen ich lebe, eigentlich ausgehen müssen.
Ich will wissen, von was für Fundamenten das Tun und Lassen meines Geschlechts und welchen Gesichtspunkten seine wesentlichsten Meinungen eigentlich ausgehen – und unter den Umständen, unter denen es lebt, eigentlich ausgehen müssen.
Der Gang meiner Untersuchung kann seiner Natur nach keine andere Richtung nehmen als diejenige, die die Natur meiner individuellen Entwikkelung selbst gegeben; ich kann also in derselben in keinem Stück von irgendeinem bestimmten philosophischen Grundsatz ausgehen, ich muß sogar von dem Punkt der Erleuchtung, auf welchem unser Jahrhundert über diesen Gegenstand steht, keine Notiz nehmen. Ich kann und soll hier eigentlich nichts wissen und nichts suchen als die Wahrheit, die in mir selbst liegt, das ist die einfachen Resultate, zu welchen die Erfahrungen meines Lebens mich hingeführt haben; aber eben darum werden diese Nachforschungen einem großen Teil meines Geschlechts *einen ihrer Art und Weise, die Sachen dieser Welt anzusehen, nahestehenden Aufschluß über ihre wesentlichsten Angelegenheiten erteilen."*[7]

Seine Frage war gewesen: Was ist der Mensch? Die Antwort auf diese Frage ist ersichtlich eine unerläßliche Voraussetzung für eine Erziehung, die dem Wesen des Menschen, seiner „Natur", entspricht. Wenn der Mensch zum Menschen im vollen Sinne dieses Begriffs erzogen werden soll, so muß man zuvor wissen, was ist der Mensch. Und wie beantwortet Pestalozzi diese Frage? nicht generell, indem er sie aus einigen vorgegebenen Setzungen theologischer oder philosophischer Herkunft ableitete, sondern so, daß er die allgemeinen Merkmale der individuellen Entwicklung einzelner Menschen – seiner selbst – herausarbeitet. Sein Ergebnis:

„Also bin ich ein Werk der Natur.
Ein Werk meines Geschlechts.
Und ein Werk meiner selbst.
Diese drei Verschiedenheiten meiner selbst aber sind nichts anderes als einfache und notwendige Folgen der drei verschiedenen Arten, alle Dinge dieser Welt anzusehen, deren meine Natur fähig ist.
Als Werk der Natur stelle ich mir die Welt als ein für mich selbst bestehendes Tier vor.

Als Werk meines Geschlechts stelle ich mir dieselbe als ein mit meinem Mitmenschen in Verbindung und Vertrag stehendes Geschöpf vor.
Als Werk meiner selbst stelle ich mir dieselbe unabhängig von der Selbstsucht meiner tierischen Natur und meiner gesellschaftlichen Verhältnisse, gänzlich nur in dem Gesichtspunkt ihres Einflusses auf meine innere Veredlung vor...
Nur als Werk meiner selbst vermag ich die Harmonie meiner selbst mit mir selbst wiederherzustellen. Ich erkenne als solches, daß kein tierisches Gleichgewicht zwischen meiner Kraft und meiner Begierde in mir selbst, wie ich wirklich bin, haltbar ist; daß meine Selbstsucht und mein Wohlwollen im gesellschaftlichen Menschen wesentlich nicht harmonisch existieren kann"[8].

Was er über sich selbst herausbekommen hat, das gilt gemäß seiner Methode auch für den Menschen, das Menschengeschlecht. Die Antwort ist nicht leicht zu verstehen:
Zunächst einmal gibt es nicht etwa drei klar unterscheidbare Teile oder etwa Stadien einer Entwicklung des Menschen. Es handelt sich vielmehr um unterschiedliche Arten, den Menschen zu betrachten. Man muß vor jene drei Sätze die folgenden Vordersätze setzen: Wenn ich mich als natürliches – als gesellschaftliches – als sittliches Wesen betrachte, dann bin ich...
Ersichtlich gibt es sodann den Menschen nicht in der Weise eines Tieres: „ich finde mein Geschlecht nirgend in diesem Zustande"[9]. Vielmehr lebt er in der Gesellschaft „als ein mit (s)einen Mitmenschen in Verbindung und Vertrag stehendes Geschöpf". Da gibt es – anders als unter den Tieren – Betrug, Mord und Totschlag und dergleichen; es gibt kein Gleichgewicht zwischen dem, was ich will, und dem, was mir möglich ist. Die Einsicht erst in diese Zusammenhänge und das Streben, „Herr über sich selbst" zu sein[10], das macht die „Sittlichkeit" des Menschen aus:

> „Die Sittlichkeit ist beim Individuum innigst mit seiner tierischen Natur und seinen gesellschaftlichen Verhältnissen verbunden. In ihrem Wesen aber ruht sie ganz auf der Freiheit meines Willens, das ist auf der Beschaffenheit meiner selbst, durch die ich mich selbst in mir selbst unabhängig von meiner tierischen Begierlichkeit fühle."[11]

Sittlichkeit ist kein Zustand, in dem Menschen sich vorfinden, wie der gesellschaftliche; sie ist auch nicht ein Teil der Naturausstattung des Menschen; ich muß sie mir vielmehr gleichsam *gegen* diese und *in* jenem Zustand erarbeiten. – Der Erzieher fragt natürlich, wie Erziehung den heranwachsenden Menschen bei dieser Arbeit unterstützen kann. Ich gehe gleich auf diese Frage ein. Zuvor noch zwei Anmerkungen:
Vieles hat Pestalozzi ganz offensichtlich von Rousseau übernommen; in

manchem unterscheidet er sich von diesem. Das braucht uns nicht zu wundern: Im „Schwanengesang" äußert er sich im Rückblick auf die Faszination seiner Jugend über sein Verhältnis zu Rousseau. Der Bericht ist zwar aus einiger Distanz abgefaßt, zeigt aber doch, daß der junge Pestalozzi von ihm geradezu fasziniert war. Nicht deswegen, sondern weil diese Faszination auch in seinem (und vieler anderer Erzieher) Menschen- und Gesellschaftsbild Spuren hinterlassen hat, werden wir auf Rousseau noch einzugehen haben. – Und im übrigen hat Pestalozzi seinen Sohn „Hans Jakob" genannt.

Ich hatte diesen Abschnitt mit einem Verweis auf Pestalozzis Rede von der „verwahrlosten Menschennatur" begonnen. Was er über den gesellschaftlichen Zustand, den Menschen als Werk seines Geschlechts sagt, paßt hierzu. Das aber im Zusammenhang mit der Revolution? Damit kein falscher Eindruck entsteht, füge ich hier ein, daß Pestalozzi in früheren Jahren sich ausdrücklich positiv auf die Seite der französischen Revolutionäre gestellt hat:

Als Journalist hat er im Zusammenhang mit sozial und politisch motivierten Unruhen in seiner Vaterstadt für die Unterdrückten Stellung bezogen; nach dem Ausbruch der französischen Revolution hat er der französischen Regierung seine Dienste angeboten; er war 1792 von der französischen Nationalversammlung zum Ehrenbürger Frankreichs ernannt worden. Wie aus dem eingangs zitierten Bericht zu erkennen, hat Pestalozzi dann allerdings mit einiger Skepsis beurteilt, was in den Revolutionskriegen von Frankreich aus nach Europa und damit auch in die Schweiz exportiert wurde. Das waren, um es so zu sagen, nicht die politischen Rahmenbedingungen, die die Sittlichkeit befördern helfen würden, das war für ihn vielmehr ein konsequenter Ausdruck des gesellschaftlichen Zustandes.

Dies interpretiert Pestalozzi nun pädagogisch, wie ich es sagen würde. Das „Verderben" – der Revolution, der „verwahrlosten Menschennatur"? – verstand er als Chance, geradezu als Nötigung, „die verwilderten Menschen zur Besonnenheit über ihre wesentlichsten Angelegenheiten zurückzulenken". Hier setzt sein Erziehungskonzept an.

7.4 Die Volkserziehung

Dies muß man im Sinn haben, wenn man, wie ich das nun tun will, auf die „Volkserziehungswünsche" eingeht. Es zeigt sich: Was Pestalozzi auf dem Neuhof versucht hatte, das verfolgte er weiter, das hat er praktisch und theoretisch ausgearbeitet. Im Stanser Brief werden seine Ideen, die „Volkserziehungswünsche", zunächst aus einer sozialpolitischen Perspektive skizziert.

Wir haben es uns angewöhnt, Pestalozzi so zu interpretieren, daß insbesondere die individuelle Seite seines Konzepts der Volkserziehung in den Vordergrund gestellt wird, was, liest man weiter in dem Briefe, durchaus naheliegt: Hier und in allen späteren Schriften beschreibt Pestalozzi in akribischer und höchst selbstkritischer Weise, welche Überlegungen und Erfahrungen er – gleichsam als Vater seiner Kinder – in seiner Arbeit mit diesen Kindern gemacht hat. Auch führt uns Pestalozzi selbst in seinem „Schwanengesang" auf die Fährte, da er das sozialpolitische Pathos seiner Jugend als Träumerei abtat. Das ist wohl etwas irreführend. – Wie sah nun sein „Plan von der öffentlichen Erziehung der Armen" aus?

Pestalozzi selbst verweist uns im „Stanser Brief" auf eine seiner berühmtesten Schriften, auf „Lienhard und Gertrud". Die Sache ist da in der Tat „umständlich dargelegt". Eine für unseren Zweck ausreichende knappe Zusammenfassung finde ich in einem etwa acht Jahre nach dem „Stanser Brief" verfaßten „Memoriale an den kleinen Rat vom Aargau":

> „Die Armenanstalt, die ich Meinen Hochgeehrten Herrn des Kleinen Rats vom Kanton Aargau vorzuschlagen die Freiheit nehme, hat zum Zweck: Den Quellen der Armut in diesem Kanton in ihrem Wesen abzuhelfen und zugleich die Mittel einer der Lage und den Umständen der niederen Menschenklasse angemessene allgemeine Volksbildung anzubahnen. – Sie soll durch die Natur ihrer Organisation das Kind der Not und des Elends nicht zu einem ihm unnützen und unnötigen Wissen, wohl aber zu vollendeten Fertigkeiten in allen dem hinführen, was ihm in seiner Lage und in seinen Umständen wahrhaft nützlich und ersprießlich sein kann, sie soll zu diesem Endzweck, die Bildung zur häuslichen und ländlichen Industrie mit der Schulbildung vereinigen, sie soll elementarisch zur Kunst und zur Berufsbildung hinführen, wie sie elementarisch zum Schreiben und Rechnen hinführt. Sie soll wesentlich geeignet sein, das Problem praktisch aufzulösen, wie Armenanstalten durch die Resultate ihrer Einrichtung selber zu den Mitteln gelangen können, ihren Segen im Land allgemein zu verbreiten, sie soll dahin wirken, beim festgehaltenen Zweck die Masse des Volks weder in Kenntnissen, noch in Fertigkeiten außer den Kreis ihres Stands heraus zu lenken, es jeder Auszeichnung des Geistes des Herzens und des Wohlstands möglich und leicht zu machen, – am Faden ihrer mit Festigkeit gegebenen Anfangspunkte, sich selber zu allem dem fortzubilden, – wozu sie sich in ihrer Lage und durch ihre Kräfte zum Wohl ihres Vaterlandes und ihrer Mitmenschen mit Schicklichkeit und mit gesichertem Erfolg fortbilden können."[12]

Auch damals also, noch 1807, hielt er an der Vorstellung der Industrieschule fest; ähnlich schon am Ende des Stanser Briefs:

> „Ich ging eigentlich darauf aus, das Lernen mit dem Arbeiten, die Unterrichts- mit der Industrieanstalt zu verbinden und beides ineinanderzuschmelzen. Allein, ich konnte diesen Versuch um so weniger realisieren, da ich dafür noch gar nicht, weder in der Rücksicht des Personals noch der

Arbeiten, noch der dazu nötigen Maschinen, eingerichtet war. Kurze Zeit vor der Auflösung erst hatten einige Kinder mit Spinnen angefangen. Und auch das war mir klar, daß, ehe von einer solchen Zusammenschmelzung die Rede sein konnte, erst die Elementarbildung des Lernens und des Arbeitens in ihrer reinen Sönderung und Selbständigkeit aufgestellt und die besondere Natur und [die] Bedürfnisse eines jeden dieser Fächer klargemacht sein mußten.

Indessen betrachtete ich schon in diesem Anfangspunkt die Arbeitsamkeit mehr im Gesichtspunkte der körperlichen Übung zur Arbeit und Verdienstfähigkeit als in Rücksicht auf den Gewinn der Arbeit."[13]

Dafür mußten sie lernen – Sprechen, Lesen, Schreiben und Arbeiten und was das für sie bedeutet. Für sie? für ihr Leben auf dem Platz, den sie in der Gesellschaft innehaben.

Das ist wichtig für unser Verständnis von Pestalozzi; hier hat er sehr deutlich formuliert, was immer wieder von seinen Nachfahren kritisiert wurde, denen demokratische Verfassungen ein aufgeklärtes Bewußtsein ermöglicht haben: Er wollte die Kinder für ein menschenwürdiges Leben in den Verhältnissen ausrüsten, in denen sie sich befinden, für ein Leben in ihrem Stand also. Aber nicht nur dies: Sie sollten sich auch fortbilden können, soweit es ihnen in ihrer Lage, in ihren Verhältnissen möglich ist. Im „Schwanengesang" finden wir eine ausführliche Auseinandersetzung mit diesem Problem: Dort faßt er seine Volkserziehungsbemühungen in dem Satz zusammen: „Das Leben bildet."[14] Und er meint damit, daß die Menschen, was ihre natürlichen Voraussetzungen angeht, durchaus gleich sind. Ihre Lebensbedingungen allerdings sind unterschiedlich. In der Erziehung kann man nicht so tun, als wäre das nicht der Fall.

Das Leben bildet – Pestalozzi ist der Frage nicht aus dem Wege gegangen, die sich an diese Maxime anschließt, nämlich der Frage, was denn das Leben für diesen oder jenen Menschen ist. Er hat sie nicht abstrakt, sondern historisch konkret gelöst, genauer: Er hat sie für die Kinder der Landbevölkerung gelöst, die ganz offensichtlich seine Hilfe brauchten.

Noch ein letzter Hinweis, den ich dem eingangs zitierten Text entnehme: „Das Unglück von Unterwalden (im September 1798)" – das war ein blutig niedergeschlagener Aufstand gegen die Zentralregierung. Man kann sich vorstellen, daß es unbeschreibliches Elend war, mit dem sich Pestalozzi zu allererst hat auseinandersetzen müssen:

„Das unglückliche Land hatte durch Feuer und Schwert alle Schrecknisse des Krieges erfahren. Das Volk verabscheute größtenteils die neue Verfassung. Es war erbittert gegen die Regierung und hielt selbst ihre Hülfe für verdächtig."[15]

„Ich mußte im Anfang die armen Kinder wegen Mangel an Betten des Nachts zum Teil heimschicken. Diese alle kamen dann am Morgen mit Ungeziefer beladen zurück. Die meisten dieser Kinder waren, da sie eintraten, in dem Zustand, den die äußerste Zurücksetzung der Menschennatur allgemein zu seiner notwendigen Folge haben muß. Viele traten mit eingewurzelter Krätze ein, daß sie kaum gehen konnten, viele mit aufgebrochenen Köpfen, viele mit Hudeln, die mit Ungeziefer beladen waren, viele hager wie ausgezehrte Gerippe, gelb, grinsend, mit Augen voll Angst und Stirnen voll Runzeln des Mißtrauens und der Sorge, einige voll kühner Frechheit, des Bettelns, des Heuchelns und aller Falschheit gewöhnt; andere vom Elend erdrückt, duldsam, aber mißtrauisch, lieblos und furchtsam. Zwischenhinein einige Zärtlinge, die zum Teil ehemals in einem gemächlichen Zustand lebten; diese waren voll Ansprüche, hielten zusammen, warfen auf die Bettel- und Hausarmenkinder Verachtung, fanden sich in dieser neuen Gleichheit nicht wohl, und die Besorgung der Armen, wie sie war, war mit ihren alten Genießungen nicht übereinstimmend, folglich ihren Wünschen nicht entsprechend. Träge Untätigkeit, Mangel an Übung der Geistesanlagen und wesentlicher körperlicher Fertigkeiten waren allgemein. Unter zehn Kindern konnte kaum eins das ABC. Von anderm Schulunterrichte oder wesentlichen Bildungsmitteln der Erziehung war noch weniger die Rede.

Der gänzliche Mangel an Schulbildung war indessen gerade das, was mich am wenigsten beunruhigte; den Kräften der menschlichen Natur, die Gott auch in die ärmsten und vernachlässigtesten Kinder legte, vertrauend, hatte mich nicht nur frühere Erfahrung schon längst belehrt, daß diese Natur mitten im Schlamm der Roheit, der Verwilderung und der Zerrüttung die herrlichsten Anlagen und Fähigkeiten entfaltete, sondern ich sah auch bei meinen Kindern mitten in ihrer Roheit diese lebendige Naturkraft allenthalben hervorbrechen. Ich wußte, wie sehr die Not und die Bedürfnisse des Lebens selbst dazu beitragen, die wesentlichsten Verhältnisse der Dinge dem Menschen anschaulich zu machen, gesunden Sinn und Mutterwitz zu entwickeln und Kräfte anzuregen, die zwar in dieser Tiefe des Daseins mit Unrat bedeckt zu sein scheinen, die aber, vom Schlamme dieser Umgebungen gereinigt, in hellem Glanze strahlen. Das wollte ich tun. Aus diesem Schlamm wollte ich sie herausheben und in einfache, aber reine häusliche Umgebungen und Verhältnisse versetzen."[16]

Soviel über seine Versuche, „Volkserziehung" zu realisieren. Der Bericht über seine Arbeit und den Erfolg, der sich allmählich einstellte, gehört zu dem Eindrucksvollsten, was in der pädagogischen Literatur zu lesen ist. Gleichwohl werde ich im folgenden nicht weiter daraus zitieren[17], da es mir nunmehr auf die Idee ankommt, die Pestalozzi in diesem Text eher skizziert; ausgearbeitet hat er sie dann in späteren Schriften: Die „Idee der Elementarbildung".

7.5 Die Idee der Elementarbildung

An den Anfang stelle ich den Bericht eines jüngeren Zeitgenossen, der damals von Berufs wegen wohl Hauslehrer war und ein – wie er später als Professor für Philosophie und Pädagogik demonstrierte – waches Auge und geschultes Ohr hatte: Johann Friedrich Herbart (1776–1841).

> „Sie wissen, ich sah ihn in seiner Schulstube. Lassen Sie mich die Erinnerung noch einmal auffrischen. Ein Dutzend Kinder von 5 bis 8 Jahren wurden zu einer ungewöhnlichen Stunde am Abend zur Schule gerufen; ich fürchtete, sie mißlaunig zu finden, und das Experiment, zu dessen Anblick ich gekommen war, verunglücken zu sehn. Aber die Kinder kamen ohne Spur von Widerwillen; eine lebendige Tätigkeit dauerte gleichmäßig fort bis zu Ende. Ich hörte das Geräusch des Zugleichsprechens der ganzen Schule; – nein, nicht das Geräusch; es war ein Einklang der Worte, höchst vernehmlich, wie ein taktmäßiger Chor, und auch so gewaltig wie ein Chor, so fest bindend, so bestimmt haftend auf das was eben gelernt wurde, daß ich beinahe Mühe hatte, aus dem Zuschauer und Beobachter nicht auch eins von den lernenden Kindern zu werden. Ich ging hinter ihnen herum, zu horchen, ob nicht etwa eines schwiege oder nachlässig spräche; ich fand keines. Die Aussprache dieser Kinder that meinem Ohre wohl, obgleich ihr Lehrer selbst das unverständlichste Organ von der Welt hat; durch ihre schweizerische Eltern konnte ihre Zunge wohl auch nicht gebildet sein. Aber die Erklärung lag nahe; das taktmäßige Zugleichsprechen bringt ein reines Artikulieren von selbst mit sich, keine Silbe kann verschluckt werden, jeder Buchstabe findet seine Zeit; und so formt das Kind, das mit der natürlichen Stärke der Stimme beständig laut spricht, sich seine Aussprache selbst. Die allgemeine und dauernde Aufmerksamkeit war mir auch kein Rätsel; jedes Kind beschäftigte zugleich Mund und Hände; keinem war Untätigkeit und Stillschweigen aufgelegt; das Bedürfnis nach Zerstreuung war also gehoben; die natürliche Lebhaftigkeit verlangte keinen Ausweg, wie der Strom des Zusammenlernens keinen gestattete. Ich freute mich über den sinnreichen Gebrauch der durchsichtigen Hornblättchen mit eingeritzten Buchstaben, die während des Auswendiglernens sich beständig in den Händen der Kinder bewegten, und, ein stummer, aber behender Schreibmeister, ihnen ihre Griffelzüge augenblicklich korrigierten, und sie zum Bessermachen aufforderten. Noch jetzt, so oft ich bei mathematischen Beschäftigungen, Figuren auf die Tafel hinwerfe, schelte ich meine Hand, daß sie nicht so feste grade Linien, so richtige Perpendikel, so genau runde Zirkel zeichnen kann, als jene sechsjährigen Kinder; und noch weit mehr, als wegen ihrer erworbenen Fähigkeit, schätze ich dieselben wegen der energischen Stetigkeit des Geistes glücklich, die sie gewinnen, indem sie die Vorstellung der Rundung so lange ohne Wanken festhalten, bis das hingespannte, zielende Auge und die gehorchende Hand, ganz langsam, aber sicher, in einem fehlerlosen Zuge den Kreis vollendet haben."[18]

Eine eigenartige Sache, was steckt dahinter? Was wir darunter im einzelnen zu verstehen haben, das hat Pestalozzi in einer in Briefform abgefaßten systematischen Schrift: „Wie Getrud ihre Kinder lehrt" dargelegt (der Titel ist vom Verleger und irreführend). Die Idee ist diese:

> „Ich warf einmal im langen Streben nach meinem Ziele oder vielmehr im schweifenden Herumträumen über diesen Gegenstand mein Augenmerk ganz einfach auf die Art und Weise, wie sich ein gebildeter Mensch in jedem einzelnen Falle benimmt und benehmen muß, wenn er irgendeinen Gegenstand, der ihm verwirrt und dunkel vor Augen gebracht wird, gehörig auseinandersetzen und sich allmählich klarmachen will.
> Er wird in diesem Fall allemal sein Augenmerk auf folgende drei Gesichtspunkte werfen und werfen müssen:
> 1. Wieviel und wievielerlei Gegenstände vor seinen Augen schweben.
> 2. Wie sie aussehen; was ihre Form und ihr Umriß sei.
> 3. Wie sie heißen; wie er sich einen jeden durch einen Laut, durch ein Wort vergegenwärtigen könne.
>
> Der Erfolg dieses Tuns aber setzt bei einem solchen Mann offenbar folgende gebildete Kräfte voraus:
> 1. Die Kraft, ungleiche Gegenstände der Form nach ins Aug zu fassen und sich ihren Inhalt zu vergegenwärtigen.
> 2. Diejenige, diese Gegenstände der Zahl nach zu söndern und sich als Einheit oder als Vielheit bestimmt zu vergegenwärtigen.
> 3. Diejenige, um sich die Vergegenwärtigung eines Gegenstandes nach Zahl und Form durch die Sprache zu verdoppeln und unvergeßlich zu machen.
>
> Ich urteile also: Zahl, Form und Sprache sind gemeinsam die Elementarmittel des Unterrichts, indem sich die ganze Summe aller *äußern* Eigenschaften eines Gegenstandes im Kreise seines Umrisses und im Verhältnis seiner Zahl vereinigen und durch Sprache meinem Bewußtsein eigen gemacht werden.
> Und nun ging ich weiter und fand, daß unsere ganze *Erkenntnis* aus drei Elementarkräften entquillt:
> 1. Aus der *Schallkraft*, aus der die Sprachfähigkeit entspringt.
> 2. Aus der *unbestimmten, bloß sinnlichen Vorstellungskraft*, aus welcher das Bewußtsein aller Formen entspringt.
> 3. Aus der *bestimmten, nicht mehr bloß sinnlichen Vorstellungskraft*, aus welcher das Bewußtsein der Einheit und mit ihr die Zählungs- und Rechnungsfähigkeit hergeleitet werden muß."[19]

Man denke bei „Elementarbildung" also nicht an die „Elementarschule". Gemeint sind *Elemente*, also Grundformen oder Grundbegriffe, das Fundament der Bildung, auf dem alles weitere aufbauen muß, nämlich der Rechen-, der Geometrie- und der Sprachunterricht, sollen sie denn recht gegründet sein.
Pestalozzi hat sich nicht auf das klassische Schulwissen beschränkt. Auch für die Übung der Körperkräfte, ja – und das ist seine besonders wichtige Leistung: für die Sittlichkeit und ihre Bildung suchte er nach

Pestalozzi in seiner Schulstube

einem derartigen Fundament, und er fand es in der Fürsorge, die eine
Mutter ihrem neugeborenen Kind angedeihen läßt:

> „Wie hängt das Wesen der *Gottesverehrung* mit den Grundsätzen zusam-
> men, die ich in Rücksicht auf die Entwicklung des Menschengeschlechtes
> im allgemeinen für wahr angenommen habe?
> Ich suche auch hier den Aufschluß meiner Aufgabe in mir selbst und frage
> mich: Wie entkeimt der Begriff von Gott in meiner Seele? ...
> Ich frage mich also: Wie komme ich dahin, Menschen zu lieben, Menschen
> zu trauen, Menschen zu danken, Menschen zu gehorsamen? Wie kommen
> die Gefühle, auf denen Menschenliebe, Menschendank und Menschenver-
> trauen wesentlich ruhen, und die Fertigkeiten, durch welche sich der
> menschliche Gehorsam bildet, in meine Natur? – und ich finde, *daß sie
> hauptsächlich von dem Verhältnis ausgehen, das zwischen dem unmündi-
> gen Kinde und seiner Mutter statthat.*
> Die Mutter *muß* – sie kann nicht anders, sie wird von der Kraft eines ganz
> sinnlichen Instinktes dazu genötigt – das Kind pflegen, nähren, es sicher-
> stellen und es erfreuen. Sie tut es, sie befriedigt seine Bedürfnisse, sie
> entfernt von ihm, was ihm unangenehm ist, sie kommt seiner Unbehelf-
> lichkeit zu Hülfe; das Kind ist versorgt, es ist erfreut – *der Keim der Liebe
> ist in ihm entfaltet.*
> Jetzt steht ein Gegenstand, den es noch nie sah, vor seinen Augen; es staunt,
> es fürchtet, es weint. Die Mutter drückt es fester an ihre Brust, sie tändelt

mit ihm, sie zerstreut es; sein Weinen nimmt ab, aber seine Augen bleiben gleichwohl noch lange naß. Der Gegenstand erscheint wieder; die Mutter nimmt es wieder in den schützenden Arm und lacht ihm wieder – jetzt weint es nicht mehr, es erwidert das Lächeln der Mutter mit heiterem, unumwölktem Auge – *der Keim des Vertrauens ist in ihm entfaltet*... Dieses sind die ersten Grundzüge der Selbstentwicklung, welche das Naturverhältnis zwischen dem Säugling und seiner Mutter entfaltet. In ihnen liegt aber auch ganz und in seinem ganzen Umfange das Wesen des sinnlichen Keims von derjenigen Gemütsstimmung, welche der menschlichen Anhänglichkeit an den Urheber unsrer Natur eigen ist; das heißt: der Keim aller Gefühle der Anhänglichkeit an Gott durch den Glauben ist in seinem Wesen der nämliche Keim, welcher die Anhänglichkeit des Unmündigen an seine Mutter erzeugte. Auch ist die Art, wie sich diese Gefühle entfalten, auf beiden Wegen eine und dieselbe."[20]

Nimmt man dies mit dem zu seinem Menschenbild Gesagten zusammen, so mag deutlich werden, *wie* Erziehung, wie Unterricht den Weg zur Sittlichkeit unterstützen kann.

Es möchte nun so scheinen, als habe Pestalozzi für die drei Wesensmerkmale eines Menschen, die er immer wieder benennt: Kopf, Herz und Hand, jeweils solche Elemente gefunden. Man kann fragen, ob es so etwas wie eine Gemeinsamkeit dieser Elemente gibt. Dazu äußerte er sich etwas ausführlicher im „Schwanengesang":

„*Die Idee der Elementarbildung,* für deren theoretische und praktische Erheiterung ich den größten Theil meiner reifern Tage, mir selber in ihrem Umfange mehr und minder bewußt, verwendet, ist nichts anderes als die Idee der Naturgemäßheit in der Entfaltung und Ausbildung der Anlagen und Kräfte des Menschengeschlechts... Ich muß annehmen, nicht mein vergängliches Fleisch und Blut, nicht der thierische Sinn der menschlichen Begierlichkeit, sondern die Anlagen meines menschlichen Herzens, meines menschlichen Geistes und meiner menschlichen Kunstkraft seyen das, was das Menschliche meiner Natur, oder, welches eben so viel ist, meine menschliche Natur selber constituiren; woraus dann natürlich folgt: die Idee der Elementarbildung sey als die Idee der naturgemäßen Entfaltung und Ausbildung der Kräfte und Anlagen des menschlichen Herzens, des menschlichen Geistes und der menschlichen Kunst anzusehn."[21]

„Die Idee der naturgemäßen Entfaltung und Ausbildung der Kräfte und Anlagen", das ist der Begriff, auf den sich die so genannte „Elementarmethode" bringen läßt. Und bei der „Natur" dürfen wir wiederum an das denken, was den Menschen als Menschen ausmacht.

Dies, die „Elementarmethode", hat – im doppelten Sinne – Schule gemacht. Pestalozzi hatte Mitarbeiter, die, wo er selbst nicht weiterkam, sein Programm ausgearbeitet haben, zum Beispiel für die Mathematik und die Körpererziehung, und so war in den ersten beiden Jahrzehnten des

Jahrhunderts sein Institut geradezu ein Wallfahrtsort der pädagogischen Welt: Erzieher und Lehrer kamen aus aller Welt nach Yverdon, um dort für eine kurze oder längere Zeit zu lehren und zu lernen, teilweise auch mit ihren Zöglingen (so unter anderem auch Friedrich August Fröbel). Als beispielsweise in Preußen nach 1810 das Schulwesen reorganisiert wurde, schickte die Regierung einige junge Lehrer zu Pestalozzi, damit sie dort dessen Methode kennenlernen und sie später gleichsam als Multiplikatoren in Preußen verbreiten könnten.

Bis auf den heutigen Tag wird von Pädagogen immer wieder an Pestalozzi erinnert, dies allerdings in einer arg verkürzten Weise: Einmal ist er der liebevolle Vater seiner armen Kinder; zum andern wird er als derjenige bemüht, dem es nicht nur um die Bildung des Kopfes, sondern auch um die des Herzens und der Hand gegangen sei. „Der politische Pestalozzi"[22], von dem ist weniger die Rede. Daß Pestalozzi konsequent und systematisch seine Pädagogik (seine „Methode", wie man sie verkürzt charakterisiert) aus der Natur des Menschen in der Gesellschaft und seiner inneren Natur abgeleitet hat; daß er es anders als vor ihm Rousseau praktisch ausprobiert hat; von der Zeit und ihren Nöten ganz zu schweigen – davon hört man weniger. Mit dieser Anmerkung möchte ich darauf aufmerksam machen, daß es immer zwei Dinge sind: die Beschwörung einer unbestrittenen Autorität einerseits mit dem Ziel, die eigene Meinung mit mehr Gewicht zu versehen, und die gründliche Auseinandersetzung andererseits mit dem Werk eines Pädagogen, der sich in einer seine ganze Existenz betreffenden Praxis und einer seine ganze Existenz betreffenden Reflexion mit Erziehung auseinandergesetzt hat. Pestalozzi ist hierzu als Vorwurf vorzüglich geeignet.

8 Erziehung nach der Natur – Jean-Jacques Rousseau (1712–1778)

Jean-Jacques Rousseau führe ich mit dem Paukenschlag ein, den der Beginn seines pädagogischen Hauptwerkes bei seinem Erscheinen im Sommer 1762 darstellte; etwas davon mögen wir heute noch spüren:

> „Alles, was aus den Händen des Schöpfers kommt, ist gut; alles entartet unter den Händen des Menschen. Er zwingt einen Boden, die Erzeugnisse eines anderen zu züchten, einen Baum, die Früchte eines anderen zu tragen. Er vermischt und verwirrt Klima, Elemente und Jahreszeiten. Er verstümmelt seinen Hund, sein Pferd, seinen Sklaven. Er erschüttert alles, entstellt alles – er liebt die Mißbildung, die Monstren. Nichts will er so, wie es die Natur gemacht hat, nicht einmal den Menschen. Er muß ihn dressieren wie ein Zirkuspferd. Er muß ihn seiner Methode anpassen und umbiegen wie einen Baum in seinem Garten.
> Ohne das wäre alles noch schlimmer, und unsere Gattung will nicht halb geformt existieren. So, wie es im Augenblick steht, würde ein nach seiner Geburt völlig sich selbst überlassener Mensch das verbildetste aller Wesen sein. Vorurteile, Autorität, Vorschriften, Beispiel – alle die Einrichtungen der Gesellschaft, in denen wir ertrinken, würden seine Natur ersticken und ihm kein Äquivalent dafür geben. Sie müßte, wie ein Bäumchen, das der Zufall mitten auf einem Weg hat wachsen lassen, alsbald zugrunde gehen, weil die Vorübergehenden es von allen Seiten stoßen und in alle Richtungen biegen würden."[1]

Kurz und bündig an die Adresse der jungen Mutter gerichtet: „Beobachtet die Natur und folgt dem Weg, den sie Euch vorzeichnet" – und das gilt durchweg[2].

Man vergleiche das mit dem, wie die Sache zuvor gesehen wurde: Vorausgesetzt war eine göttliche Ordnung der Schöpfung, die Heilsordnung für den Menschen, der durch die Erbsünde charakterisiert ist; diese Ordnung galt es in der Erziehung zu eröffnen, damit die Kinder sich ihre wahre Bestimmung, ihr Mensch- und Christsein aneignen könnten. Was tritt bei Rousseau an deren Stelle? – die „Natur" und die „Gesellschaft", hier ganz einseitig jener als die Quelle des Bösen gegenübergestellt. Und was Rousseau und seine Zeitgenossen sich darunter vorstellten, das war durchaus etwas anderes als das, woran Frühere gedacht hatten. Wer war dieser Rousseau?

8.1 Aus der Biographie

1712   geboren in Genf als „citoyen de Genève"; der Vater Uhrmacher und in der 5-Klassen-Republik der Führungsschicht zugehörend; die Mutter starb bei der Geburt.

          Als Rousseau 12 Jahre alt war, legte der Vater sich mit dem Rat an und mußte aus der Stadt fliehen; Rousseau kommt in eine Kupferstecherlehre, die er mit knapp 16 Jahren abbricht.

          14 Jahre lang ein wechselvolles Leben, ausgehalten von einer Frau von Warens, erst als Sohn, dann als Geliebter; Konversion zum Katholizismus und damit Verwirken des Genfer Bürgerrechts; Reisen; Studien, insbesondere der Musik

1740   für kurze Zeit Hauslehrer in Lyon

1740   nach Paris, Versuch, als Musiklehrer, Musikschriftsteller und Komponist Karriere zu machen mit der Erfindung einer Notenschrift (Noten werden durch Ziffern und Interpunktionszeichen bezeichnet); Komposition u. a. eines Singspiels, das vor Ludwig XV. und seinem Hof aufgeführt wurde und bis ins 19. Jahrhundert auf dem Spielplan blieb

          Kontakte zu den sogenannten „Enzyklopädisten"; Mitautor der Enzyklopädie[3]

1749   erster Preis für die Beantwortung einer Preisfrage der Akademie zu Dijon: „Ob der Fortschritt der Wissenschaften und Künste

127

zum Verderben oder der Veredelung der Sitten beigetragen hat" (seine Antwort: „der Fortschritt der Wissenschaften und Künste (hat) nichts zu unserer wahren Glückseligkeit beigetragen..., ... unsere Sitten verdorben... und... die Sittenverderbnis (hat) der Reinheit des Geschmacks Abbruch getan")[4]

1754	2. Discours: „Welches ist der Ursprung der Ungleichheit unter den Menschen und ist sie durch das Naturrecht gerechtfertigt?" (Wieder Antwort auf eine Preisfrage)
1756	als Schriftsteller auf dem Lande; verschiedene Gönner(innen)
1761	der Roman „Nouvelle Héloise"
1762	„Der Gesellschaftsvertrag" und „Emile oder über die Erziehung"; dieser wird verurteilt und verbrannt; Verbannung aus Paris durch das „Parlament" und den Erzbischof; Exil an verschiedenen Orten (Schweiz, England)
1767	dann wieder in Frankreich und
1770	in Paris
1778	dort gestorben.

Über Erziehung schreibt er – hören wir etwas von einem Erzieher? Wenn wir von jener kurzen Episode als Hauslehrer absehen, als welcher er im übrigen gescheitert war: nichts. Mehr noch: Seit 1745 lebte Rousseau, ohne daß er zunächst mit ihr verheiratet gewesen wäre, mit einer Marie Therese Levasseur zusammen (erst 1768 hat er sie geheiratet); fünf Kinder haben die beiden gehabt; er gab sie ins Findelhaus (wo in jener Zeit 70% das erste Lebensjahr nicht überlebten). Und da will er über „Erziehung" schreiben? Er sieht das selbst:

> „Ich bin zu sehr durchdrungen von der Größe der Aufgabe eines Erziehers, ich bin mir zu sehr meiner Unfähigkeit bewußt, je einen solchen Beruf zu übernehmen, von welcher Seite er mir auch angeboten werden möge. Früher habe ich mich hinlänglich in diesem Metier versucht, so daß ich nunmehr ganz sicher bin, nicht dafür zu taugen. Und selbst wenn meine Talente ausreichten, würde es mir mein Zustand nicht erlauben."[5]

Und auch seine Weigerung, Vater zu sein, spiegelt sich im „Emile":

> „Ein Vater, der Kinder zeugt und sie großzieht, erfüllt damit nur ein Drittel seiner Aufgabe. Seiner Gattung schuldet er Menschen, seiner Gesellschaft schuldet er gemeinschaftsfähige Menschen, und dem Staat schuldet er Bürger. Jeder Mann, der in der Lage ist, diese dreifache Schuld zu zahlen, und es nicht tut, ist schuldig und noch schuldiger vielleicht, wenn er sie nur zur Hälfte zahlt. Derjenige, der unfähig ist, die Aufgaben eines Vaters zu erfüllen, hat nicht das Recht, Vater zu werden. Weder Armut noch Arbeit, noch menschliche Rücksichten entbinden ihn von der Pflicht, seine Kinder zu ernähren und selbst zu erziehen. Leser, glaube es mir: ich sage jedem, der ein Herz hat und solch heilige Pflichten vernachlässigt, voraus, daß er lange

Zeit über seine Schuld bittere Tränen vergießen wird und niemals Trost findet."[6]

– so äußert er sich im ersten Buche des Emile, da er über die Pflichten des Vaters bzw. Erziehers schreibt. In seiner Autobiographie, den „Bekenntnissen" schreibt er hierzu:

> „Während ich über mein Erziehungsbuch nachdachte, fühlte ich, daß ich Pflichten vernachlässigt hatte, von denen mich nichts dispensieren konnte. Die Reue wurde schließlich so stark, daß sie mir im Anfang des ‚Emile' beinahe das öffentliche Eingeständnis meines Fehltritts abpreßte."[7]

Zur Ausarbeitung seiner Vorstellungen von der „natürlichen Erziehung" kam er weniger aufgrund eigener Praxis als vielmehr von seiner Gesellschaftstheorie und -kritik her und vor allem aufgrund einer zwar durch allerlei Lektüre bereicherten, aber gleichwohl bis dahin unerhörten, unvoreingenommenen (Selbst-)Beobachtung. Von der Gesellschaftstheorie her – wie sah die aus?

8.2 Rousseaus Gesellschaftstheorie

In demselben Jahr, in dem er den „Emile" publizierte, erschien, wie gesagt, ein zweites bedeutendes Werk Rousseaus: „Vom Gesellschaftsvertrag oder Prinzipien des Staatsrechts". Darin wollte er untersuchen, „ob es für die Gesellschaftsordnung eine legitime und sichere Verfassung gibt, wenn man die Menschen so nimmt, wie sie sind, und die Gesetze so, wie sie sein können"[8]. Anders gesagt:

> „Der Mensch wird frei geboren, aber überall liegt er in Ketten. Manch einer glaubt, Herr über die anderen zu sein, und ist ein größerer Sklave als sie. Wie ist es zu dieser Entwicklung gekommen? Ich weiß es nicht. Was kann sie rechtmäßig machen? Ich glaube, daß ich dieses Problem lösen kann."[9]

In seinem 2. Discours hatte er dafür die anthropologischen Grundlagen gelegt, indem er Genese und Struktur der Existenz von Menschen in der – bürgerlichen – Gesellschaft erörterte. Die Aufgabe, die er sich nun im „Gesellschaftsvertrag" gestellt hatte, bestand also darin, eine Gesellschaftsform zu finden, „die mit der gesamten gemeinsamen Kraft aller Mitglieder die Person und die Habe eines jeden einzelnen Mitglieds verteidigt und beschützt; in der jeder einzelne, mit allen verbündet, nur sich selbst gehorcht und so frei bleibt wie zuvor"[10]. Und wie löst er die Aufgabe? durch das Konzept eines „Gesellschaftsvertrages":

> „Alles Unwesentliche weglassen, läßt sich der Gesellschaftsvertrag auf folgende Begriffe zurückführen: *Jeder von uns unterstellt gemeinschaftlich*

seine Person und seine ganze Kraft (puissance) der höchsten Leitung des Gemeinwillens (volonté générale), und wir empfangen als Körper jedes Glied als unzertrennlichen Teil des Ganzen."[11]

Also, wie es schon zu Beginn des „Emile" heißt: der Mensch ist nicht ein für alle Mal gut. Es gibt Sklaverei, Krieg, Herrschaft von Menschen über Menschen. Politisch ist dem nur durch den Gesellschaftsvertrag zu begegnen; im Fortgang dieses Werks führt Rousseau im einzelnen aus, wie ein darauf gegründetes Staatswesen verfaßt sein müßte. Im 5. Buch des „Emile" zitiert Rousseau dieses Konzept, da nämlich, wo der Held, etwa 22jährig, zum Menschen erzogen ist und ihm nun nur noch die Aufgabe bleibt, „sich in seinen Beziehungen" als Bürger zu seinen Mitbürgern zu betrachten:

> „Nachdem er also sich selbst in seinen physischen Beziehungen zu den anderen Wesen und in seinen geistigen Beziehungen zu den anderen Menschen betrachtet hat, bleibt ihm noch, sich in seinen Beziehungen als Bürger zu seinen Mitbürgern zu betrachten. Dazu muß er zunächst das Wesen einer Regierung im allgemeinen studieren, die verschiedenen Regierungsformen und schließlich die spezielle Regierung, unter der er geboren ist, um zu erkennen, ob es ihm paßt, unter ihr zu leben; denn durch ein Recht, das durch nichts aufgehoben werden kann, wird jeder Mensch, wenn er volljährig und Herr seiner selbst wird, auch Herr darüber, den Vertrag zu kündigen, der ihn an die Gemeinschaft bindet, indem er das Land verläßt, wo diese Gemeinschaft besteht... Nach strengem Recht bleibt jeder Mensch auf eigene Gefahr frei, wo immer er geboren sein möge, es sei denn, er unterwerfe sich freiwillig den Gesetzen, um das Recht zu erwerben, durch sie geschützt zu sein."[12]

Das bedeutet, daß Emile den Staat zu wählen hätte, dessen Verfassung den Bestimmungen des Gesellschaftsvertrages entspricht, der also bürgerlich-demokratisch verfaßt wäre.

Bis zu dieser Zeit wird Emile von seinem Lehrer und Erzieher Jean Jacques angeleitet, sich außerhalb einer bestimmten Gesellschaft zum Menschen zu bilden; ich werde das gleich nachzuzeichnen suchen. Nötig ist diese Erziehung zum Menschen jedenfalls, da die Gesellschaft die Menschen ihrer Natur, ihrer Bestimmung entfremdet hat; ihre Beziehungen untereinander und zu sich selbst sind degeneriert, „entartet", wie das übersetzt wird[13]. Um den heranwachsenden Menschen vor dieser Entartung zu bewahren, bedarf es der Erziehung, des pädagogischen Arrangements, das darauf abzielt, daß der Mensch zuerst Mensch wird und erst dann Bürger:

> „In der natürlichen Ordnung, wo die Menschen alle gleich sind, ist das Menschsein ihr gemeinsamer Beruf. Und wer immer zum Menschsein erzogen wurde, kann nicht fehlgehen in der Erfüllung aller Aufgaben, die es verlangt. Ob mein Zögling zum Waffenhandwerk, zum Dienst an der Kirche

oder zur Juristerei bestimmt ist – das ist mir ganz gleichgültig. Vor der Bestimmung der Eltern fordert ihn die Natur für das menschliche Leben. Leben ist der Beruf, den ich ihn lehren will."[14]

Die natürliche Ordnung finden wir allerdings nicht vor, vielmehr wird jeder Mensch in die gesellschaftliche hineingeboren. Die Erziehung hat deswegen Sorge zu tragen und Vorkehrungen zu treffen, daß der Mensch „weder Beamter noch Soldat, noch Priester sein (wird), er wird in erster Linie Mensch sein"[15].

8.3 Das gesellschaftliche Umfeld

Diese These: Erziehung zum Menschen (und erst in zweiter Linie zum Bürger), diese These verstehen wir heute wohl nicht mehr in der Schärfe, wie sie Rousseaus Zeitgenossen und Nachfolger verstanden haben mußten. Wir sollten deshalb einen Blick auf die Gesellschaft werfen, in der Rousseau sie entwickelt und ausgeführt hat, die man als das „ancien régime" bezeichnet:

„In der Mitte des 18. Jahrhunderts verschärften sich in Frankreich die auf allen Gebieten des gesellschaftlichen Lebens geführten Auseinandersetzungen zwischen den herrschenden Schichten der verfallenden Feudalgesellschaft (Adel und Geistlichkeit) und dem zur Macht strebenden Bürgertum mehr und mehr, bis sie an seinem Ende in der großen bürgerlichen Revolution ihren Gipfelpunkt erreichten.
Der Druck der feudalabsolutistischen Wirtschaftsformen hemmte die Ansätze zur beginnenden Industrialisierung des Landes. Eine kleine Minderheit der insgesamt etwa 25 Millionen Bewohner Frankreichs besaßen fast die Hälfte des Bodens; die beiden privilegierten Stände – Adel und Geistlichkeit – waren nahezu abgabenfrei, sie allein genossen politische Macht und politische Rechte.
Dem ,dritten Stand' erlegte die feudale Gesellschaft vor allem Pflichten auf, verschloß sich jedoch seinen politischen Forderungen.
Er setzte sich aus den unterschiedlichsten sozialen Schichten zusammen. Zu ihm gehörten einmal die Masse der Bauern, die die Hauptlast der feudalabsolutistischen Herrschaft zu tragen hatten, ferner die ebenso armselig lebenden plebejischen Schichten der großen Städte sowie das aus dem sich entwickelnden Manufaktur- und Fabriksystem entstehende Industrieproletariat und schließlich das Bürgertum – sowohl das Kleinbürgertum als auch die Handels- und Industriebourgeoisie, die nach wirtschaftlicher Freiheit in Handel und Geldwesen drängte, aber auch der kleine Kreis der Hochfinanz, der über große Kapitalien verfügte und an Pracht und Luxus der Lebensführung mit den beiden ,ersten Ständen' wetteiferte. Ungeachtet der krassen Unterschiede in der ökonomischen und sozialen Position der Angehörigen des ,dritten Standes' verbanden sie gemeinsame Interessen: sie alle waren von den Privilegien des ersten und zweiten Standes ausgeschlossen, sie

besaßen keine politischen Rechte und strebten danach, sich von dem sie bedrückenden feudalabsolutistischen Zwang zu befreien.

Vor allem war es das Bürgertum, das sich nicht nur auf wirtschaftlichem und politischem, sondern auch auf geistigem Gebiet für die kommende Auseinandersetzung mit dem Feudalsystem rüstete. Die Denker der ‚Aufklärung‘ richteten ihre stürmischen Angriffe auf die Dogmen der Kirche sowie auf die aus der Metaphysik des 17. Jahrhunderts stammenden philosophischen Anschauungen und Vorstellungen und erschütterten damit die Grundpfeiler des feudalabsolutistischen Regimes. Aufklärung bedeutete für sie, Klarheit in die eigenen Vorstellungen und in die ihrer Mitmenschen zu bringen und der in allen Menschen wirkenden Kraft der Vernunft zum Durchbruch zu verhelfen, hieß, sich vorurteilslos um die Erkenntnis der Realität zu bemühen, die Erscheinungen in Natur und Gesellschaft auf ihre Gesetzmäßigkeiten hin zu durchforschen, sie durch die Vernunft zu erklären, die Tätigkeit des einzelnen zu seinem eigenen Wohl wie zum Nutzen der Gesellschaft zu lenken und dem Menschen und seiner Kraft zu vertrauen. Das literarische Sammelbecken der bürgerlichen Opposition gegen Adel und Geistlichkeit war die große französische ‚Enzyklopädie‘."[16]

Ahrbeck druckt einen Brief von Rousseau ab, in dem dieser die Sache auf denselben Punkt bringt:

„Kommen nicht alle Vorrechte der Gesellschaft den Mächtigen und Reichen zugute? Halten sie nicht allein alle einträglichen Ämter besetzt? Sind ihnen nicht alle Gnaden, alle Vorrechte vorbehalten? ... Wenn ein Mann von Rang seine Gläubiger bestiehlt oder andere Gaunereien begeht, ist er nicht der Straflosigkeit sicher? Die Rutenhiebe, die er verteilt, die Gewalttaten, die er verübt, selbst die Morde, deren er sich schuldig macht, sind dies nicht Fälle, die man vertuscht und von denen nach sechs Monaten keine Rede mehr ist? ... Wie anders fällt die Schilderung des Armen aus! ... Alle Türen sind ihm verschlossen, selbst wenn er ein Recht hat, sie öffnen zu lassen... Mit einem Wort, jede kostenlose Hilfe ist ihm in der Not verwehrt, gerade weil er nichts hat, wovon er sie bezahlen könnte."[17]

Rousseau steht hier nicht alleine. Die Aufklärer, die gemeinsam an dem von Diderot und D'Alembert herausgegebenen Werk der „Enzyklopädie" arbeiten, wollen „im besten Sinne des Wortes aufklärerisch wirken und die zeitgenössische Wissenschaft für breitere Bevölkerungskreise zugänglich machen"; zugleich zielen sie auf „die Änderung der herkömmlichen Denkweise ab" und erwarten, daß die Menschen veranlaßt werden, „stillschweigend die wirksamsten Konsequenzen zu ziehen"[18].

Soviel zum Kontext.

8.4 Rousseaus Verständnis von Erziehung

Der „Emile" – Roman und dessen Held – ist eine Konstruktion, die Konstruktion eben dieses Menschen, der zuerst Mensch und erst dann Bürger wird. Rousseau hat für seine Abhandlung mit Bedacht diese Form gewählt:

> „Ich weiß, daß bei ähnlichen Versuchen wie diesem der Autor voller Behagen bei seinem System, das er nicht in die Praxis umzusetzen braucht, ohne Mühe viele schöne Regeln aufstellt, die unmöglich zu befolgen sind, und daß selbst das, was wirklich durchführbar wäre, unbrauchbar bleibt, weil die Einzelheiten, die Beispiele und die Anwendung fehlen. Deshalb habe ich mich entschlossen, einen imaginären Schüler anzunehmen, mir das Alter, die Gesundheit, die Kenntnisse und alle Gaben, die der Arbeit an seiner Erziehung dienlich sind, beizulegen, und seine Erziehung vom Augenblick seiner Geburt an bis zu jener Stunde zu lenken, da er als fertiger Mann keines anderen Führers mehr bedarf als seiner selbst. Diese Methode scheint mir angetan, einen Autor, der seiner selbst unsicher ist, daran zu hindern, sich in Hirngespinsten zu verlieren. Denn sobald er sich von der gewöhnlichen Praxis entfernt, braucht er nur die Probe seiner eigenen Praxis an seinem Schüler zu machen, und bald wird er spüren – oder der Leser spürt es für ihn –, ob er dem Fortschritt der Kindheit folgt und dem Gang, der dem menschlichen Herzen natürlich ist."[19]

Folgen wir also Jean Jacques, dem konstruierten Erzieher, und Emile, seinem ebenso konstruierten Zögling, ein Stück, um zu erfahren, wie jener diesen erzieht.

Zunächst: Woran hat die Erziehung sich zu orientieren? Drei Möglichkeiten gibt es:

> „Wir werden schwach geboren und bedürfen der Kräfte; wir werden hilflos geboren und bedürfen des Beistands; wir werden dumm geboren und bedürfen des Verstandes. All das, was uns bei der Geburt noch fehlt und dessen wir als Erwachsene bedürfen, wird uns durch die Erziehung zuteil.
> Diese Erziehung kommt uns von der Natur oder den Menschen oder den Dingen. Die innere Entwicklung unserer Fähigkeiten und unserer Organe ist die Erziehung durch die Natur. Der Gebrauch, den man uns von dieser Entwicklung zu machen lehrt, ist die Erziehung durch die Menschen, und der Gewinn unserer eigenen Erfahrung mit den Gegenständen, die uns affizieren, ist die Erziehung durch die Dinge.
> Nun hängt von diesen drei Erziehungsarten die erste, die der Natur, keineswegs von uns selbst ab, die durch die Dinge nur in gewisser Hinsicht, wogegen die durch die Menschen die einzige ist, deren wir wirklich Herr sind – wenigstens unter gewissen Voraussetzungen.... Da das Zusammenwirken der drei Erziehungsweisen zu ihrem Erfolg notwendig ist, müssen wir die beiden nach der ausrichten, auf die wir keinerlei Einfluß haben."[20]

So einfach ist die Sache jedoch nicht:

> „Was aber, wenn sie im Gegensatz zueinander stehen? Wenn, anstatt einen Menschen für sich selbst zu erziehen, man ihn für die anderen erziehen will? Dann ist jeder Einklang unmöglich. Gezwungen, gegen die Natur oder die gesellschaftlichen Institutionen zu kämpfen, muß man sich für den Menschen oder den Staatsbürger entscheiden, denn beide in einer Person kann man nicht schaffen."[21]

Deswegen verwirft Rousseau die öffentliche Erziehung, die auf den Bürger abzielt, und läßt nur „die häusliche oder natürliche Erziehung gelten"[22]. Sie zu entwerfen, müßte man allerdings „den natürlichen Menschen" kennen. „Ich glaube" – schreibt Rousseau – „daß man nach Lektüre dieser Schrift in dieser Richtung einige Schritte weitergekommen sein wird."[23]

Es würde zu weit führen, wollte ich seine Forschungen nachzeichnen. Das Prinzip – soweit es die Erziehung angeht – ist durchaus nicht kompliziert. Ich bezeichne es als

– die Differenz von Kräften und Möglichkeiten oder als
– die Kultivierung der natürlichen Kräfte.

In jeder Phase seiner Entwicklung wird Emile vor die Aufgabe gestellt, seine natürlichen Kräfte zu entfalten:

– den Körper und die Sinne in der Kindheit,
– Geist, Urteilskraft und Glieder im Jugendalter,
– die Leidenschaften in der Pubertät.

„Natur": darunter versteht Rousseau also einmal die Anlagen eines Menschen und zum anderen den Weg ihrer Ausbildung sowie die Notwendigkeit, diese Ausbildung zu unterstützen. Man könnte, etwas verkürzend, wiederum so sagen: „Natur" steht für das Wesen des Menschen, für das, was den Menschen als Menschen ausmacht.
Die Ausführung dessen im einzelnen, das macht den Roman „Emile" aus, und das macht auch den Reiz aus, den seine Lektüre vermittelt. Ich muß diesen interessierten Lesern überlassen und kann nur die Idee skizzieren:

> „Wir werden empfindsam geboren, und werden von Geburt an auf verschiedenste Weise von den uns umgebenden Dingen affiziert. Sobald uns unsere Empfindungen bewußt werden, sind wir fähig, die Dinge, die sie hervorrufen, zu suchen oder zu meiden, zunächst je nachdem, ob sie uns angenehm oder unangenehm sind, dann je nach Harmonie oder Disharmonie, die wir zwischen uns und jenen Dingen finden und, endlich, je nachdem, wie wir über die von der Vernunft uns gegebene Idee des Glückes oder der Vollkommenheit urteilen. Diese Anlagen intensivieren und festigen sich in dem Maße, als wir aufgeschlossener und intelligenter werden."[24]

134

Afectation   *Natur*

Daniel Chodowiecki: Natürliche und affektierte Handlungen des Lebens

Und noch einmal, jetzt im Blick auf die Pubertät:

> „Man wird sich ja wohl nicht einbilden, daß wir innerhalb der drei oder vier
> Jahre, die wir hier auszufüllen haben, auch dem Kind mit den glücklichsten
> Anlagen eine Vorstellung aller Handfertigkeiten und aller Naturwissen-
> schaften vermitteln können, die so weit ginge, daß es sie eines Tages allein
> lernen könnte. Wenn man ihm aber alles vor Augen führt, was zu kennen
> ihm wichtig ist, so setzen wir es in die Lage, seine Neigung und seine
> Begabung zu entwickeln und den ersten Schritt zu tun zu den Gegenstän-
> den, zu denen seine geistigen Anlagen es ziehen und die uns den Weg
> zeigen, den wir ihm öffnen müssen, um die Natur zu unterstützen."[25]

Welches ist die Perspektive für die Erziehung, wenn man sich „für den
Menschen" entscheidet?

> „Nachdem wir damit begannen, seinen Körper und seine Sinne zu üben,
> haben wir seinen Geist und seine Urteilsfähigkeit geübt. Schließlich haben
> wir den Gebrauch seiner Glieder seinen Fähigkeiten angepaßt; wir haben
> ein handelndes und denkendes Wesen geschaffen, und nun bleibt uns, um
> den Menschen zu vollenden, nur noch übrig, ein liebendes und fühlendes

Wesen zu schaffen, das heißt, die Vernunft durch das Gefühl zu vervollkommnen."[26]

Diese natürlichen Kräfte oder Anlagen müssen bearbeitet werden, so wird der Mensch als Mensch „geschaffen". Rousseau verlangt, daß das
– anfangs vom Erzieher stellvertretend für den Zögling
– und dann von diesem zunehmend selbstbewußt mit Hilfe des Erziehers geschehe und nicht durch „von außen kommende Ursachen", von außerhalb des Erzieher-Zögling-Verhältnisses, ja: von außerhalb des Zöglings selbst.

Diesen Bestimmungen entspricht das Rechtsverhältnis von Erzieher und Zögling: Am Beginn steht ein Vertrag, den der Erzieher mit den Eltern schließt. Beide Partner können sich wechselseitig aussuchen. Wenn allerdings der Vertrag geschlossen ist, dann ergibt sich eine unbedingte wechselseitige Verpflichtung:

> „Emile ist Waise. Es ist unwichtig, ob er Eltern hat. Mit ihren Pflichten beauftragt, trete ich auch in alle ihre Rechte ein. Er soll seine Eltern ehren, darf aber nur mir gehorchen. Dies ist meine erste oder vielmehr meine einzige Bedingung.
> Ich muß ihr noch eine weitere hinzufügen, die nur ihre Folge ist, nämlich die, daß man uns nie ohne unsre Zustimmung voneinander trennt. Diese Klausel ist sehr wesentlich, und ich möchte sogar so weit gehen, zu verlangen, daß Schüler und Lehrer sich als so unzertrennlich betrachten, daß sie ihr beiderseitiges Los immer als gemeinschaftliches Los empfinden."[27]

Später, zu Beginn der Pubertät, wird das Verhältnis zwischen Erzieher und Zögling völlig neu bestimmt:

> „Der wahre Augenblick der Natur kommt endlich heran, er muß kommen. Da der Mensch sterben muß, muß er sich fortpflanzen, damit die Gattung erhalten und die Ordnung der Natur bewahrt bleibt. Wenn ihr durch die Anzeichen, von denen ich gesprochen habe, den kritischen Augenblick voraussseht, ändert sofort und für immer den Ton, den ihr bisher ihm gegenüber anschlugt. Noch ist er euer Schüler, aber nicht mehr euer Zögling. Er ist euer Freund, er ist ein Mann, behandelt ihn von nun an als solchen.
> Wie! Ich soll auf meine Autorität verzichten, wenn ich sie am notwendigsten brauche? Soll der Jüngling in einem Augenblick sich selbst überlassen sein, da er am wenigsten weiß, wie er sich zu verhalten hat, und die größten Seitensprünge macht? Soll ich auf meine Rechte verzichten, wenn es für ihn von größter Wichtigkeit ist, daß ich von ihnen Gebrauch mache? Eure Rechte! Wer sagt denn, daß ihr darauf verzichten sollt? jetzt erst fangen sie für ihn an. Bisher habt ihr alles nur durch Gewalt oder List erreicht, die Autorität, das Gesetz der Pflicht waren ihm unbekannt; ihr mußtet ihn zwingen oder ihn täuschen, um ihn euch gefügig zu machen. Aber seht, in wieviel neue Ketten ihr sein Herz gelegt habt. Vernunft, Freundschaft,

Dankbarkeit, tausend Gefühle sprechen eine Sprache zu ihm, die er nicht verkennen kann."[28]

„O mein Freund, mein Beschützer, mein Lehrer, nimm die Autorität wieder, die du in einem Augenblick niederlegen willst, da es für mich am wichtigsten ist, daß du sie behältst; bis jetzt besaßest du sie aus meiner Schwäche, von nun an sollst du sie aus meinem Willen haben, wodurch sie mir noch heiliger werden wird. Schütze mich vor allen Feinden, die mich belagern, und ganz besonders vor denen, die ich in mir selbst trage und die mich verraten; wache über dein Werk, daß es deiner würdig bleibt."[29]

An die Stelle des Vertrages mit den Eltern – stellvertretend für den Zögling – tritt die freiwillig eingegangene Bindung des Zöglings an den Erzieher. Da der Zögling mündig geworden ist – denn darum geht es hier –, tritt an die Stelle des Erziehers der Berater, so würden wir heute wohl sagen.

Auf diese Grundlagen bezieht Rousseau dann die Maßnahmen, die der Erzieher Jean Jacques unter verschiedenen Bedingungen zu treffen hat; es ist unmöglich, auch nur die wichtigsten, weil auch heute noch aufschlußreichen, zu referieren. Ich will es bei drei Beispielen bewenden lassen:
Das erste ist ein Beispiel für das, was man „negative Erziehung" genannt hat; in einer einprägsamen Formulierung von Rousseau:

„Euer etwas schwieriges Kind zerstört alles, was es anrührt – werdet nicht ärgerlich. Nehmt alles, was es zerstören könnte, aus seiner Reichweite. Zerbricht es alle Sachen, mit denen es umgeht – gebt ihm nicht gleich andere dafür. Laßt es den Schmerz des Verlustes fühlen. Zerbricht es die Fensterscheiben in seinem Zimmer – laßt ihm Tag und Nacht den Wind um die Nase wehn und kümmert euch nicht um seine Erkältung, denn es ist besser, es hat einen Schnupfen, als daß es den Verstand verliert. Beklagt euch nie über die Ungelegenheiten, die es euch bereitet, sondern laßt sie es zuerst am eigenen Leibe fühlen. Schließlich laßt ihr neue Fensterscheiben einsetzen, ohne ein Wort zu verlieren. Zerbricht es sie wieder, wendet eine andere Methode an. Sagt ihm in knappen Worten, aber ohne Zorn: Die Fenster gehören mir, ich habe dafür gesorgt, daß sie da sind, und will, daß sie ganz bleiben. Dann schließt ihr es in einen dunklen, fensterlosen Raum ein. Bei dieser ihm so ungewohnten Maßnahme fängt es sofort an zu schreien und zu toben – keiner kümmert sich darum. Bald wird es müde und ändert seinen Ton, es klagt und wimmert. Ein Bedienter kommt, und der Trotzkopf bittet, ihn herauszulassen. Ohne weitere Erklärung seiner Ablehnung sagt der Bediente: *Ich habe auch Fensterscheiben, die ganz bleiben sollen,* und geht. Endlich, nachdem das Kind mehrere Stunden so verbracht und Zeit genug gehabt hat, sich zu langweilen und es nie wieder zu vergessen, schlägt ihm jemand vor, einen Vergleich mit euch abzuschließen: Ihr werdet ihm seine Freiheit wiedergeben, wenn es nie mehr Fensterscheiben zerbrechen wird. Nichts wird ihm willkommener sein; es wird euch bitten lassen, zu ihm zu kommen, und ihr kommt. Es wird euch seinen Entschluß mitteilen, und ihr werdet ihn sofort annehmen, wobei ihr ihm sagt: Das ist vernünftig, wir werden alle beide Vorteile davon haben. Warum hast du nicht schon früher diese gute Idee gehabt? Dann, ohne seine feierlichen Beteuerungen, sein Versprechen halten zu wollen, abzuwarten, küßt ihr es voller Freude, führt es sofort in sein Zimmer zurück und gebt ihm so zu verstehen, daß ihr dieses Abkommen als geheiligt und wie durch Eid unverletzbar betrachtet. Welchen Begriff, glaubt ihr, wird es sich durch dieses Verfahren von der Heilighaltung der Versprechen und ihrem Nutzen machen? Ich müßte mich sehr täuschen, wenn ein einziges unverdorbenes Kind auf Erden einer solchen Behandlung widerstehen und vorsätzlich weitere Fensterscheiben zerbrechen würde."[30]

Das zweite Beispiel geht auf die Ausbildung von moralischen Kategorien und handelt von der Entwicklung einer Vorstellung vom „Eigentum" als deren Voraussetzung:

Emile versucht sich als Gärtner, pflanzt Bohnen, begießt sie täglich und kann sich an ihrem Aufwachsen freuen. Doch eines Tages sind sie ausgerissen, das Beet ist umgegraben. Es stellt sich heraus, daß der Gärtner der Schuldige war. Aber: Emile hatte seinerseits die Melonen zerstört, die der gesät hatte. Nach einer heftigen Auseinandersetzung einigt man sich auf einen Vertrag:
„Jean-Jacques. Könnten wir nicht mit dem guten Robert eine Vereinbarung treffen? Wenn er uns nun, meinem kleinen Freund und mir, eine Ecke seines Gartens zum Bearbeiten zur Verfügung stellte unter der Bedingung, daß er die Hälfte der Ernte bekommt?
Robert. Das tue ich ohne jegliche Bedingung. Aber merken Sie sich, daß ich Ihre Bohnen umgrabe, wenn Sie an meine Melonen gehen.
Bei diesem Versuch, den Kindern die grundlegenden Begriffe einzuprägen, wird deutlich, wie die Vorstellung vom Eigentum ganz natürlich zunächst auf das Recht dessen zurückzuführen ist, der durch seine Arbeit zuerst den Boden in Besitz genommen hat. Das ist klar, deutlich, einfach und dem Begriffsvermögen des Kindes angemessen. Von da bis zum Eigentumsrecht und zum Tauschhandel ist nur noch ein Schritt, nach dem man aber sofort innehalten muß."[31]
Rousseau verschweigt hier, daß das Ganze ein abgekartetes Spiel war: Die Sache war so *arrangiert,* daß alles – scheinbar – ganz natürlich herging; der Erzieher trat wiederum als solcher nicht in Erscheinung.

Und drittens: Wie soll das mit der Wahl des Staates ausgehen, von der am Anfang die Rede war?
Auf Jean-Jacques' diesbezügliche Frage antwortet – der inzwischen erwachsene – Emile:

„Wozu ich mich entschließe? das zu bleiben, was Sie aus mir gemacht haben und mir freiwillig keine anderen Fesseln anzulegen als die, durch die mich Natur und Gesetze binden. Je mehr ich das Werk der Menschen in ihren Institutionen erforsche, um so mehr erkenne ich, daß sie sich gerade dadurch, daß sie unabhängig sein wollen, zu Sklaven machen und daß sie ihre Freiheit selbst in vergeblichen Bemühungen aufbrauchen, sie zu sichern. Um dem Ansturm der Dinge nicht nachzugeben, knüpfen sie tausend Bande; wenn sie dann einen Schritt tun wollen, so können sie es nicht und wundern sich, überall gebunden zu sein. Mir scheint, daß man nichts zu tun braucht, um frei zu werden; es genügt, nicht aufhören zu wollen, es zu sein. Sie, ach, mein Meister, haben mich frei gemacht, indem Sie mich lehrten, der Notwendigkeit zu gehorchen. Sie mag kommen, wann immer sie will, ich werde ihr ohne Zwang folgen; und da ich nicht gegen sie ankämpfen will, binde ich mich an nichts, das mich zurückhalten kann."[32]

Das hatte Jean-Jacques zwar erwartet, das war aber noch nicht alles, was Emile zu lernen hatte. Und so entgegnet jener:

„Sage also nicht: was kümmert es mich, wo ich bin? Es ist wichtig für dich, da zu sein, wo du alle Pflichten erfüllen kannst; und eine dieser Pflichten ist die Anhänglichkeit an deinen Geburtsort. Deine Landsleute schützten dich als Kind, du mußt sie als Erwachsener lieben. Du mußt mit ihnen leben oder zumindest irgendwo, von wo aus du ihnen, soviel wie du nur eben kannst, von Nutzen bist, und wo sie dich erreichen können, sollten sie jemals deiner bedürfen. Es gibt Umstände, wo ein Mensch außerhalb seines Vaterlandes seinen Mitbürgern nützlicher sein kann, als lebte er mitten unter ihnen. Dann darf er nur seinem Eifer gehorchen und muß sein Exil ohne Murren ertragen; dieses Exil selbst gehört zu seinen Pflichten. Aber du, guter Emile, dem niemand diese schmerzlichen Opfer auferlegt, du, der du dir nicht die traurige Aufgabe gestellt hast, den Menschen die Wahrheit zu sagen, gehe und lebe unter ihnen, pflege ihre Freundschaft in liebevollem Verkehr, sei ihr Wohltäter, ihr Vorbild: Dein Beispiel wird ihnen mehr dienen als all unsere Bücher, und das Gute, das sie dich tun sehn werden, wird sie mehr rühren als all unsere vergeblichen Reden."[33]

8.5 Ist Sophie ein Mensch?

Nicht nur den ihm angemessenen Platz in der – nun: Gesellschaft hat Emile zu wählen:

„Es ist nicht gut, daß der Mensch allein sei, Emile ist ein fertiger Mensch; wir haben ihm eine Gefährtin versprochen, so müssen wir sie ihm geben. Diese Gefährtin ist Sophie."[34]

Wie zu erwarten, wird diese ebenfalls konstruiert. Oder hätte es nicht einfach ausgereicht, sie als einen nach der Natur erzogenen Menschen einzuführen? müßte man nicht nach der Lektüre von vier Büchern „über die Erziehung" wissen, was unter einem solchen zu verstehen ist? Keineswegs. Denn es stellt sich heraus, daß Emile nicht nur, gemäß der Natur, versteht sich, zum Menschen, sondern zugleich zum Mann erzogen worden ist. Wir hätten das, wenn wir genauer auf die Einzelheiten geachtet hätten, eigentlich schon sehen können. Nun aber, da er uns „Sophie oder die Frau"[35] vorstellt, da fällt es ins Auge:

„Sophie muß eine Frau sein, so wie Emile ein Mann ist, das heißt, sie muß alles besitzen, was der Konstitution ihrer Gattung und ihres Geschlechts entspricht, um ihren Platz in der physischen geistigen Ordnung ausfüllen zu können. Beginnen wir also damit, die Übereinstimmungen und Unterschiedlichkeiten beider Geschlechter zu untersuchen."[36]

Man hat daraus nach den Regeln der formalen Logik geschlossen, daß Sophie, daß Frauen nach der Meinung von Rousseau keine Menschen im vollen Sinne dieses Wortes sind[37]: Emile wurde zum Menschen erzogen – Sophie ist anders und wird auch anders erzogen – also ist Sophie kein Mensch.

Nun, beide Prämissen dieses Schlusses sind unvollständig rekonstruiert. Erstens wurde, wie eben erinnert, Emile zugleich zum Mann erzogen. Und aus dem, was Rousseau zweitens über Sophies Erziehung schreibt – so viel ist es nicht, da sie bereits erwachsen ist, als sie in Emiles Leben tritt – darf man entnehmen, daß er von seinem Prinzip nicht abgeht: Erziehung nach der Natur; ein Beispiel:

„Wollt ihr also den jungen Mädchen die Liebe zur Sittsamkeit einflößen, ohne ihnen unaufhörlich zu sagen: Seid brav, dann flößt ihnen ein großes Interesse daran ein, es zu sein; macht ihnen den Lohn der Sittsamkeit eindringlich klar, und ihr werdet sie dahin bringen, sie zu lieben."[38]

Das geht ganz wie bei Emile. Oder ganz allgemein formuliert: „Wollt ihr immer gut geleitet sein, so folgt immer dem Fingerzeig der Natur." Aber dann fährt er fort: „Alles, was das Geschlecht charakterisiert, muß als von ihr eingerichtet geachtet werden."[39]

Das Problem liegt also woanders:
Rousseau interpretiert die Unterschiede der Geschlechter biologisch:

„In allem, was nicht mit dem Geschlecht zusammenhängt, ist die Frau Mann. ... In allem, was mit dem Geschlecht zusammenhängt, gibt es bei Frau und Mann ebenso viele Übereinstimmungen wie Unterschiede ... Diese Beziehungen ebenso wie die Unterschiedlichkeiten müssen ihren Einfluß auf die Geistesanlagen ausüben, diese Schlußfolgerung ist einleuchtend, entspricht der Erfahrung und beweist die Sinnlosigkeit der Streitereien um den Vorrang oder die Gleichberechtigung der Geschlechter".[40]

So weit, so gut. Aber diese ‚Geistesanlagen' gehen über die Naturausstattung hinaus. Nahezu alles, was dann für die Erziehung von Knaben einerseits und Mädchen andererseits als Orientierung dient, läßt sich nämlich auf die gesellschaftliche Interpretation des Geschlechtsunterschiedes zurückführen. Ein Beispiel hierfür, eines für die gesellschaftliche Interpretation eines als biologisch bezeichneten Sachverhalts:

„Die Erforschung der abstrakten und spekulativen Wahrheiten, der Prinzipien, der Axiome der Wissenschaften, alles, was darauf hinaus will, die

Vorstellungen zu verallgemeinern, gehört nicht zu den Aufgaben der Frauen, ihre Studien müssen sich alle auf die Praxis beziehen; ihre Sache ist es, die Prinzipien, die der Mann erforscht hat, anzuwenden ... Alle Reflexionen der Frauen über das, was nicht unmittelbar mit ihren Pflichten zusammenhängt, sollen auf das Studium der Männer zielen oder auf angenehme Erkenntnisse, deren Gegenstand nur das Geschmackvolle ist; denn was die Werke des Geistes anbetrifft, so übersteigen sie ihr Fassungsvermögen."[41]

Das „Fassungsvermögen" erscheint als biologisches Unterscheidungsmerkmal der Geschlechter. Die „Pflichten", die Rousseau darauf bezieht, definiert nicht die Natur, das tut die Gesellschaft.

Was lehrt uns diese Beobachtung? Wir erfahren etwas über die Rolle der Frau in der bürgerlichen Gesellschaft zu Rousseaus Zeit – das interessiert hier nicht, wir leben im 20. Jahrhundert. Wir werden vor allem darauf aufmerksam gemacht, daß die Rede von der Erziehung zum Menschen im emphatischen Sinne dieses Begriffs, mit welcher Rede wir Rousseaus Begriff von Erziehung gerne abkürzen, mit Vorsicht zu gebrauchen ist. Wie sieht er denn aus, dieser Mensch, seiner Natur nach, vor aller Festlegung auf bestimmte Merkmale durch die Gesellschaft? Immerhin hat Emile von Geburt einige Merkmale, die ihm nicht die Natur in die Wiege gelegt hat: zum Beispiel vermögende Eltern, dic sich einen Jean-Jacques leisten können; auch den Gärtner Robert könnte dieser nicht als Staffage für seine Erziehungsbemühungen nutzen, wenn Emile – etwa der Sohn eines Gärtners gewesen wäre. Kurz: Man kann ihn, Emile nicht und ebensowenig den Menschen, zu dem er werden soll, gar nicht beschreiben, ohne diejenigen Kategorien zu benutzen, die die Gesellschaft zur Verfügung stellt. Und das sind ganz wesentlich die des Standes und des Geschlechts. Nicht Rousseaus Fehler, unserer wäre es, wenn wir ihn so läsen, als gäbe es den Menschen vor der Gesellschaft.

Sophie, Emiles Weib, hilft uns, die Erziehungsutopie, zu der wir ihn gerne stilisieren, in die bürgerliche Gesellschaft des ausgehenden 18. Jahrhunderts zurückzuholen. Ist Sophie nun ein Mensch? selbstredend ist sie es, und sie ist eine Frau nach dem Bilde des Bürgers Jean-Jaques.

Rousseaus Schriften haben eine für uns unvorstellbare Wirkung gehabt. Bis auf den heutigen Tag hat der „Emile" Erzieher und Erziehungsdenker angeregt und herausgefordert. Aber es waren nicht nur die Pädagogen, denen er die Augen geöffnet hat: Ahrbeck erinnert an die deutschen Dichter des „Sturm und Drang", an den Philosophen Immanuel Kant und die französischen Revolutionäre, insbesondere Maximilien de Robespierre (der als Student Rousseau noch besucht hat)[42]. Von den Philanthropen, denen er „das pädagogische Programm" lieferte[43], ist im nächsten Kapitel die Rede.

9 Die Philanthropen – Johann Bernhard Basedow (1724–1790)

Wenn jemand in Deutschland so um etwa 1770 herum seine Tochter Emilie nannte, so läßt uns Pädagogen das heute und ließ es erst recht damals aufhorchen: Man hat es nicht in der Hand, ob es ein Sohn oder eine Tochter wird; und so muß man den Namen des idealen Zöglings, den Jean Jacques Rousseau uns vererbt hat, eben variieren und, falls es ein Mädchen wird, dieses auf den Namen „Emilie" taufen. Er taufte sie übrigens nicht auf den Namen ‚Sophie', was andeuten mag, daß die soeben zu Emile und dessen Auserwählter vorgetragene Erörterung nicht müßig ist. Der Vater, von dem hier berichtet wird, war Johann Bernhard Basedow. Er steht hier für eine große Gruppe von Pädagogen als deren ältester, wiewohl nicht unbedingt Wortführer: die, wie sie sich nannten, „Menschenfreunde" oder „Philanthropen". Jeder einzelne von ihnen ist auf seine Weise interessant und wäre es wert, daß ich über ihn berichtete. Ich wähle Basedow aus und werde ein paar andere erwähnen, vor allem ihre berühmte, gemeinsame Publikation, das sogenannte „Revisions-werk".

9.1 Aus der Biographie

Zeitgenossen und die Nachwelt haben Johann Bernhard Basedow wohl zu Recht mit durchaus gegensätzlichen Urteilen bedacht:

– Er sei einer, der Bewegung in die pädagogische Welt gebracht habe, so die einen[1];
– er sei ein Phantast und Großsprecher gewesen, so die anderen[2].

Aber solche Urteile interessieren uns allenfalls insoweit, als sie ein erhellendes Licht auf das in Rede stehende Werk werfen. Bleiben wir also bei den harten Tatsachen:

1724	in Hamburg als Sohn eines Perückenmachers in kleinbürgerlichen, ärmlichen Verhältnissen geboren und aufgewachsen
1741–44	Schüler des Johanneums; zwischendurch mal ausgerückt und Gehilfe eines Flensburger Arztes
1746–48	Theologiestudium in Leipzig, danach Privatstudien
1749	Hauslehrer bei einem Ministerial-Adeligen in Holstein (damals Dänemark)

Johann Bernhard Basedow (1724–1790)

1752   Dissertation „Inusitata et optima honestioris iuventutis eru-
        diendae methodus", Kiel
1753   Professor (d. h. Gymnasiallehrer) an der Ritterakademie auf
        Seeland, Dänemark: Moral, Beredsamkeit, Theologie
1761   wegen polemischer theologischer Publikationen an das Akade-
        mische Gymnasium in Altona strafversetzt; literarische Tätig-
        keit;
        schließlich bei vollem Gehalt vom Unterricht freigestellt; Kon-
        flikte mit der Kirche; Publikationen zu ausdrücklich pädago-
        gischen Themen
1768   „Vorstellung an Menschenfreunde und vermögende Männer
        über Schulen, Studien und ihren Einfluß in die öffentliche
        Wohlfahrt"
1770   „Das Methodenbuch für Väter und Mütter der Familien und
        Völker" und das „Elementarwerk. Ein Vorrat der besten Er-
        kenntnisse zum Lernen, Wiederholen und Nachdenken"
1771   Auftrag zur Planung und Durchführung einer dementsprechen-
        den Erziehungsanstalt durch den Fürsten von Anhalt-Dessau
1774   Eröffnung des „Philanthropins" in Dessau
1776   öffentliches Examen (ca. 100 bedeutende Zuschauer; 19 Schü-
        ler); gewinnt gute Lehrer; Zank mit und unter ihnen; zieht sich
        zurück; greift wieder ein; zieht sich ganz zurück; Schriftstel-
        lertätigkeit und Reisen
1790   in Magdeburg gestorben

143

1793   Schließung des Philanthropins (Geldmangel); andere Anstalten
hielten sich länger (Schnepfenthal, Salzmann: bis in unser Jahrhundert hinein)

Worin bestand die Bedeutung Basedows, die von Zeitgenossen und Nachfahren uneingeschränkt anerkannt wurde, wie immer man ihn als Persönlichkeit einschätzen mochte? Sieht man sich die Programmschrift, die
„Vorstellung an Menschenfreunde" an, so wird man nach einem ersten
Blick nicht sagen können, daß sie etwa sonderlich tiefschürfend oder
aufregend wäre. Nimmt man die Person, so wird ihm bescheinigt, daß er
ein vorzüglicher Hauslehrer gewesen sei; man weiß zugleich, daß er als
Leiter seines Philanthropins gescheitert ist. Aber man darf nicht nur die
Oberfläche sehen, man muß etwas genauer hinblicken. Und wenn man
das tut, dann erschließt sich ein Werk, das man – originell oder nicht –
füglich als revolutionär bezeichnen darf.

9.2 Basedows Schulkonzept

Ich beginne mit der „Vorstellung an Menschenfreunde" und lenke die
Aufmerksamkeit auf ein paar Dinge, die beim einfachen Lesen vielleicht
nicht besonders ins Auge fallen, die aber außerordentlich aufschlußreich
sind:
Der Titel schon bringt zum Ausdruck, daß der Zusammenhang von Schulen einerseits und der „öffentlichen Wohlfahrt", der Gesellschaft also,
andererseits nicht nur gesehen wurde. Es bedurfte offensichtlich keiner
zusätzlichen Veranstaltungen, daß die Angesprochenen sich auch angesprochen fühlten, will sagen: Schule, das Bildungssystem hat sich offensichtlich im Bewußtsein der Angesprochenen bereits etabliert:

> „Ihr vernünftigen Patrioten des menschlichen Geschlechts und der Staaten,
> ihr seid mit mir einig, ... daß die *Glückseligkeit des Staats* von der gemei-
> nen *Glückseligkeit der Bewohner* nicht unterscheiden sei; daß diese Glück-
> seligkeit mit der öffentlichen *Tugend* in Proportion stehe; daß die öffentli-
> che Tugend von der gewöhnlichen *Erziehung* aller und von dem *Unterrichte*
> derer abhange, welche in den vornehmern Ständen die Sitten und das
> Schicksal der übrigen bestimmen werden; daß eine zur öffentlichen Tugend
> führende Erziehung und Unterweisung außer den beständigen Regeln auch
> solche beobachten müsse, welche nach dem Unterschiede der Zeiten, der
> Gegenden und der Regierungsformen einer oftmaligen Abänderung bedür-
> fen. Ihr seid mit mir einig, daß das Wesen der Schulen und Studien *das
> brauchbarste und sicherste Werkzeug sei, den ganzen Staat* nach seiner
> besonderen Beschaffenheit glücklich zu machen oder glücklich zu erhal-
> ten".[3]

Das Ganze ist so selbstverständlich, daß in einem Atemzug mit dieser Feststellung die Forderung nach einem „Staatskollegi(um) zur Aufsicht über das Studienwesen"[4] (das einen „mit hundert wichtigen Geschäften belästigten Minister" zu entlasten hätte[5]) erhoben werden und damit ein Vorschlag gemacht werden konnte, wie dieses Schulsystem im Staate zu verwalten wäre. – Übrigens: Auch private Schulen sollten zugelassen werden unter der Voraussetzung, daß „dem Staate ... die Aufsicht obliege"[6]. Nehmen wir noch dazu, daß Basedow den Staat unabhängig von der Religion der Menschen und damit der Kirche zur Erhaltung der Schulen verpflichtet und das so begründet:

> „Da solche öffentlichen Schulen auf allgemeine Kosten der Reiche und Provinzen unterhalten werden, wozu in einem Lande, welches verschiedene Religionsverwandte hat, ein jeder Einwohner etwas beiträgt, so ist es auch billig, daß diese Wohltat für einen jeden Bürger allgemein sei und *daß der Religion oder Kirche halber keine Kinder von dem Genusse derselben ausgeschlossen werden*. Dieses ist auch daraus erweislich, weil der Staat von allen seinen Kindern gleiche Treue oder gleichen Patriotismus fordert oder zu fordern das Recht hat und also in allen Staatshandlungen unparteiisch sein muß. Nun ist es zwar weder möglich noch nützlich, daß es in den Staatsschulen an dem *Unterrichte in der Religion der zahlreichsten Kirche fehle*, welche die *Landesreligion* genennet wird. Aber nach der strengsten Billigkeit muß es erlaubt sein, daß die Eltern der dissidentischen Religionen und Kirchen nach ihren Gewissen ihre Kinder dieses Unterrichts nicht genießen lassen und daß sie dennoch nicht gänzlich des Vorteils beraubt werden, die Ihrigen zu Erlernung der bloßen weltlichen Wissenschaften hineinzuschicken."[7]

Damit haben wir hier bereits die wesentlichen Züge eines „relativ autonomen" Bildungswesens unter staatlicher Aufsicht zusammen, wie es wenig später im „Preußischen Landrecht" (1796) verbindlich festgeschrieben wurde und dann im 19. Jahrhundert ausgebaut wurde. – Von dem radikalen Kirchenkritiker Basedow dürfen wir erwarten, daß er hier auf einer rigiden Trennung von Staat und Kirche besteht. Der Philanthrop Basedow stand ganz offensichtlich auf der Höhe eines aufgeklärten Zeitalters.

Im zweiten Teil der Schrift skizziert Basedow, wie er sich die Organisation des Schulwesens denkt:

> „Es gibt zwei Hauptarten der Schulen; die erste enthält diejenigen, die nicht eigentlich studieren sollen oder von denen es noch nicht ausgemacht ist; die andere sollte nach den Zwecken derer eingerichtet sein, welche entweder ihr ganzes Leben oder ihre Jugend bis in das bürgerliche Alter den Wissenschaften gewidmet haben. – Die erste Hauptart hat meines Erachtens zwei Unterarten. Die ersten sind den Kindern des größten und achtbarsten Haufen bestimmt und verdienen daher *große Schulen* genannt zu werden, damit

145

man durch den Namen der *gemeinen Schulen* keine Verachtung errege. – Die zweite Hauptart der Schulen für die Nichtstudierenden ist den Kindern der vornehmern Bürger gewidmet (wozu ich mit einer Freiheit, welche Verzeihung bedarf, auch die Kinder des Adels rechne, weil ich das Wort *Bürger* in dem allgemeinen Verstande nehme, in welchem es ein Staatsglied anzeigt). Diese Schulen mögen *kleine Schulen* heißen, weil sie nicht so zahlreich wie die großen sein können. – Von den Schulen der Studierenden will ich in einem eigenen Abschnitte handeln. Wenn das Schulwesen zu seiner Vollkommenheit gebracht ist, so muß sich folgendes *Verhältnis zwischen den großen und kleinen Schulen finden:* 1) in den großen muß von dem Alphabete der menschlichen Erkenntnis angefangen und in natürlicher Ordnung durch die Grade derselben so fortgeschritten werden, daß am Ende dieser Laufbahn der Unterricht in allen denen Erkenntnissen gegeben ist, deren in einer gesitteten und glücklichen Nation auch die zahlreichsten Stände der Bauern und Handwerker nicht entbehren sollten. 2) Die großen und die kleinen Schulen können ohne wichtige Unbequemlichkeit nicht eben dieselben sein. Denn die Sitten und Umstände derer Familien, welchen sie gewidmet sind, haben eine gar zu große Verschiedenheit. Ferner die Kinder der vornehmen Stände müssen und können früher anfangen unterrichtet zu werden, und weil sie viel weiter gehen sollen als die andern, so müssen sie in wenigen Jahren mehr lernen. Die kleinen Schulen können ohne Unrecht den Eltern kostbarer gemacht werden, da von den größeren Schulen der Staat fast alle Last tragen muß."[8]

Besonders interessant sind hier die „kleinen Schulen", die Bürgerschulen, wie sie in seinem Sinne genannt werden können. Denn: Die „großen Schulen", das sind ganz offensichtlich die traditionellen Elementarschulen, die dann später „Volksschulen" hießen; und die Schulen der „Studierenden", das sind die Gymnasien einerseits und die Akademien oder Universitäten andererseits (ich werde auf diese nicht weiter eingehen)[9]. Aber die „kleinen Schulen": Zunächst einmal soll, wir kennen diesen Gedanken bereits, „die erste Anlage des Unterrichts hier nicht anders sein als in den großen Schulen"[10]. Aber es gibt wesentliche Unterschiede, die deutlich werden, wenn man sich die Unterrichtsfächer im einzelnen ansieht:

„*Nun etwas, aber nicht alles von den kleinen Schulen für die Kinder der gesitteten Einwohner,* welche nicht zum Stande der eigentlichen Gelehrten oder doch noch nicht mit Genehmhaltung des Staates dazu bestimmt sind. Die Ursachen, warum dieses besondre Schulen sein müssen, sind oben gesagt. Weil Menschen in jedem Stande Menschen und Kinder Kinder sind, so kann die erste Anlage des Unterrichts hier nicht anders sein als in den großen Schulen. *Der nötige Unterschied* des ganzen Unterrichts aber scheint mir in folgenden Stücken zu bestehn.
1. Diese Kinder müssen geübt werden, Sachen von mehrerlei Inhalte im Lesen zu verstehn und nach dem Verstande zu lesen; ihre eignen Gedanken von mancherlei Inhalte mündlich und schriftlich zweckmäßig und ohne

solche *Sprachfehler* auszudrücken, welche durch das Exempel der richtig redenden und schreibenden Lehrer ohne Grammatik (etwa die Paradigmata ausgenommen) können verhütet werden.

2. Die Übung in der *Kalligraphie* geht weiter als in den großen Schulen. Von der Methode ließe sich viel Nützliches sagen, welches aber dem noch Nützlichern weichen muß. Die *Rechenkunst* wird hier nach schon erworbner Fertigkeit in den vier Spezien und den Brüchen demonstrativ, doch ohne unnötige Weitläufigkeit wiederholt und auf diese Art weiter fortgesetzt als in den Schulen des gemeinen Haufens. Die Gründe der *Geometrie*, sofern sie zur gemeinsten *Mechanik* gehören, und dieser Teil der Mechanik selbst wird der Rechenkunst beigefügt. Aus den *übrigen mathematischen Wissenschaften* wird ohne Demonstration nur so viele Belehrung von den nötigsten Wahrheiten gegeben, als unentbehrlich ist, den folgenden Unterricht brauchbarer zu machen. Dieser folgende Unterricht ist ein solches Gemische von *Naturhistorie* und physikalischer *Experimentalerkenntnis*, als ohne großen Verlust an Kosten und an Zeit etwa in einem paar hundert Lehrstunden gegeben werden kann. Man sieht wohl, daß die nötige Anweisung zur *Geographie* und zur historischen Erkenntnis *von den merkwürdigsten Künsten*, nebst den größten Teilen der *Anatomie*, auch eine verkürzte Tissotische *Diätetik* mit diesem Unterrichte verbunden sein müsse, welchen ich den *bürgerlichen Unterricht von der Körperwelt nennen will* und welcher zusammengenommen vielleicht doppelt so viel Lehrstunden erfordert, als ich angegeben habe. Ich denke keine unmöglichen Schimären. Denn ich setze Lehrbücher und Seminarien voraus, die an den meisten Orten noch nicht sind. Ich setze auch *das Ende dieses Unterrichts in den kleinen Schulen nicht vor dem vierzehnten oder fünfzehnten Jahre.* Denn früher gehen die Kinder gesitteter Bürger, wenn sie nicht eigentlich studieren sollen, nicht zu ihrer besonderen Bestimmung; und eher kann auch der Staat nicht entscheiden, ob sie zu Gymnasien als zur nähern Hoffnung des eigentlichen Studierens sollen zugelassen werden. Dieses ist ein Umstand, welchen ich meinen wenigen Lesern auch bei mehrern Punkten zu bedenken ehrerbietigst empfehle."[11]

An vielen Stellen läßt Rousseau grüßen. Treffender als eine solche Reminiszenz wäre es vielleicht, wenn man sagte, die Fächer umschrieben dem Inhalt nach dasjenige, was einen „gesitteten Bürger" ausmacht: umfangreicherer Unterricht als in den „großen", also den Elementarschulen, und ein Unterricht, der auf Verständnis abzielt.

Ganz offensichtlich hat Rousseau bei der „neue(n) Idee von einem Edukator"[12] Pate gestanden:

„*Übung ist etwas ganz anders als Unterricht.* Jene setzt einen weislich gegebenen Anlaß, Versuchung zum Gegenteile, Freiwilligkeit der Ausübung, Ordnung in den Graden und zureichende Ratgebung und Hilfe voraus. Diese Übung ist die eigentliche *moralische Erziehung*. ... Also verlange ich für eine ansehnliche Schule der gesitteten Bürger außer den eigentlichen Lehrern einen besondern Mann, welcher nur durch Übungen der Tugend lehrt; welcher dieselben erfindet und außer den Lehrstunden ausübt; welcher zugleich dafür sorgt, daß alle nötige Leibesübungen und Spiele der Jugend unschädlich, angenehm und zugleich lehrreich sein; welcher die bürgerliche Wohlredenheit durch Anmerkungen über die Unterredungen und Erzählungen vorbereitet; welcher der Jugend bei Gelegenheit ihrer Gemeinschaft und Mißhelligkeiten die Empfindungen des Wahrscheinlichen und Wahren, des Guten und Bessern oder der natürlichen Logik schärft; und welcher zugleich diejenigen Pensionärs im Hause hat, die auf Verlangen der Eltern auch Unterhalt und Wohnung genießen sollen. Diesen Schulmann nenne ich einen Edukator."[13]

Vergleicht man dies mit dem Erzieher Jean Jacques – zugegeben: einer idealen Konstruktion –, so nimmt sich der „Edukator" doch etwas bescheiden aus; in der Praxis des Philanthropins erscheint er später auch nicht als solcher. Wohl aber haben dessen Lehrer offensichtlich neben ihrer Aufgabe als Lehrer auch diejenigen zu erfüllen gehabt, die Basedow hier dem „Edukator" zuschreibt, und das ist das Interessante. Man findet hier das Bewußtsein davon, daß *Unterrichten und Erziehen* zwei zu unterscheidende *pädagogische Tätigkeiten* sind. (Übrigens: Bis auf den heutigen Tag herrscht unter den Pädagogen alles andere als Klarheit in der Frage, ob dem so sei oder nicht und, wenn ja, wie.)
Und von wegen „Lehrbücher": Im dritten Teil des Buches beschreibt Basedow ein „Elementarbuch der menschlichen Erkenntnis", das er mit Hilfe von anderen Menschenfreunden erarbeiten möchte:

„Ihr edlen Freunde der Menschen, ihr Lieblinge ihres Vaters, ihr wünscht an vielen Orten mehr öffentliche Glückseligkeit. O daß mehr Einsicht, mehr Tugend, mehr Patriotismus ausgebreitet wären! O daß die Gelehrten größtenteils innerliche Würde und äußerliches Ansehen haben könnten! O daß also die Universitäten wahrhaftig verbessert wären! Das ist noch unmöglich! Weiter zurück mit unsern Wünschen! ... Wir müssen erst eine geordnete Schulbibliothek zum vernünftigen Unterrichte haben, alsdann können wir selbst ohne unsere Nachkommen nach und nach die Stufen ersteigen, die uns nun viel zu hoch sind. Ein Elementarbuch, ein Abc-Buch der realen und nominalen menschlichen Erkenntnis, ein Werk, dessen Vorstellung bisher sogar fehlte, ist das erste, was einige Menschenfreunde zusammen oder ein einziger mit Rat und mancherlei Hilfe zur Erfüllung so herrlicher Zwecke mit wahrscheinlicher Hoffnung eines guten Erfolges machen können. Dieses den ersten Schulen der gesitteten Bürger gewidmete Elementarbuch, wozu ich vieles vorgearbeitet habe und wozu ich unter der Bedingung der Möglichkeit, und im Falle mir Zeit und nötige Aktion frei stehet, nicht nur meine eigene Bemühungen, sondern auch die Fürsorge für Mitarbeiter dem Publiko anbiete: dieses Elementarbuch will ich nun zum Beschlusse ferner beschreiben."[14]

Am Schluß rührt Basedow recht unmißverständlich die Werbetrommel[15] – und das mit überwältigendem Erfolg. Nach der ersten Auflage des

Elementarwerks, die 1770 erschien, publizierte er 1774 eine Neubearbeitung desselben unter dem Titel „Elementarwerk, 1.–4. Band, ein geordneter Vorrat aller nötigen Erkenntnis zum Unterrichte der Jugend von Anfang bis ins akademische Alter, zur Belehrung der Eltern, Schullehrer und Hofmeister, zum Nutzen eines jeden Lesers, die Erkenntnis zu vervollkommnen"[16]. In den „Dedicationen" kann Basedow mitteilen, daß – Spenden und Subskriptionen zusammengerechnet – 15 000 Taler zusammengekommen waren. Sein Aufruf muß also auf außerordentlich fruchtbaren Boden gefallen sein.

9.3 Das „Elementarwerk"

Sehen wir uns nun dieses „Elementarwerk" etwas genauer an. Denn neben der Skizze einer Bürgerschule, die dann im „Philanthropin" Gestalt angenommen hat, ist dieses Werk eine weitere, die zweite bedeutende Leistung Basedows.
Was den Inhalt angeht, so verspricht der Titel ein wenig mehr als das

Kupfertafel aus dem Elementarwerk Basedows

Werk dann hält: Es ist ein gehöriger Vorrat an nützlichem Wissen, der da zusammengetragen ist; eine besondere Ordnung desselben ist hingegen nicht auszumachen. Anders ist das bei der Sammlung von Kupfertafeln, die dem Werk beigegeben sind. Man sieht sogleich, geht man die Tafeln durch, daß man hier ein die ganze Welt umfassendes Lehr- und Bilderbuch vor sich hat; „hier wird zur allgemeinen Belehrung und Grundorientierung des Menschen, insbesondere der Jugend, Leben und Welt vor Augen gestellt"[17]. Und diese Bilder sind ersichtlich nach einem *pädagogischen* Gesichtspunkt angeordnet. Das beginnt sozusagen aus der Perspektive des kleinen Kindes in einer – bürgerlichen – Wohn-Eß-Stube, der Welt des kleinen Kindes, und weitet sich dann allmählich auf die ganze Welt aus bis hin zum Tode des Menschen, dargestellt in Bildern – wir haben es mit einem Aufklärer zu tun – der griechischen Mythologie.

Es kommt noch etwas Wichtiges dazu: Zu dem Elementarwerk gehört ein 1. Buch „Nur für die erwachsenen Kinderfreunde" – also an die Adresse derjenigen gerichtet, für die Erziehung das Hauptgeschäft ist, die Erzieher, die hier als solche gesehen und angesprochen werden (wohlgemerkt: früher war „Erzieher" so etwas wie ein Durchgangsberuf auf dem Wege zum Pfarramt; mancher blieb dabei hängen; einen eigenständigen Beruf von Erziehern bzw. Lehrern gab es jedoch nicht, wenn auch schon früher, z. B. bei Francke, so etwas konzipiert worden war.)

Am Beispiel der ersten Tafel läßt sich illustrieren, wie nach der Absicht Basedows mit den Kupfertafeln umzugehen wäre:

„Hungert dich nun? – Nein.
Warum nicht? – Ich habe gegessen und bin satt.
Was hast du gegessen? – Suppe mit Brot, schmackhafte Möhren, etwas Kuchen und einen Apfel.
Hat dich nicht gedürstet? – Ja, aber ich habe vor kurzem Wasser und Milch getrunken. Nun dürstet mich nicht mehr.
Soll ich dir jetzt zu essen und zu trinken geben? Nein, nicht zu essen, nicht zu trinken. Keines von beiden.
Willst du lieber hier bleiben oder mit in den Garten gehen? – Nein, nicht hier bleiben, sondern mitgehen.
Ist dir Papa lieber oder Mama? – Papa ist mir lieb, Mama auch. Keiner von beiden ist mir lieber oder weniger lieb als der andere.
Willst du lieber in den großen oder den kleinen Garten? – Lieber in den großen.
Liebst du nur deine Schwester oder auch deinen Bruder? – Nicht nur die Schwester, sondern auch den Bruder.
Warum liebst du sie beide? – Weil wir uns einander manches Vergnügen machen.
Liebst du auch den Säugling Arnd? – Nicht so wie die größeren Kinder. Aber ich mag doch gern, daß er lächele und vergnügt sei.
Wünschest du, daß Papa, Mama und Herr Wolke von dir wegreisen und

nicht wiederkommen? – – O nein, ich wünsche, daß wir die meiste Zeit zusammenbleiben.

Warum das? – Weil sie mir viel Gutes tun, weil sie mir viel Angenehmes zeigen und viel mit mir reden, wodurch ich verständiger werde.

Magst du wohl die Kupfertafeln besehen? – Sehr gerne. Aber man erlaubt es mir nicht oft und nicht lange. Man verwahrt sie immer, daß ich sie nicht besehen kann, wenn ich will. Warum tut man das?

Darum, da du das Schöne nicht verderbest, und der Bilder nicht überdrüssig werdest. Alsdann würden sie dich ebensowenig vergnügen wie die Speise, wenn du satt bist. Hast du mich verstanden? – Nicht in allen. Du sagtest auf einmal zu viel.

Hier ist eins der Bilder, die erste Tafel. Eine Viertelstunde wollen wir sie besehen. Da hängt die Uhr vor uns! – Ei das freut mich, Mama.

Zähle die Menschen! – Eins, zwei, drei, vier, fünf, sechs, oder 1, 2, 3, 4, 5, 6.

Wieviel Kinder siehst du? – Ich will zählen, 1, 2, 3, 4.

Was tut die Mutter? – Sie säugt das Kind.

Was siehst du aus ihren Mienen? – Daß sie ihren Säugling sehr liebt. Denn sie sieht zärtlich auf ihn.

Was tut die Magd? – Sie gibt diesem Knaben zu essen.

Was tut der Knabe zur Rechten? – Er ißt Kuchen.

Was wünscht das kleine Mädchen hinter der Magd? – Die Brezel, nach welcher sie greift.

Ich sehe drei Fische, du auch? – Ich sehe erst einen an dem Haken, nun noch einen auf dem Tische, nun noch einen auf dem Fußboden.

Siehst du auch Baumfrüchte? – Noch nicht, nun aber in dem Korbe. Ich würde um einige bitten. Aber das sind nur Abbildungen."[18]

Ganz ähnlich dann die anderen Tafeln. Sie stellen, gleichsam in konzentrischen Kreisen von der Wohnstube in den bürgerlichen Alltag hinausgehend, die Welt vor, orientiert also am „Lebensraum des Kindes" in der bürgerlichen Gesellschaft.

Das im Lebenslauf erwähnte „Methodenbuch für Väter und Mütter der Familien und Völker" „sollte... ausführlich die pädagogischen Grundsätze darstellen, die auch beim Gebrauch des Elementarbuches befolgt werden müßten und die überall in der Erziehung zu beachten wären"[19]. Es handelt sich also um ein Lehrbuch der Pädagogik. Offensichtlich stieß es auf allgemeines Interesse, denn bereits ein Jahr nach der Publikation erschien eine zweite Auflage und wiederum zwei Jahre später (1773) eine dritte. Ich gehe auf diese Erziehungslehre nicht im einzelnen ein, nur soviel:

> „Der Hauptzweck der Erziehung soll sein, die Kinder zu einem gemeinnützigen, patriotischen und glückseligen Leben vorzubereiten. Ein ansehnlicher Stand hingegen, ein reichliches Auskommen, Gelehrsamkeit, Kunstfertigkeit und ein angenehmes äußerliches Wesen sind Vorteile, welche man seinen Kindern nur auf solche Art verschaffen darf, daß dem Hauptzwecke nicht geschadet werde."[20]

Ich erinnere an die zentrale Maxime von Rousseau: Erziehung zum Menschen, dann erst zum Bürger. So wird in aller Schärfe deutlich, daß dieser Philanthrop sich bei aller Inanspruchnahme Rousseaus in einem wesentlichen Punkte von diesem unterscheidet. Man müßte sagen, daß bei ihm die Erziehung des Bürgers Programm ist. Anders als Rousseau meint Basedow offensichtlich, daß es möglich ist, beides in einem zu erreichen: die Erziehung zum Menschen und die zum Bürger.

Gleichsam von hinten her könnte das ein etwas anderes Licht auf jenen werfen, als das, in dem er erscheint, wenn man seinen „Emile" wörtlich nimmt: Könnte es sein, daß er beim „Menschen" zwar nicht an den Inhaber eines bestimmten Berufes, wohl aber selbstverständlich an ein Mitglied der *bürgerlichen* Gesellschaft denkt? Jedenfalls hat er seine Kunstfigur selbstverständlich, nämlich ohne jede weitere Erläuterung, als ein solches ausgestattet. – Vorsicht jedenfalls, dieselben Wörter könnten Unterschiedliches bedeuten, damals und heute.

Das wird auch deutlich, wenn wir uns die zweite bedeutende Erfindung Basedows ansehen, das „Philanthropin".

9.4 Das „Philanthropin"

Die Idee dieser Schule kennen wir schon: Die Schule für den „kleinen Haufen", die Bürgerschule. Das „Philanthropin" dürfen wir uns, denke ich, als einen Versuch vorstellen, dieses Programm zu realisieren.

Die Anfänge waren nicht zwar kümmerlich – sie wurden mit großem publizistischem Geschick veröffentlicht und vermarktet. Aber bis Basedow einige Schüler fand (den Beginn machte er mit seinen beiden Kindern und einem dritten; insgesamt sind es wohl nie mehr als 50 gewesen) und vor allem gute Lehrer, bis dahin hatte es noch ein wenig gedauert. Gleichwohl: Er hat mit diesem Institut ein für uns unvorstellbares öffentliches Interesse erregt. Das besagte öffentliche Examen im Jahre 1776 hat an die 100 bedeutende Leute angezogen.

Um das Philanthropin zu kennzeichnen, zitiere ich aus einer „Hausordnung und Studienplan des Philanthropinums in Dessau" ein kleines Stück, das zeigen mag, was dort gelehrt wurde:

> *Für die erste Klasse der größeren Pensionisten:*
>
> Von 8–9 Uhr Bildung des Geschmacks und des deutschen Stils von Professor *Trapp*, über gewählte Teile aus *Ramlers* Balleur, aus *Schützens* Lehrbuch zur Bildung des Geschmacks und des Verstandes, aus *Sulzers* Vorübungen. Dieses nur in den drei ersten Tagen der Woche. In den drei folgenden wird die natürliche Religion und Moral, über *Basedow's* natürliche Weisheit im Privatstande, vom Professor *Trapp* gelehrt.

Von 9–10 Uhr Tanzen bei *Tänzer*, Reiten bei Bereiter *Schrödter* unter der Aufsicht von *Feder* und *Hauber* abwechselnd die ganze Woche durch außer Mittwoch und Sonnabend. Jenes geschieht im *auditorio* IV, dieses auf der hochfürstlichen Reitbahn.

10–12 Uhr. In der lateinischen Sprache lehrt *Basedow* in seinem Hause entweder die alte Historie (mit dem Zubehör) oder die praktische Philosophie nach *Ciceronis libris de officiis*.

12–1 Uhr. Tischzeit.

1–2 Uhr. Mäßige Leibesübung, als Dreschen, Hobeln und Tischlern in denen von unserm Landesvater eingeräumten Zimmern des fürstlich *Dietrich'schen* Palastes.

Von 2–3 Uhr Montag und Dienstag: Geographie von *Hauber* über Pfennigs Geographie. Mittwoch: Kenntnis des menschlichen Körpers und etwas Chemie bei dem hochfürstlichen Hofrat und Leib-Medicus *Kretzschmar* in seinem Hause, wo die Präparate und die Instrumente vorhanden. In den drei letzten Tagen Übung im mathematischen Zeichnen bei Professor *Wolke*.

3–5 Uhr. Übung in der französischen Sprache und in der Universalhistorie von Professor *Trapp*, über *Schröckhs* Universalhistorie und über *Histoire universelle par Méllot* in fünf Tagen. Am Sonnabend hält *Hauber* in dieser Stunde ein Zeitungs-Kollegium, um die Staatsverfassungen und merkwürdigen Begebenheiten den Erwachsenen nach und nach bekannt zu machen.

5–6 Uhr. Mathematik von *Buße*, über *Eberts* nähere Anweisung zu den philosophischen und mathematischen Wissenschaften in den ersten drei Wochentagen; in den letzten drei Wochentagen die Physik nach *Erxlebens* Naturlehre.

6–7 Uhr. Einige Kenntnis des Himmels und der Erde bei *Wolke* nach *Schmids* Buche von den Weltkörpern, zweimal in der Woche; viermal Griechisch bei *Damer* über Rektor Strohts *chrestomathia graeca*, über *Timo* und *Xenophontis memorabilia Socratis*."[21]

In einer „Werbe- und Programmschrift" aus dem Jahre 1774, in der „in der Form eines konkreten Planes (der) Stil und die Ordnung des Heims"[22] geschildert wird, erkennt man egalitäre Aspekte des Zusammenlebens von Erziehern und Zöglingen und die Differenzierung nach Leistung, wie wir heute sagen würden. Um eine von mir schon strapazierte Formel zu benutzen: eine Schule, die ziemlich genau auf die Bildungsbedürfnisse jenes kleinen Haufens, des – höheren – Bürgertums zugeschnitten ist.

Der „Professor Trapp", Ernst Christian Trapp (1745–1818) war übrigens auch einer von den „Philanthropen". In die Geschichte der Pädagogik ist er eingegangen, weil er für kurze Zeit einen Lehrstuhl für Pädagogik an der Universität Halle innehatte, den ersten Lehrstuhl für dieses Fach in Deutschland. Außerdem hat er einen „Versuch einer Pädagogik" publiziert, die dann gerne als erste „systematische Pädagogik" charakterisiert wird[23].

9.5 Das „Revisionswerk" der Philanthropen

Ich habe mehrfach auf die große Resonanz hingewiesen, die die Aktivitäten von Basedow hatten. Das kann sicher nicht an seiner Person gelegen haben; Goethe beispielsweise schildert ihn als einen etwas eigenartigen Menschen; sicher hätte er als solcher nicht den Erfolg gehabt, den er hatte. Wir müssen einen Blick auf die Zeitumstände richten, damit dieser verständlich wird:

> „Seit etwa der Mitte des 18. Jahrhunderts entwickeln sich die wirtschaftlichen und sozialen Verhältnisse in eine Richtung, die durch zunehmende Massenarmut und sich verschärfende Versorgungskrisen gekennzeichnet ist. Die Gründe seien kurz angedeutet: Die im Dreißigjährigen Krieg erlittenen Bevölkerungsverluste waren langsam ausgeglichen, und mit der nun einsetzenden Bevölkerungsvermehrung konnte die Nahrungsmittelproduktion nicht Schritt halten; hinzu kommt gegen das Ende des Jahrhunderts das Steigen der Geburtenrate bei gleichzeitig sinkender Sterblichkeit. ...
> Die Landesherren und Magistrate griffen ein: durch Landesausbau, durch Intensivierung der Nahrungsmittelproduktion, durch Einführung neuer Pflanzen und Geräte; durch eine gezielte Gewerbeförderungspolitik, besonders durch die Hebung der Manufakturen; durch umfangreiche sozialpolitische Maßnahmen: die Einrichtung von Arbeits- und Waisenhäusern, Armen-Anstalten, Witwen- und Waisenkassen usw. ...
> Infrastrukturmaßnahmen sind auf die Dauer nur erfolgreich, wenn zugleich der ‚subjektive Faktor' sich ändert, die Mentalität derjenigen Menschen, die die neuen Strukturen mit Leben erfüllen sollen. Steigerung der Nahrungsmittelproduktion ist nicht nur ein technisches Problem, sondern auch eines der bäuerlichen Mentalität, worauf der Popularphilosoph Christian Garve in seiner Schrift *Über den Charakter der Bauern und ihr Verhältnis gegen den Gutsherrn und die Regierung* (Breslau 1786) hinwies: Der Bauer ist nicht faul, dumpf und träge; er hütet sich lediglich vor größerer Anstrengung und höherer Produktion, weil dies nur seine Abgaben erhöht und ihm selbst nicht der Mehrertrag zum Leben bleibt. Also auch *hier* muß man ansetzen, wenn man die Nahrungssorgen wirksam bekämpfen will. ...
> Modernisierung ist kein einmaliger Vorgang, sondern ein unabschließbarer Prozeß, gespeist aus der Eigendynamik der sich immer weiterentwickelnden und immer mehr Lebensbereiche erfassenden wissenschaftlichen Technologie. Dieser Prozeß muß gesteuert und geplant werden, Forschungs- und Entwicklungsergebnisse müssen den potentiellen Benutzern vermittelt werden. Es entsteht ein nicht mehr an handwerklicher Kunstfertigkeit, sondern an moderner Technologie orientiertes Ausbildungswesen; Ökonomische, Patriotische, Gemeinnützige Gesellschaften verbreiten nützliches Wissen zur Hebung von Produktion, Handel und Gewerbe. ...
> Die pädagogische Reformbewegung der Philanthropen – ‚Menschenfreunde' – besaß ihre historische Identität im Glauben an die Vervollkommnung (‚Perfektibilität') und Versittlichung des Menschen durch die Allmacht der Erziehung. Sie gewann ihre politisch-soziale und geschichtsphilosophische Triebkraft aus der Zuversicht, mit der Umschaffung des Menschen zugleich

eine Reform der Gesellschaft im ganzen bewirken zu können. Die neue Gesellschaftsordnung sollte nicht mehr an Herkommen und Tradition, an Standesordnungen und Geburtsrechten orientiert sein, sondern sich auf die Rationalität von Herrschafts- und Eigentumsverträgen, auf individuelles Leistungsstreben, auf den ‚öffentlichen Vernunftgebrauch' im gemeinschaftlichen Raisonnement der Untertanen als Staatsbürger gründen: sie sollte eine an Menschenrechten, Wohlfahrt und Glück, Toleranz und Freiheit orientierte Gesellschaftsordnung sein, eben eine ‚bürgerliche'. Den Schlüssel dazu sah man in dem Bestreben allgemeiner Aufklärung, was zugleich bedeutete: allgemeiner Erziehung und Bildung."[24]

Damit bin ich von Basedow zu den Menschenfreunden, den Philanthropen insgesamt gekommen. Ich muß es mir versagen, zu jedem, auch nur den bedeutendsten etwas zu sagen, wiewohl es durchaus möglich gewesen wäre, an deren Leben und Werk als einem Exempel die Pädagogik der Philanthropen zu illustrieren. Nur auf eines möchte ich noch hinweisen, auf eine gemeinsame Unternehmung dieser Menschenfreunde: das sogenannte „Revisionswerk", die „Allgemeine Revision des gesamten Schul- und Erziehungswesens von einer Gesellschaft praktischer Erzieher"[25], das Joachim Heinrich Campe (1746–1818) federführend herausgegeben hat. Das ist nun wirklich ein in jeder Hinsicht faszinierendes Werk. Was da im Laufe der Jahre von 1785 bis 1792 in 16 Bänden herausgegeben worden ist, das war nicht nur das damals modernste Wissen von Erziung; das umfaßte auch einen wesentlichen Teil dessen, was in der Folge als „Erziehung in der Gesellschaft" ausgearbeitet worden ist. Nehmen wir noch die Leser dieses Werks hinzu, genauer die Käufer: Campe teilt uns mit, wer das Werk subskribiert hat: Schulpatrone und ihre – wie wir heute sagen würden – Beamten, Pastoren und Theologiestudenten, die häufig angehende Lehrer waren, und solche, die offensichtlich einfach ein Interesse an der öffentlichen Erziehung nahmen[26] – so haben wir die Dokumentation einer breiten, Fragen der Erziehung gewidmeten Diskussion, auf einem erheblichen Niveau.

Geeint hat diese Menschenfreunde das Bewußtsein, daß sie in einem „pädagogischen Jahrhundert" lebten. Ansätze gab es bereits früher; Francke und Komensky werden wir kennenlernen. Eine breite Bewegung ist es erst jetzt geworden. Die wichtigsten Stichworte und Anstöße fanden wir bei Basedow:

– ein Schulwesen, das unter staatlicher (nicht geistlicher!) Aufsicht steht mit einem eigenen Schulkollegium: „relative Autonomie";
– das Bild einer mittleren, einer Bürgerschule, abgestellt auf die Bedürfnisse des Bürgertums, und ein „Philanthropin", als mustergültige Realisierung gedacht;
– einen seiner selbst bewußten Lehrer- und Erzieherstand mit allen Zü-

gen der Professionalisierung: Standesbewußtsein, institutionalisierte Ausbildung, Berufswissen, berufsspezifische Hilfsmittel: Lehrbücher insbesondere, und eine über eine entsprechende Fachliteratur vermittelte Öffentlichkeit;

– und schließlich ein *Begriff von Erziehung*, der an den Bedingungen der Existenz von Bürgern in der Gesellschaft orientiert ist und Nützlichkeit oder Brauchbarkeit für das Gemeinwesen als oberste Kategorie hat.

Wir finden egalitär-demokratische Elemente, das Pathos, Wissen allen zugänglich zu machen, gleichwohl moderat und nur selten in dem Sinne revolutionär, wie das bei Rousseau anklingt (denn dafür kriegt man kein Geld von Mäzenen). Diese Züge des Werks der Philanthropen waren es, die am Ende der Epoche schon vor der Revolution in Frankreich den Widerstand der Obrigkeit hervorgerufen haben; in diesem Zusammenhang wird gerne daran erinnert, daß die letzten Artikel des Revisionswerks anonym erschienen sind. – Auch reaktionäre Momente findet man, kurz gesagt: Jeder soll soviel lernen, wie für seinen Stand nötig ist. Damit geht die Gefahr einher, daß Wissen nur nach seiner Brauchbarkeit in diesem Sinne ausgewählt und vermittelt wird und demnach letzten Endes für die einzelnen zusammenhanglos und sinnleer. – Man könnte sagen, daß auch dieses Moment des Begriffs von Erziehung hier schon zu finden war: eine Ambivalenz, die später als „Dialektik der Aufklärung" bezeichnet wurde und für die Joachim Heydorn seiner Geschichte der Pädagogik den bezeichnenden Titel gab: „Bildung und Herrschaft"[27].

10 Der erste *Erzieher* – August Hermann Francke (1663–1727)

August Hermann Francke und sein Werk liegen scheinbar schon sehr weit zurück: In wenigen Jahren wird das 300. Jubiläum der Entstehung seines Hauptwerkes zu feiern sein. Und – systematisch gesehen – die Selbstverständlichkeit, mit der er eine innerweltliche Praxis theologisch begründete, ist uns heute recht fremd. Dennoch gehört er in unsere Geschichte der Erziehung. Man findet bei ihm nämlich zum ersten Mal ein System von Anstalten zur Bildung der nachwachsenden Generation, und das verbunden mit sozialpädagogischer Betreuung; man findet es dauerhaft in Praxis umgesetzt; und man findet sie sowohl sozialpolitisch als auch pädagogisch begründet, wenn auch in theologischer Terminologie. Um es an das vorige Kapitel anzuschließen: Francke hat das „pädagogische Jahrhundert" eingeläutet, in dessen drittem Drittel die Philanthropen als selbstverständlich voraussetzen konnten, was er begonnen hatte.

10.1 Aus der Biographie

1663	in Lübeck als Sohn eines Juristen (der später in fürstlich-gothaische Dienste trat) geboren, die Eltern beide aus lübeckischem Handwerk und Patriziat stammend Unterricht durch Hauslehrer und in der Abschlußklasse des damals bekannten Gymnasiums in Gotha Studium der Theologie in Kiel und Leipzig lehrte dann als Magister an der Universität Leipzig
1690	Pfarrstelle in Erfurt
1692	Pfarrstelle in Glaucha bei Halle und Professor für griechische und orientalische Sprachen an der neugegründeten Universität in Halle (seit 1696 Professor der Theologie)
1695	Beginn der „Anstalten": Waisenhaus, Schulen, Lehrerseminar, Gewerbeunternehmungen (Druckerei, Apotheke)
1727	in Halle gestorben.

Zu den wenigen Daten noch zwei Anmerkungen:

Wir haben es hier mit einem Bürger zu tun, nach Herkunft, Ausbildung und Beruf: Francke war Pastor und Theologieprofessor und ein begnadeter und bekannter Prediger, zugleich aber auch ein außerordentlich erfolgreicher Unternehmer, an öffentlichen Dingen tatkräftig interessiert.

Aus der Geschichte der Pädagogik oder der Theologie kennen wir einen etwas anderen Francke – den „Pietisten", wie man damals eine Gruppe von Laien-Christen und Theologen, ja eine Bewegung apostrophierte, die sich herausnahm, einige Dogmen der herrschenden lutherischen Lehre und der Lehre der Herrschenden in Frage zu stellen; die weniger Interesse an der rechten Lehre und ihrer Abgrenzung gegenüber Irrlehren hatten, die dagegen allen Wert auf praktizierende Frömmigkeit legten, auf das Praktizieren der Frömmigkeit in Gebet, Anbetung und Kontemplation ebenso wie auf die Umsetzung der christlichen Predigt in die Praxis, in das alltägliche Leben. Francke hatte Theologie studiert, an den bekannten Universitäten Kiel, Leipzig und Erfurt, wohl auch bereits als Magister zu lehren begonnen. Vorbereitet in Diskussionen und in gemeinsamer theologischer, insbesondere exegetischer Arbeit mit jungen Kollegen und durch die Begegnung und enge Freundschaft mit Philipp Jacob Spener, dem Mentor der pietistischen Bewegung, waren ihm Zweifel an dem Wert seines Wissens gekommen. Ein Bekehrungserlebnis setzte allen Zweifeln ein Ende. Diese Gewißheit der Gegenwart Gottes hat Francke die Gewißheit von der praktischen Bedeutsamkeit der Botschaft, derjenigen Lehre eröffnet, die er über Jahre hinweg studiert hatte. Ich will zwar nicht sagen, daß all die Anstalten und Veranstaltungen, von denen sogleich zu berichten sein wird, auf dieses Erlebnis zurückgingen. Wohl aber wären sie ohne diese tragende, sinnstiftende Mitte kaum vorzustellen.

Im folgenden werde ich zunächst auf die Gemeinde, deren Pastor er war, dann auf den Ansatz seiner Arbeit eingehen, weiter die Schulen skizzieren und seine Ansätze zu einer Lehrerausbildung; schließlich mache ich auf einige Aspekte dessen aufmerksam, was wir heute unter „Erziehung" verstehen – deren Wurzeln wir bei Francke finden können.

10.2 Das Umfeld und die „Anstalten"

Zunächst also zu dieser Gemeinde Glaucha, zum sozialen Umfeld seiner Arbeit und zu den Anstalten, die er traf, um die Probleme zu lösen, die er vorfand oder besser: wie er sie sah. Bei dem Historiker Klaus Deppermann lesen wir:

> „Der Wohlstand der Stadt Halle war im Dreißigjährigen Kriege durch die Wallensteinische Besatzung zerstört worden. Die Salzsiederei und der Salzhandel, die Hauptquellen des Reichtums, erlangten selbst im 18. Jahrhundert nicht wieder den Umfang, den sie vor der Wallensteinischen Ausplünderung besessen hatten.
>
> Das Geld war knapp, und der Wert der Immobilien sank allmählich im ganzen Lande auf ein Drittel des ursprünglichen herab. Eine unerträgliche Schuldenlast lag aufgehäuft auf der Stadt Halle. 1688 betrugen die öffentlichen Obligationen 4 692 817 Taler, d. h. pro Kopf der Bevölkerung 335 Taler Schulden. Mit dem Hof des Administrators verschwand 1680 eine wichtige Einnahmequelle der Bevölkerung. Das schlimmste Unheil aber traf die Stadt 1681 mit dem Ausbruch der Pest. Die Seuche grassierte dort zwei Jahre. Halle zählte mit seinen Vorstädten Glaucha und Neumarkt vor Beginn der Epidemie ca. 13 000 Einwohner. Nach der Totenliste des Kirchenbuches der Moritzkirche sind im schrecklichsten Jahr 1682 in Halle, Glaucha und Neumarkt 5681 Menschen gestorben, davon in Glaucha allein, das zuvor ca. 1200 Einwohner besaß, 744. Um das Elend vollzumachen, wüteten am 17. 9. 1683 und am 25. 9. 1684 zwei große Brände, die weite Teile der Stadt in Schutt und Asche legten.
>
> Infolge dieser Katastrophen und der allgemeinen trostlosen wirtschaftlichen Lage entstand in Halle ein verwahrlostes Proletariat. Eine traurige Berühmtheit erlangte die Stadt durch ihre vielen ‚Freudenhäuser'. Besonders schlimm sah es in Glaucha aus. Die Bürger dieser Vorstadt lebten von der Branntwein- und Stärkefabrikation. Unter den zweihundert Häusern der Stadt gab es nicht weniger als 37 Kneipen und Spelunken. Die Sonntage benutzte man zu großen Gelagen. Tag und Nacht wurde dann vor der Kirche und in den Gasthöfen ‚geschwelgt', d. h. getrunken bis zum Umfallen, getanzt und gerauft. Am frühen Sonntagmorgen erschienen die Gemeindemitglieder bereits alkoholisiert im Gottesdienst und schliefen während der Predigt ihren Rausch aus. Wenn nach der Beichte die Absolution verkündet wurde, sprachen die Zuhörer im Zustand anhaltender Benebelung die Worte des Pfarrers laut mit: ‚Ich, als verordneter Diener des göttlichen Wortes / vergebe Euch anstatt / und auff Befehl...'"[1]

Wie sich Francke einführte, dazu noch einmal derselbe Autor:

„Francke begann sogleich seine Tätigkeit in Glaucha mit energischen Maßnahmen zur Wiederaufrichtung der Kirchenzucht und zur Bekämpfung der religiösen Unwissenheit, d. h. zur Verwirklichung des wahren geistlichen Priestertums aller Gläubigen. Gemeindemitglieder, bei denen er mangelnde Kenntnisse in den Grundfragen des Glaubens, bzw. lasterhaften Lebenswandel feststellte, schloß er von der Teilnahme am Abendmahl aus. Die Beichtstuhlpraxis wurde verschärft, indem Francke die Leute nicht mehr in Bausch und Bogen absolvierte, sondern eingehende Fragen an sie richtete und Zeichen tätiger Reue von ihnen verlangte. Bei der Exkommunikation nahm er keine Rücksicht auf den Stand der armen Sünder. So scheute er sich nicht, dem Vetter seines mächtigen Gönners Friedrich Christian Kraut, dem Universitätssekretär und Quästor Ludwig Gebhardt Kraut, das Abendmahl zu verweigern, wodurch er sich die weitere Unterstützung des Kammerrates, der ihm zu seinem Amte verholfen hatte, verscherzte."[2]

Aber die Wiedereinführung der Kirchenzucht, das wäre Kurieren an Symptomen. Mit diesem Hinweis komme ich nun vom Pastor zum Erzieher und Lehrer Francke.

In einem Bericht über den Anfang seiner Arbeit schreibt er dies:

„Weil ich nun bey dem armen Volck solche grobe und greuliche Unwissenheit fand / daß ich fast nicht wußte / wo ich anfangen sollte / ihnen einen festen Grund ihres Christenthums beyzubringen / bin ich von solcher Zeit her bekümmert gewesen / wie ihnen nachdrücklicher geholffen werden möchte / wohl erwegend / daß dem Christlichen und gemeinen Wesen ein sehr grosser Schade daraus entstehe / daß so vieles Volck / als das Vieh / ohne alle Wissenschafft von GOtt und Göttlichen Dingen dahin gehet / insonderheit aber / daß so viele Kinder / wegen der Armuth ihrer Eltern / weder zur Schulen gehalten werden / noch sonst einiger guten Aufferziehung geniessen / sondern in der schändlichsten Unwissenheit / und in aller Boßheit auffwachsen / daß sie bey zunehmenden Jahren zu nichts zu gebrauchen seyn / und daher sich auff stehlen / rauben und andere böse Thaten begeben.
Wenn man gleich gedachte / die Kinder zur Schulen zuhalten / und ihnen das wöchentliche Schulgeld zureichen / so befand sich / daß sie zwar das Schulgeld richtig abforderten / aber entweder nicht in die Schule giengen / oder doch keine Besserung dadurch von sich spühren liessen."[3]

Die Unwissenheit des Volkes bringt er mit dem Zustand des „christlichen und gemeinen Wesens", von Kirche und Staat also, in ursächlichen Zusammenhang. Das war und blieb für Franckes Tätigkeit charakteristisch. Er fing hier und heute an, in seiner Gemeinde Glaucha, bei den verwahrlosten Kindern, und er hatte das „gemeine Wesen" – Deutschland, Europa, ja die ganze Menschheit – im Auge[4]. Mit den Kindern fing er an, damit hat er sich jedenfalls über seine Zeit hinaus ein Denkmal gesetzt.

„Da ferner etwa ein Viertel-Jahr die Armen-Büchse in der Pfarr-Wohnung befestiget gewesen / gab eine gewisse Person auff einmal vier Thaler und Sechzehen Groschen hinein. Als ich dieses in die Hände nahm / sagte ich mit Glaubens-Freudigkeit: *Das ist ein ehrlich Capital / davon muß man etwas rechtes stifften / ich will eine Armen-Schule damit anfangen.* Ich besprach mich nicht darüber mit Fleisch und Blut / sondern fuhr im Glauben zu / und machte noch desselbigen Tages Anstalt / daß für zwey Thaler Bücher gekaufft wurden / und bestellete einen armen Studiosum, die armen Kinder täglich zwey Stunden zu informiren / dem ich wöchentlich sechs Groschen dafür zu geben versprach / der Hoffnung / GOtt werde indessen / da ein paar Thaler auff diese Weise in acht Wochen ausgegeben wären / mehr bescheren. Die Bettel-Kinder nahmen die neuen Bücher mit Freuden an / aber von sieben und zwantzig Büchern / die unter sie ausgetheilet worden / wurden nicht mehr als vier wiedergebracht / die andern Kinder behielten oder verkaufften die Bücher / und blieben weg.
Ich ließ mich das nicht abschrecken / sondern kauffte für die übrigen sechzehen Groschen auffs neue Bücher / welche mir die armen Kinder allezeit / wenn die Schule aus war / mußten da lassen / wozu etliche Wochen darnach ein eigener Schranck gemacht ward / daraus die Bücher bey Anfang der Schule genommen / und / wenn sie aus war / wieder darinnen verschlossen wurden / wie es auch noch jetzo in allen Armen-Schulen so damit gehalten wird.
Umb Ostern 1695. fieng sich diese Armen-Schule mit so geringem Vorrath an. Denn die oben erwähnten Vier Thaler / und sechzehn Groschen / oder / wie es denn eigentlich waren / sieben Sechzehn-Groschen-Stücke / sind der rechte Anfang und das erste Capital / woraus nicht allein zuerst die Armen-Schulen angerichtet / sondern auch so fort hernach das Waysen-Hauß veranlasset und erwachsen ist."[5]

Und das ging mit geradezu atemberaubender Geschwindigkeit – auch für heutige Verhältnisse: Dreieinhalb Jahre später (also im Dezember 1698) zählt Francke auf:

„Entwurf der gesammten Anstalten, welche zu Glaucha an Halle durch Gottes sonderbaren Segen, theils zur Erziehung der Jugend, theils zur Verpflegung der Armen gemachet sind, wie sichs damit verhält im Monat *Decembri 1698*

1. *Eine Anstalt zur Erziehung Herren-Standes, Adelicher und anderer fürnehmer Leute Söhne.*
2. *Eine Anstalt zur Erziehung Herren-Standes, Adelicher und sonst fürnehmer Leute Töchter.*
3. *Eine besondere Anstalt für Schlesische Kinder.*
4. *Ein Paedagogium* oder Anstalt zur Erziehung der Kinder, welche von fremden, theils weit entlegenen Orten auf ihrer Eltern Kosten erhalten, und zum Studiren erzogen werden.
5. Ein besonderes *Paedagogium* für diejenigen Kinder, welche nur im Schreiben, Rechnen, Lateinischen, Französischen und in der *Oeconomie* angeführet werden und die *Studia* nicht *continuiren*, sondern zur Aufwartung fürnehmer Herren, zur Schreiberei, zur Kaufmannschaft,

Verwaltung der Land-Güter und nützlichen Künsten gebraucht werden sollen. So bishero noch mit dem n. 4 benannten Paedagogio mehrentheils verknüpfet, künftig aber davon abgesondert werden wird.

6. Eine Schule für mehrentheils einheimische Bürger-Kinder, welche zum Studiren erzogen werden, welche nicht so kostbar ist, als das *Paedagogium*.

7. Eine andere Bürger-Schule, darinnen die Knaben im Christenthum, Lesen, Schreiben, Rechnen und in der Musik unterrichtet, und also zu Handwerken erzogen werden.

8. Eine dergleichen Bürger-Schule, darinnen die Mädchen im Lesen, Schreiben, Rechnen, Catechismo, Neuen Testament und Choral-Singen unterwiesen werden.

9. Das Waisenhaus, von welchem und andern damit verknüpften Anstalten eine gedruckte Nachricht vorhanden.

10. Aus demselben werden die guten und geschickten *Ingenia* ausgelesen, und nach der bei ihnen befindlichen *Capacität* zum Studiren oder sonst zu guten Künsten dem gemeinen Wesen zum Besten erzogen.

11. Sechs auserlesene Knaben werden durch ein besonderes *Legatum* zum Studiren mit allem Fleiß angeführet.

12. Die übrigen Knaben werden zu Handwerken erzogen und in ihrem Christenthum wohl unterrichtet.

13. Die Waisen-Mägdlein werden in einer besonderen Aufsicht erzogen, und sowohl im Christenthum als in allerhand weiblicher Arbeit angewiesen.

14. Sechs Tische armer *Studiosorum* (an der Zahl 70) genießen die freie Kost.

15. Ein Tisch Knaben haben im Waisen-Hause Armuth halber die Kost frei, und werden sonst im *Paedagogio* (davon n. 4) zum *Studiren* gehalten.

16. Ein Kranken-Haus, dazu ein besonderes *Legatum*.

17. Ein Armen-Haus für etliche alte Männer und Weiber, dazu auch ein besonderes *Legatum*.

18. Eine Anstalt für Bürgers-Leute, die in ihrer Jugend, im Lesen oder Catechismo versäumet sind.

19. Eine Anstalt für einheimische Armen, welche täglich eine Stunde unterrichtet werden und dabei Almosen empfangen.

20. Eine Anstalt für alle ankommende fremde Bettler und Exulirende, welchen täglich 2 gewisse Stunden gesetzet sind, in welchen sie zusammen zu kommen beschieden werden, und dann erst guten Unterricht im Christenthum, hernach auch Almosen empfangen.

21. Eine arme Knaben-Schule.

22. Eine arme Mädchen-Schule, welchen die Schule ganz frei gehalten wird, die darnach wieder zu den Ihrigen gehen.

23. Eine besondere Anstalt für die Kinder, so zum Abendmahl gehen sollen, welche täglich eine Stunde unterrichtet werden.

Insgesammt sind in dem ganzen Informations-Werk 27 Classes, und die Kinder insgesammt etwa 500.
Ach Herr hilf! ach Herr laß wohl gelingen!"[6]

Der Biograph Gustav Kramer schreibt über den Umfang der Anstalten zum Zeitpunkt des Todes von Francke:

> „Zum Schluß möge es gestattet sein, die Übersicht des Gesammtbestandes der von ihm ins Leben gerufenen Anstalten, an welche sich ja als den äußerlich bis heute bestehenden Beweis dieses Glaubens sein Andenken vornämlich knüpft, wie derselbe bei seinem Tode war, nach dem Berichte, welchen seine Nachfolger in der Direction derselben an den König Friedrich Wilhelm I. abstatteten, hinzuzufügen. Es war folgender:
>
> 1. *Das K. Pädagogium.* Das Personal desselben bildeten: der Inspector (Freyer) und dessen Familie 9 P; der Mathematicus und dessen Familie 13 P.; ordentliche Lehrer 18; außerordentliche 8; Collaboranten 10; Scholaren 82; Bediente, Aufwärterinnen ca. 12; zusammen 152 P.
> 2. *Die lateinische Schule.* Inspectoren 3; Lehrer 32; Schüler, einheimische und auswärtige, 400; Bediente ca. 5; Tischwirth und Familie 5 P.; zusammen 445 Personen.
> 3. *Die deutschen Schulen.* Inspectoren 4; Lehrer 98; Lehrerinnen 8; Schulknaben und Mädchen bei dem letzten öffentlichen Examen 1725; zusammen 1835 P.
> 4. *Waisenkinder.* Knaben 100; Mädchen 34; Aufseher und Aufseherinnen 10; zusammen 144 P.
> 5. *Tischgenossen,* außer den Waisenkindern. An den ordinären Lehrertischen 155 Studiosen; an den extraordinären Tischen 100 Studiosen, von armen Schülern Mittags 148, Abends 212 P.
> 6. Bei der *Haushaltung* (Meierei, Krankenpflege, Buchladen, Druckerei und Apotheke) betrug das Personal 153.
> 7. In den *Anstalten für das weibliche Geschlecht* befanden sich in dem Fräuleinstift 15, in der Pension für junge Frauenzimmer 8, in dem Wittwenhause 6."[7]

Auf diese Anstalten werde ich im folgenden näher eingehen, zunächst auf die Schulen. Dabei folge ich Kramers Zusammenfassung und beschränke mich auf die Deutschen Schulen, die Lateinische Schule und das Paedagogium Regium.

10.3 Die Schulen

Als die „*Deutschen Schulen*" werden Bürger-, Armen- und Waisenhausschulen zusammengefaßt. Karl Richter hat ihre Stundentafel rekonstruiert[8]:

	Montag	Dienstag	Mittwoch	Donnerstag	Freitag	Sonnabend	Sonntag
7 (8)	Gesang, Gebet und Vorlesen nebst Erklären ca. eines Bibelabschnittes; darauf Repetition eines der fünf Hauptstücke des Katechismus					der Fragstücke.	
8 (9)	½ Stunde: Lesen der verschiedenen Abtheilungen, während dessen die unbetheiligten sich im Stillsitzen üben, oder still mit Buchstaben im Katechismus, oder Repetiren des Katechismus und der Sprüche beschäftigen müssen. ½ Stunde: Mit den Größeren den Katechismus traktiren u. katechisiren.						Besuch des Früh-gottes-dienstes.
9 (10)	½ Stunde: Den Kleineren Sprüche vorsagen u. erklären. ½ Stunde: Mit den Größeren Sprüche u. Psalmen	traktiren.	repetiren.	Evangelien u. Episteln traktiren.		repetiren.	
2 (11)	*Schreiben mit den Größeren.* (Die Kleineren sind entlassen).						
2 (1)	Gebet u. Bibellesen oder Katechismusrepetition. Rechnen (die Kleinern lesen).		Gesang.	Rechnen (die Kleinern lesen).		Gesang.	Besuch des Nach-mittags-gottes-dienstes.
3 (2)	½ Stunde: Die Kleineren lesen, während die Größeren einen Spruch lernen. ½ Stunde: Die Größeren sagen Sprüche auf, während die Kleineren zuhören oder still lesen.						
4 (3)	Mit den Kleineren wird der Katechismus traktirt, während mit den Größeren Katechisation in einem besonderen Saale stattfindet.						
5 (4)	*Besuch der öffentlichen Betstunde in der Kirche.*						

Zu diesem Unterricht kamen in den freien Stunden gelegentlich Spaziergänge, die der Vermittlung von ersten elementaren Kenntnissen über die Natur und das alltägliche Leben dienen sollten, und allerlei Handarbeiten, seien es Arbeiten für den eigenen Bedarf, seien es Stick- oder Wirkarbeiten als Ansätze einer Manufaktur, die aber bald aufgegeben wurde. – Alle halbe Jahre wurde ein feierliches, öffentliches Examen abgehalten. Sofern diese Schulen von Kindern der Armen – zum Teil unentgeltlich – und von Waisen besucht wurden, standen sie in der Tradition der Elementarschulen. Die Bürgerschulen, besucht von Bürgerkindern aus der Stadt, verweisen eher auf die Tradition der Stadtschulen – Schulen, die gemäß den Bildungsbedürfnissen des städtischen Bürgertums organisiert waren. Francke faßte diese Traditionen zwar nicht in einer Anstalt zusammen.

Aber er vereinheitlichte die Schulen dadurch, daß alle dieselbe Stundentafel, also dieselben Unterrichtsfächer hatten und derselben Lehrart folgten – weswegen sie denn auch einheitlich als „Deutsche Schulen" zusammengefaßt wurden.

Die *„Lateinische Schule"* war eine solche. Sie stand in vielerlei Hinsicht in der Tradition der Latein- oder Gelehrtenschulen: was die Stundentafel (dazu gleich) und was ihre soziale Funktion anging. Sie diente vor allem der Rekrutierung von Theologen – wohl auch des Juristen- und Medizinernachwuchses – und stand Waisen ebenso wie Bürgerkindern aus der Stadt offen.

Eine eigene Erfindung ist das *„Pädagogium"*, nach der Verleihung von königlichen Privilegien „Paedagogium Regium" genannt. Auch diese Schule sollte für das Studium vorbereiten. Ihr Lehrplan war weitgehend mit dem der Lateinischen Schule identisch. Es bestand allerdings ein wesentlicher Unterschied zu dieser, und der betraf die Kosten und den Aufwand.

> Aus den von Kramer mitgeteilten Zahlen läßt sich eine Schülerbetreuungszahl errechnen, und zwar von etwa 2 Schülern im Pädagogium, 11 in der Lateinischen Schule und 16 Schüler in den Deutschen Schulen je Person pädagogisches Personal. Richter hat errechnet, daß das jährliche Schulgeld in der Lateinischen Schule „nur 6 Thlr., gegen 20 Thlr. im Paedagogium" betrug[9].

Dementsprechend konnte hier, im Pädagogium, mehr geboten werden als dort. Dies wurde in Werbeschriften auch gebührend hervorgehoben, ebenso die Tatsache, daß beide Schulen, abgesehen von der gemeinsamen Methode, nichts miteinander zu tun hätten.

Das Pädagogium wurde also von Adligen und vermögenden Bürgerlichen besucht. Deswegen wird sein Programm mit Recht als das einer „bürgerlichen Adelserziehung"[10] bezeichnet. Sie ist ausgerichtet auf ein Bildungsbedürfnis, das nicht mehr ständisch artikuliert ist und nicht mehr präzise einem Stande zugeordnet werden kann. Vielmehr wird sie definiert durch eine Kombination der Rekrutierungskriterien: Herkunft und Vermögen und mögliche Bestimmung, eine Führungsposition in der Gesellschaft bzw. im Staate nämlich, in der Regel auf dem Wege über ein Studium zu erwerben.

Was im Pädagogium gelehrt wurde, teile ich mit, indem ich den Titel der Schulordnung zitiere, die es definiert:[11]

Die Lateinische Schule war eine Schule, die – wie gesagt – weitgehend „nach der Methode (sc. dem Lehrplan, P. M.) des Paedagogii Regii eingerichtet / und werden alle die Wissenschaften und Sprachen / so im Paedagogio Regio dociret werden / auch in dieser Schule tractiret, ausgenommen die Frantzösische Sprache und einige Mechanische Disciplinen."[12]

Ordnung

und

Lehr = Art/

Wie selbige in dem

PÆDAGO-
GIO

zu Glaucha an Halle

eingeführet ist:

Worinnen vornemlich zu befinden/

Wie die Jugend / nebst der Anweisung zum Chri-

stenthum/in Sprachen und Wissenschafften/als in der La-
teinischen/Griechischen / Ebräischen und Französischen Sprache/
wie auch in Calligraphia, Geographia, Historia, Arithmetica, Geo-
metria, Oratoria, Theologia, und in denen Fundamentis Astrono-
micis, Botanicis, Anatomicis &c. auf eine kurtze und leichte
methode zu unterrichten/und zu denen studiis
Academicis zu præpariren sey/

abgefasset von

August Hermann Francken/

S. Theol. Prof. Ord. & Pastor.

HALLE/in Verlegung des Wäysen = Hauses 1702.

Francke wußte sehr wohl, daß und „wodurch sich das Glaucha-Hallische Pädagogium von den meisten öffentlichen Schulen unterscheidet"[13] – und das gilt nicht nur für das Pädagogium, sondern durchweg wohl auch für alle Schulen; ich kann nur weniges andeuten:

- Aufsicht der Schüler „ebensowohl bei Nacht, als bei Tage" durch Lehrer bzw. „Sitten-Inspektoren"[14]:
- Nutzung der „zur Erholung des Geistes bestimmte(n) Stunden... aus Rücksicht auf die Gesundheit zu Leibesübungen"; worunter Besuche bei Handwerkern, Studium der Mechanik, botanische Spaziergänge, Musikunterricht u. ä. fallen; alles das zugleich zur Verhinderung von „ungeeigneten... Knabenspielen" und von Müßiggang[15];
- öffentliche Prüfungen nach Ablauf eines jeden Vierteljahres;
- Fachklassensystem (im Gegensatz zum Jahrgangsklassensystem), was eine präzise Aufteilung des Lehrstoffes auf einzelne Klassen zur Voraussetzung hatte, ja, „daß nämlich derselbe Gegenstand in allen Klassen zu... derselben Tagesstunde traktirt werden müßte"[16];
- zu erwähnen sind noch die „Repetitionen", denen zwei Tage in der Woche gewidmet waren: die Fächer, die gerade nicht unterrichtet wurden, sollten auf diese Weise nicht in Vergessenheit geraten.

In einem wichtigen Punkte unterscheiden sie sich von früheren und gleichzeitigen Schulen: Sie sollten nicht nur der Vermittlung von grundlegendem Wissen dienen, sondern *auch erziehen*. In Franckes Begrifflichkeit gesprochen: Die Schulen sollten zur Gottseligkeit und zur Klugheit führen – das ist im Grunde nicht neu. Und um dies zu erreichen, sollten Maßnahmen ergriffen werden, die den natürlichen Willen, den „Eigen-Willen" der Kinder in den göttlichen, von Gott bestimmten Willen zu transformieren geeignet sind, Maßnahmen also, die auf den inneren Menschen gerichtet sind – dies ist neu. Der „Schüler" früherer Jahrhunderte wird zum „Zögling"; der „Unterricht" wird methodisiert; es wird „Anstalt" gemacht, daß das Wissen nicht nur vom Lehrer vorgestellt, sondern auch von den Schülern angenommen wird; und das wird überprüft.
Aufgrund der Lehrinhalte der Schulen sowie ihrer Adressaten wird man sagen dürfen: sie stehen einerseits in der Tradition der Elementar-, der Stadt- und Lateinschulen; andererseits sprengen sie diese Tradition und verweisen voraus auf Bildungsbedürfnisse einer Gesellschaft, der „neue(n) bürgerliche(n) Welt des entstehenden absolutistischen preußischen Machtstaates"[17]. Das Schwergewicht liegt dabei auf einer Erziehung der Armen, die weiter reicht als der alte Katechismusunterricht der Elementarschulen, und auf der Erziehung und Ausbildung einer adlig-bürgerlichen Führungsschicht im sich konsolidierenden preußischen Staat.

10.4 Die Lehrerausbildung

Nach den Schulen muß ich jetzt eine zweite Veranstaltung erörtern, die *Lehrerausbildung*. In jenem ersten Bericht über seine Tätigkeit schrieb Francke, „er habe einen armen Studiosum" bestellt, „die armen Kinder täglich zwei Stunden zu informieren"; in der ersten Aufzählung der Anstalten fanden wir: „sechs Tische armer Studiosorum (an der Zahl 70) genießen die freie Kost"; und in der Zusammenstellung des Bestandes der Anstalten zum Zeitpunkt des Todes von Francke: „An den ordinären Lehrertischen 155 Studiosen; an den extraordinären Lehrertischen 100 Studiosen". Hinter diesen Hinweisen verbirgt sich, daß Francke ein Konzept der Ausbildung von Lehrern und Erziehern entworfen und praktiziert hat. Es hat sich dann – wie bei Diesterweg gesehen – im Laufe der nächsten Jahre in der Praxis durchgesetzt. Ich hole ein wenig aus.

Francke hatte ein durchaus traditionelles Gesellschaftsbild. Er kannte drei Stände: den Hausstand (bzw. das „gemeine Volk"), den Lehrstand – die Kirche – und den Regierstand. Was den ersteren angeht, so fand er, insbesondere in Glaucha, aber auch in der wirtschaftlich relativ unbedeutend gewordenen Stadt Halle mit Händen zu greifen, bedrückende Not vor. Er versuchte sie zu lindern, das sahen wir: Almosengeben und Predigt sind die Mittel, die ihm als Pastor zur Verfügung standen. Aber er sah diese Not im Zusammenhang mit dem – wie er es nannte – „Verderben in allen Ständen".

Dem Regierstand – er dachte da übrigens nicht etwa an die preußische Zentralgewalt, sondern an die alten Landstände – ihm schrieb er ins Stammbuch, er nehme seine politischen Aufgaben in der Kirchenaufsicht und Erziehung, in der Armenfürsorge – also dem, was wir heute Sozialpolitik nennen würden – und in der Justiz nicht ausreichend wahr. Francke machte hier zur Verbesserung ziemlich radikale Vorschläge, die auf „die Beseitigung sämtlicher ständischer und partikularistischer Einflüsse in der Kirchen- und Justizverwaltung" hinausliefen[18]. Er fand beim preußischen Hof offene Türen.

Francke war jedoch davon überzeugt, daß eine Verbesserung beim Lehrstand, also bei der Kirche und ihren Predigern, ihren Lehrern anzusetzen habe.

> Denn der Lehrstand ist am allgemeinen Verderben auch in besonderer Weise schuld. Zwar „ist nicht zu leugnen, daß das Verderben, so ineinander verwickelt ist, daß man nicht dem Lehrstand alleine die Schuld des Verderbens geben kann"[19]. „Es ist aber mit dem Verderben des Lehrstandes gar etwas besonders, indem man dasselbe nicht allein als einen Theil des allgemeinen Verderbens anzusehen, sondern auch in demselben den Grund des Verderbens am allermeisten zu suchen hat."[20]

Warum ist das so? Seinen Theologiestudenten redete er immer wieder auf diese Weise ins Gewissen:

> „... daß Studiosi Theologiae vor allen Dingen ihren Zweck vor Augen haben sollen, daß sie nemlich entweder in Schulen oder Kirchen... zum Dienste der Seelen admoviret werden, und also das Amt einmal führen sollen, welches der Sohn GOttes auf Erden geführet hat; zu suchen, was verlohren ist, die Sünder aus dem Verderben zu erretten, ja, die Menschen mit Schmertzen zu gebähren, bis daß CHristus eine Gestalt in ihnen gewinne"[21].

Ich merke nur an, daß es durchaus möglich ist, dies letztere bildungstheoretisch zu interpretieren. Aber es kommt mir jetzt auf den Lehrerberuf an:

> „So bringet es gewiß das Schul-Amt nicht weniger (sc. als das Pfarramt, P. M.), sondern eben so wohl mit sich, daß die Praeceptores für alle und jede Seelen, welche GOtt ihnen in der Schulen anvertrauet hat, schwere Rechenschafft geben müssen, und mit ihrem Wissen und Willen nichts versäumen dürffen, was zu der untergebenen ewigen Wohlfahrt nöthig und ersprießlich ist."[22]

Das ist zwar noch dieselbe Sinngebung des beruflichen Handelns wie bei den Pastoren. Nehmen wir aber noch das professionsspezifische Handlungswissen hinzu, das etwa in „Ordnung und Lehrart" für die jeweiligen Schulen enthalten ist, so zeigt sich: Das ist nicht mehr dieselbe Praxis; wir finden hier bei Francke den Beginn einer Professionalisierung des Lehrer-Berufs.

Was tat Francke, der ja als Professor an der Universität Halle die Theologen, den Nachwuchs des Lehrstandes also, auszubilden hatte? Ich nenne einige Maßnahmen. Da ist zunächst einmal die materielle Unterstützung bedürftiger Theologiestudenten, insbesondere durch die sogenannten Freitische. Dann ist da eine Reform des Theologiestudiums im pietistischen Geist: Bibelstudium, keine Anhäufung von Wissen, von Wissenschaft um ihrer selbst willen, sondern Ausrichtung des Studiums an praktischer, an praktizierter Frömmigkeit, als Rückbindung der Studieninhalte an das eigene Leben. Zu erinnern ist sodann an die Schulen. Sie sollen sicherstellen, daß die Studenten bereits im rechten Geist erzogen sind und ein Minimum an notwendigem Wissen erworben haben, wenn sie die Universität beziehen. Und da ist vor allem die Erziehungs- und Unterrichtspraxis in ebendiesen Schulen.

Francke rekrutierte sein Personal aus Theologiestudenten; in seinen „Anstalten" konnten sie praktische pädagogische Erfahrungen machen, hier konnte der Stoff des Studiums in vielfältigen Übungen vertieft werden; und hier war wiederum die Aufsicht garantiert, die Francke für ein unabdingbares Mittel hielt, die Jugend – jetzt also seine Theologiestudenten – von den Versuchungen des weltlichen Lebens fernzuhalten. Francke nannte diese „Anstalt" das „seminarium praeceptorum", also Lehrer-Seminar (genau genommen ist erst sein „seminarium selectum praeceptorum" ein Lehrerseminar). Eine richtige Ausbildung von Lehrern ist für Francke die beste Gewähr dafür, daß die Jugend nicht in Bosheit, Rohheit und Unwissenheit aufwächst. Diese Überzeugung ist die Grundlage seiner diesbezüglichen Überlegungen und Anstalten. Man darf ihn demnach mit Fug als einen der ersten, wenn nicht den ersten Lehrerbildner in Deutschland bezeichnen.

Die Ausbildung war offenbar erfolgreich: Sehr schnell und überall in Deutschland, vor allem natürlich in Norddeutschland, wurden solche Absolventen der Halleschen Universität als Lehrer und Pastoren eingestellt, die in den Franckeschen Schulen unterrichtet hatten und im pietistischen Geist ausgebildet waren. In Stadt- und lokalen Kirchengeschichten wird man immer wieder fündig: im Rheinland, in Hessen, in Franken. Ich vermute, daß das große öffentliche Interesse an Erziehungsfragen, das in der zweiten Hälfte des Jahrhunderts die Philanthropen fanden ebenso wie sie selbst es dokumentieren: Philanthropine, Schulbücher und Didaktiken, Periodika, eine Enzyklopädie des pädagogischen Wissens – daß das alles nicht zuletzt auch auf die Ausbildung von Theologen und Lehrern an der Universität in Halle zurückzuführen ist.

10.5 Franckes Begriff von Erziehung

Nimmt man die Titel der Veröffentlichungen von Francke, so findet man bald in jedem zweiten den Begriff der „Ordnung": ob es sich nun um Ordnungen für die einzelnen Anstalten handelt oder um solche des Theologiestudiums. Darf man daraus schließen, daß es ihm vor allem um die Durchsetzung von Ordnungen gegangen sei, durch die der Alltag seiner Kinder und Studenten zu reglementieren wäre und in denen sich letztlich der staatlich-kirchliche Machtanspruch durchsetzt? Ich hätte Francke nicht einen Pädagogen nennen dürfen, wenn das alles wäre.

Diese Anstalten und Ordnungen hatten nur einen Sinn: die Liebe Gottes. Das hieß bei ihm nichts anderes als: Gott hat das ursprüngliche Wesen des Menschen wiederhergestellt, das durch den Sündenfall verkehrt worden war. Das besagte „Verderben in allen Ständen" sieht Francke als Ausdruck solcher Verkehrung.

> „Der Mensch hat das Ebenbild Gottes verloren, ist natürlicher Mensch, Mensch unter der Sünde. Gottes Liebe erweist sich dem Menschen nun darin, daß er ihm den Rückweg ermöglicht hat, und zwar über Tod und Auferstehung Jesu Christi. Francke bezeichnet das abkürzend als ‚GOttes Liebe und Gnade gegen uns in CHristo JEsu'."[23]

So ist die *Liebe Gottes* für die Pädagogik Franckes grundlegend: Einmal ist es das Ziel der Erziehung, die Jugend zur Liebe Gottes zu bringen und diese der Jugend zu erschließen. Auf der anderen Seite ist „die Liebe Gottes der Grund für das Amt und die Tätigkeit des Lehrers"[24]. Kurz: Die Erzieher sind Mittler, Erziehung ist Mittel; der Zweck ist das Kind als Kind Gottes, als Mensch, der seiner wahren Bestimmung entspricht.

Es sei erlaubt anzufügen, daß die *Realität* eher weltlich-wirklich aussah. Sie war – dafür gibt es vielfältige Zeugnisse – mit all den Problemen belastet, die solche Anstalten geradezu herausfordern: Das sind zuerst und immer wieder unfähige Lehrer. Was Francke in seiner Person noch zusammenbringen konnte – die Liebe zu den Kindern einerseits sowie andererseits die strenge Forderung nach Einhaltung der Tisch-, Schul- und welcher Ordnung auch immer –, da muß es bei einigen Lehrern wohl gefehlt haben. Wie Kinder und Jugendliche, die „Jugend" in Franckes Sprache, sich unter derart strenger und selten unterbrochener, zugleich teilweise inkompetenter Aufsicht verhalten, das kann sich jeder ausmalen, und das kann man z. B. aus den überlieferten „Konferenz-Protokollen" erschließen[25]. Uns ist ein Zettel erhalten, auf dem sich Francke einige Stichworte für eine Ansprache an seine Lehrer und Erzieher notiert hatte. Da heißt es:

„1. Etliche exediren in der disciplin gar gröblich, geben Ohrfeigen, schlagen auf den Kopf, oder ins Gesicht: Item schlagen mit dem Stock so unverständig, daß der Rücken braun und blau wird. Sind also ihres Muths nicht Herr, darüber lästern die Leute gar sehr, und müßen unschuldige Mit-arbeiter darüber auch mit leiden.

2. Etliche thun ihre Arbeit nur vor Menschen, aber nicht vor Gott, und treiben heimliche Bosheit und Sünde.

3. Etliche wandeln ärgerlich gegen die Kinder, gegen ihre Mitarbeiter, gegen die Leute, wo sie wohnen.

4. Etliche haben nur sich, aber nicht die Kinder zum zweck. Daher sie ihre Arbeit nicht mit rechtem Ernst thun. It. verreisen und sagen es nicht vorher zu rechter Zeit an; kommen auch nicht, zu rechter Zeit wieder.

5. Etliche gehen den verirreten und verlohrenen nicht nach, suchen nicht durch Gottes Wort und Gebet mit genugsamen Ernst sie zu recht zu bringen, auch nicht in gehöriger Weisheit mit den Eltern der Kinder Wegen zu conferiren.

6. Wenige suchen ihrer eigenen Seelen Heil, beten nicht zu Gott, daher sie auch die Kinder nicht zum Gebet ernstlich erwecken können.

7. Etliche setzen sich zusammen und laßen bier und tabak hohlen, und wandeln nicht als einem Studioso Theologiae gebühret, geschweige als es einem christlichen informatori geziemet.

8. Etliche nehmen der Gelegenheit, da sie könnten, praepariret und tüchtig gemachet werden, nicht wahr, den Kindern recht nützlich zu werden: z. e. Achten das Schreiben, rechnen und Catechisiren nicht."[26]

Jedenfalls gab es nicht nur solche Zeitgenossen, die von den Anstalten und den Lehrern aus Halle begeistert waren. Es wurde auch religiöser Formalismus beklagt, dem zwar nicht das pietistische Vokabular und einige Erziehungsmittel fehlten, wohl aber die Liebe Gottes, die all dem überhaupt erst einen Sinn gibt. Immerhin: Relativ zu dem, was damals als Schule und Armenpflege praktiziert wurde, waren die Anstalten durchaus progressiv und effektiv. Ihr Erfolg insgesamt ist unbestritten.

Wenn wir von heute aus auf Francke zurückblicken, so fallen uns einige Dinge ins Auge, die in der Folgezeit *für Erziehung konstitutiv* wurden, deren Anfänge man bei Francke beobachten kann. Ich will das in drei Stichworten skizzieren:

Erziehung hat *erstens*, das ist uns heute selbstverständlich, *gesellschaftliche Konsequenzen*. Francke hat diese Konsequenzen ausdrücklich in ihren Begriff aufgenommen.

In der Vorrede zur deutschen Ausgabe einer französischen Erziehungsschrift schreibt Francke:

> „Am allerwenigsten wird bey uns für die Erziehung der Mägdlein gesorget. Siehet man auff das gemeine Volck / wer bekümmert sich umb die Mägdgen-Schulen / daß sie recht eingericht und dergestalt gehalten werden möchten / daß eine wahre Frucht daher zu hoffen sey. Weil die Obrigkeit und Prediger insgemein darinnen ihr Amt nicht in acht nehmen / wie sie solten / so ist es kein Wunder / daß solch junges Volck mehrentheils in lauter Sünden / Schanden und Lastern auffwächset. Wenn denn eine Hurerey treibet und das Kind ermordet / oder sonst schwere Ubelthaten begehet / so reisset man ihr den Kopf ab. Ist das genug? Wird nicht GOtt solch Blut an jenem Tage von denen fordern / welche Amts wegen für die Erziehung der Jugend hätten sorgen sollen? Das sind unerkannte Blutschulden / welche der Regier- und Lehr-Stand öffters auf sich laden / indem sie nicht dafür sorgen / daß die Leute recht Christlich möchten erzogen werden. Denn würden sie solches thun / es würde mancher Mensch der Obrigkeit nicht ins Schwerdt fallen / und von dem Prediger nicht zum Thor hinaus begleitet werden."[27]

Überhaupt ist die Verbesserung der Verhältnisse nach Franckes Vorstellungen auf dem Wege über die Auferziehung der Jugend zu bewerkstelligen – das ist, wie schon angedeutet, die Überlegung, von der er seinen Ausgang nimmt.

Er vermochte es nun geschickt und erfolgreich, insbesondere den Nutzen der Erziehung für die zentrale Staatsgewalt herauszustellen. Ich nehme nur ein paar Hinweise auf:

Francke hat gezielte *Begabungs-Förderung* betrieben. Geeignete „ingenia" wurden ausgewählt und besonders gefördert. Er begründete das – u. a. – mit dem Hinweis auf den Schaden, der dem „gemeinen Wesen" entstünde, wenn diese „ingenia" ungenutzt blieben[28]. Die Arbeit von Dep-

172

permann dokumentiert die umfangreichen Bemühungen Franckes, dem preußischen Hof die Nützlichkeit seiner Anstalten zu beweisen. Ein zentrales Argument dabei ist der Hinweis auf die Qualifikationen, wie wir heute sagen würden, die die Erziehung in seinen Anstalten vermittelt. Nicht ausdrücklich gesagt, faktisch aber angezielt wird etwas, das wir, wiederum in heutiger Sprache gesagt, als Vermittlung von *herrschaftssichernden Orientierungen* bezeichnen könnten: die Vermittlung von Legitimationen der staatlichen und kirchlichen Herrschaft. Wir dürfen das daraus schließen, daß Francke sich von Beginn seiner Tätigkeit an bis zu seinem Tode der nur selten getrübten Wertschätzung des preußischen Hofes erfreuen konnte; alle erdenkliche Förderung wurde ihm und wurde noch seinen Erben zuteil, sehr oft gegen erbitterte Widerstände: der orthodoxen Geistlichkeit oder der durch die Privilegien des Waisenhauses herausgeforderten Zünfte der Stadt, ja auch im Konflikt mit seinem Kollegen, dem Aufklärungsphilosophen Christian Wolff. Auf den guten Ruf, den die Absolventen genossen, habe ich schon hingewiesen. Und Francke selbst versäumt es nicht, auf diesen Aspekt seiner Wirksamkeit aufmerksam zu machen.

Ordnung ist *zweitens* ein zentraler Begriff bei Francke. Es gibt eine Vielzahl von „Ordnungen" aus seiner Feder, durch die das Leben im Waisenhaus und den Schulen geregelt wurde: Auf Merkmale der äußeren Organisation der Schulen habe ich schon hingewiesen, vor allem das Fachklassenprinzip und die Wiederholungen, die Repetitionen. Dazu kommt der Erziehungsanspruch, der für alle Anstalten geltend gemacht und wiederum geregelt wurde: dauernde Beschäftigung, Überwachung, strenge Einhaltung der Disziplin, wie es hieß, also eben dieser Ordnungen. Dazu kommen Maßnahmen, die auf das Innere der Schüler und Studenten gehen: die Gewissenserforschung, das Tagebuchschreiben, ja: auch die Katechisation, die nicht nur – wie in der Tradition – der Vermittlung und Festigung des Wissens, sondern zugleich der Versicherung eines rechten Glaubens dienten. All das fügt sich trefflich in das Bild der „*Disziplin*", das Michel Foucault[29] nachgezeichnet hat und gleichsam parallel im Militär, der Strafpraxis sowie der Erziehung dokumentiert. Ja, sogar der Raum wird abgegrenzt und überschaubar, wie man dem Prospekt und dem Grundriß der Anstalten entnehmen kann (und heute noch spürt, wenn man durch den Innenhof geht).

Um gleich bei diesem Bilde zu bleiben: Die Begrenzung hat auch eine Kehrseite, die Behütung nämlich und Bewahrung. Anders als in früheren Jahrhunderten dokumentieren all diese Maßnahmen der Unterweisung und der Erziehung der Jugend die Bereitschaft, Verantwortung für die Zukunft derselben zu übernehmen, wobei die Verantwortung gesellschaftspolitisch, nämlich mit dem Hinweis auf eine menschliche –

1.Das vordere und erste Gebæude des Waysen-Hauses so An:1698.erbauet, in welchen die Apothecke.Buchladen,Druckerey des Buchladens,die Stuben der Lateinischen Schule und Naturalien-Saal befindlich.2.Das Seiten Gebæude zur Lincken Hand in welchem der Waysen-Knaben Wohn-Stuben,die Claßen der Teutschen Schule,der Waysen-Mægdlein Wohn-Stuben,die Claßen und Singe-Saal der Mægdlein befindlich s.Das Seiten Gebæude zur Rechten Hand in welchem der große Singe-Saal,und Speise-Saal befindlich. 4 Das Canstein sche Biebel-Haus in welchem die Biebel-Druckerey e.Die Biblioithec 6.Das Lange Seiten Gebæude in welchem Studiosi und Schüler wohnen 7.Das Pædagogium Regium.

Gesamtansicht der Franckeschen Stiftungen um 1749

christliche, würde Francke sagen – Ordnung der Gesellschaft legitimiert wurde. Kurz: sie dokumentieren einen pädagogischen Anspruch im heutigen Sinne dieses Begriffs.

Nahezu in allen Geschichten der Pädagogik, so auch in der jüngsten von Herwig Blankertz, und in vielen Francke-Interpretationen wird *drittens die Erziehung des Willens* herausgehoben, und es wird mit ziemlich viel Unverständnis zitiert, daß der Eigen-Wille der Kinder gebrochen werden müsse. Was hat es damit auf sich?

Nach den bisherigen Ausführungen über das Menschenbild von Francke ist es eigentlich schon klar: Das, was Francke als den „Eigen-Willen" des Menschen bezeichnet, das ist eigentlich nichts anderes als der Mensch, der wissentlich im „rohen", im natürlichen Zustand verharrt, obwohl ihm in der Taufe und der Predigt die Zusage gegeben ist, daß er als neuer, geistlicher Mensch geboren ist; der „Eigen-Wille" charakterisiert also den Menschen, der nichts dazu tut, sich dieses, sein wahres Wesen sich anzueignen. Deswegen ist auch das Amt des Lehrers „dasselbe, ,welches der Sohn GOttes auf Erden geführt hat; zu suchen, was verlohren ist, die Sünder aus dem Verderben zu retten, ja die Menschen mit Schmertzen zu gebähren'... So sehr die Hilfe in der äußeren Not wichtig ist, sinnvoll

174

wird sie erst, wenn sie ermöglicht, daß dem Menschen ‚innerlich geholfen werde'"[30]. Die Aufgabe des Erziehers wird also geradezu im Hinblick auf den inneren Menschen definiert.

Das ist es, weswegen alle erzieherischen Veranstaltungen für Francke auf den inneren Menschen, wir würden wohl vom *Gewissen* sprechen, und seine Veränderung zielten, auf die Bekehrung, die geistliche Geburt des Menschen – oder darauf, daß er im Stande der Gnade bleibe. Natürlich hat erzieherisches Bemühen immer schon auf eine Veränderung von menschlichem Verhalten und Orientierungen abgezielt. Hinter den im Zusammenhang mit den Schulen notierten ‚Anstalten' finden wir bei Francke zusätzlich das Bemühen darum, diese Mittel ‚methodisch' einzusetzen, d. h. insbesondere auch, ihren Erfolg zu überprüfen und sicherzustellen. Um es so zu sagen: als Machtausübung wurde „Erziehung" schon zuvor verstanden. Bei Francke werden die Machtmittel verändert. Sie zielen jetzt auf den inneren Menschen. Ich habe an anderer Stelle beispielsweise ausführlich dargestellt, daß Francke die Prügelstrafe zwar, wenn auch ungern, akzeptierte, daß sie für ihn aber nur zu rechtfertigen war, wenn sie auf Einsicht und Überzeugung des Gewissens zielte[31].

Ich habe diese drei Gesichtspunkte – gesellschaftliche Implikationen von Erziehung, Ordnung und Disziplin, Gewissen – deswegen herausgehoben, weil sie, ganz im Gegensatz zum Unverständnis der Geschichtsschreiber bzw. Interpreten, seit damals für das Verständnis von Erziehung, also auch für unser Verständnis von Erziehung konstitutiv sind: In der Sache sind sie immer mitzudenken, wenn sie auch im einzelnen jeweils anders akzentuiert werden.

10.6 Zusammenfassung

In den Geschichten der Pädagogik kommt allemal ein Kapitel über den Pietismus vor, und hier wird allemal auf Francke eingegangen. Ich habe mich seit Beginn meiner Auseinandersetzung mit Francke des Eindrucks nicht erwehren können, daß die Autoren allemal nicht recht wußten, was sie mit ihm anfangen sollten. Ich sehe das etwas anders: Francke hat als erster in Deutschland einen umfassenden Begriff von Erziehung im modernen Verstande entwickelt. Und er hat das sowohl praktisch realisiert als auch theoretisch legitimiert – thematisch in der Spannweite von der Bildungspolitik bis zum Erzieher-Zögling-Verhältnis.

Erziehung erscheint bereits in derjenigen *Widersprüchlichkeit*, die dann in der Folge charakteristisch wird: Sie ist *einerseits* gezielte Aufklärung („Unterrichtung" in Predigt, Katechisation und Unterricht) der Menschen über ihre Situation und Anleitung, diese selbst in die Hand zu nehmen.

Bei aller Nähe zu den Aufklärern seiner Zeit ist für Francke die menschliche Existenz aber eingebunden in die vorausgesetzte göttliche Ordnung. Francke drückt dies dementsprechend theologisch aus (verkehrter Zustand, Wiederherstellung des wahren Wesens des Menschen); er formuliert gleichermaßen bereits in Kategorien der bürgerlichen Gesellschaft (Nutzen für das gemeine Wesen); und beides geht in die praktischen Maßnahmen, in die Anstalten ein. Die gesellschaftlich-politischen Implikationen von Erziehung und den Anstalten zur Erziehung werden mitgedacht. – *Andererseits* und zugleich dient Erziehung der Einbindung der Jugend in den entstehenden feudal-absolutistischen Staat durch die Ausstattung mit nützlichen Kenntnissen ebenso wie durch die Vermittlung von herrschaftssichernden Orientierungen; dies um so wirksamer, als sie im Gewissen der Heranwachsenden und nicht allein, wie früher, in den Institutionen des alltäglichen Lebens verankert werden.

Angelpunkt für das Gelingen von Erziehung ist eine Ausbildung von Erziehern, die denselben Grundsätzen verpflichtet ist wie die Erziehung selbst. Es werden Institutionen zur Erziehung und Unterricht geschaffen, und zwar in einem vom Staat garantierten Freiraum, Ansatz des staatlich geschützten, relativ autonomen Bildungswesens. Ansatz, denn zwar sah Francke Halle nur als Beispiel, er dachte an das Ganze. Aber ein entwikkeltes Bildungswesen, das fing erst ein Jahrhundert später an.

11 Die Welt in Bildern – Jan Amos Komensky (1592–1670)

Als ich 1964 in Halle im Archiv der Franckeschen Stiftungen an meiner Dissertation über August Hermann Francke arbeitete, fand und erwarb ich bei einem Antiquar ein Blatt, das recht aufschlußreich ist:

> Auf der Vorderseite ist ein Bildnis eines Comenius mit Geburts- und Todesdatum aufgeklebt; in Schönschrift darunter ein Vers, in dem das „Eins ist Noth" paraphrasiert wird; handschriftlich darunter: „Er hat das Unicum Necessarium geschrieben", sowie drei Notizen zum Lebenslauf. Auf der Rückseite stehen dann noch weitere Verse zum „unum necessarium".

Das Blatt entstammt einer umfangreichen Sammlung von ähnlichen Portraits[1], dem sogenannten „Kupferstichkabinett" vom Beginn des 18. Jahrhunderts, die man in der Bibliothek der Stiftungen heute noch bewundern kann. Mir zeigte es, daß es damals in Halle offensichtlich eine Praxis der interessegeleiteten Aneignung jenes Comenius gegeben hat: Er war bekannt, und sein Werk wird genutzt, um die eigenen Absichten zu unterstützen. Besonders schön ist dabei das Spiel mit den Buchstaben, das zugleich auf das AB (C) und auf ABBA, auf Gott, den Vater verweist und damit geradewegs den Kern des Werkes von Comenius – wie er sich in der latinisierten Form seines Names Komensky nannte – trifft. Wer war dieser Komensky?

11.1 Aus der Biographie

Sein Lebenslauf in Stichworten:

1592	in Nivnice in Mähren, in der heutigen Slovakei, geboren
1608	Besuch einer Lateinschule der Brüdergemeinde
1614–16	Studium an den – reformierten – Universitäten in Herborn und Heidelberg
1616	Pfarrer
1618	Vorsteher und Lehrer einer Brüdergemeinde, in Fulnek
1621	Flucht aus Fulnek nach der Schlacht auf dem Weißen Berge; Zuflucht bei einem den Brüdern zugetanen Baron
1628	Nach Ausweisung der evangelischen Pastoren aus Böhmen und Mähren sowie später der Evangelischen insgesamt: Emigration nach Lissa in Polen; Lehrer am Gymnasium
1632	Senior und Aufseher der Brüdergemeinde

1641–42	Aufenthalt in London: Suche nach Unterstützung für die Realisierung des Plans einer „Pansophie" (einer Art universal wissenschaftliches Institut)
1642	Aufenthalt in Schweden in derselben Absicht; dann in Elbing; Anfänge der Erarbeitung der Pansophie
1648	Rückkehr nach Lissa; Bischof der Brüderunität
1650–54	Errichtung einer Provinzialschule für den Fürsten Racosi in Patak (Ungarn)
1656	Zerstörung Lissas durch die Polen (Aufstand gegen die Schweden); Verlust aller Habe und wertvoller Manuskripte
1656	als Schriftsteller in Amsterdam
1670	gestorben

11.2 Das Umfeld

Im Rückblick auf sein Leben und anläßlich einer Gesamtausgabe seiner Didaktischen Werke schreibt dieser Comenius oder Jan Amos Komensky 1656:

> „Bei dem so großen Verderben der Kirchen und Schulen, das wir in unserem Vaterlande vor Augen hatten..., ergriff uns ein heftiger Schmerz und zugleich... kam uns die Hoffnung, die Barmherzigkeit Gottes möchte sich doch endlich wieder zu uns wenden; darum dachten wir eifrigst nach über

die Mittel, wie das Verderben zu beseitigen sei. Und wir fanden keinen anderen Rat als den: wenn Gott uns für würdig erachtete, mit dem Auge der Barmherzigkeit angesehen zu werden, so müsse man vor allem der Jugend zu Hilfe kommen, so schleunig als möglich Schulen errichten und sie mit guten Büchern und einer klaren Methode ausrüsten, um auf die möglichst beste Weise die wissenschaftlichen, sittlichen, religiösen Bestrebungen auf eine richtige Bahn zu leiten. Wir machten uns also eifrig ans Werk (obgleich andere als Wetzstein dienten) und taten damals soviel an uns war, noch im Innern des Vaterlandes verborgen. Aber im folgenden Jahre 1628 (da derselbe Verfolgungssturm immer stärker wütete) wurden wir alle das Vaterland zu verlassen und uns voneinander zu trennen gezwungen; ich wurde nach Polnisch-Lissa verschlagen, und da ich, um die Verbannung ertragen zu können, mich der Schule zu widmen gedrängt wurde und mit solcher Beschäftigung nicht bloß oberflächlich zu befassen wünschte, fand ich darin einen neuen Sporn, das begonnene Studium der Unterrichtslehre ernstlich zu betreiben; zugleich traten damals in Deutschland mehrere bedeutende Schulmänner auf, ... endlich erglänzte ein Strahl einer neuen (obgleich leider eitlen) Hoffnung auf Rückkehr ins Vaterland: und so kam es, daß ich meine Ansichten über Unterricht von Grund aus noch einmal aufzubauen und alles in umfassender Weise und sicherer als alles früher von mir und anderen Entwickelte festzustellen versuchte; bis ich mir sogar in einer gewissen Zuversichtlichkeit dies seiner ganzen Art nach neue Unternehmen eine große Unterrichtslehre oder die Kunst, alle alles zu lehren, zu nennen einfallen ließ."[2]

Mitten im Dreißigjährigen Krieg war das gewesen, die erste Konzeption einer Schrift, die er bald darauf überarbeitet hatte und nun – wiederum zwanzig Jahre später – mit diesen einleitenden Worten versah und herausgab – in Amsterdam, im Exil, ohne Hoffnung, daß man je wieder ins Vaterland würde zurückkehren können. Und der das schrieb, war der Bischof einer über ganz Böhmen und Mähren und darüber hinaus verstreuten protestantischen Gemeinde oder Gemeinschaft, der „Böhmischen Brüder", ausgebildeter Theologe und von Beruf beides, Pfarrer und Lehrer.

„... die Kunst, alle alles zu lehren..." – das ist es, weswegen eine Geschichte der Erziehung wo nicht bei den alten Griechen, dann aber spätestens hier ihren Ausgang zu nehmen hat. In der Zeit höchster Not, unvorstellbaren Elends, einer Zeit zugleich, in der ganz weitreichende Veränderungen ihren Anfang nahmen: in der Politik (beispielsweise die Entstehung von zentralistischen Territorialstaaten), in der Wirtschaft (Beginn des Merkantilismus; Entstehung der modernen, industriellen Produktionsweise) und in der Wissenschaft (Verpflichtung des Denkens auf die Wirklichkeit, Lösung seiner Bindung aus der Autorität der Alten – der Griechen und der Schrift): Als dies begann, da gab Komensky einer grandiosen pädagogischen oder didaktischen Utopie das Wort. Nicht zu Unrecht überschrieb Herwig Blankertz das ihm gewidmete Kapitel seiner

„Geschichte der Pädagogik" mit: „Visionärer Beginn: Comenius und die Didaktik"[3]. Eine Vision ist es in der Tat, was Komensky dann in lateinischer Sprache veröffentlicht hat, die *„Große Didaktik"*, in der Manier seiner Zeit mit dem folgenden umständlichen und aufschlußreichen Untertitel näher charakterisiert:

> *„Die vollständige Kunst, alle Menschen alles zu lehren"*
> oder
> Sichere und vorzügliche Art und Weise, in allen Gemeinden, Städten und Dörfern eines jeden christlichen Landes Schulen zu errichten, in denen die gesamte Jugend beiderlei Geschlechts ohne jede Ausnahme
> *Rasch, angenehm und gründlich*
> in den Wissenschaften gebildet, zu guten Sitten geführt, mit Frömmigkeit erfüllt und auf diese Weise in den Jugendjahren zu allem, was für dieses und das künftige Leben nötig ist, angeleitet werden kann;
> worin von allem, wozu wir raten
> die *Grundlage* in der Natur der Sache selbst gezeigt,
> die *Wahrheit* durch Vergleichsbeispiele aus den mechanischen Künsten dargetan,
> die *Reihenfolge* nach Jahren, Monaten, Tagen und Stunden festgelegt und schließlich
> der *Weg* gewiesen wird, auf dem sich alles leicht und mit Sicherheit erreichen läßt."[4]

und als Ergänzung dazu:

> *„Erstes und letztes Ziel unserer Didaktik soll es sein,* die Unterrichtsweise aufzuspüren und zu erkunden, bei welcher die Lehrer weniger zu lehren brauchen, die Schüler dennoch mehr lernen; in den Schulen weniger Lärm, Überdruß und unnütze Mühe herrsche, dafür mehr Freiheit, Vergnügen und wahrhafter Fortschritt; in der Christenheit weniger Finsternis, Verwirrung und Streit, dafür mehr Licht, Ordnung, Friede und Ruhe."[5]

Visionär, utopisch ist das. Ich merke an, daß es nur ein kleines Wörtchen ist, mit dem Komensky hier spielt, in dem er die ganze Vision bündelt; in dieser Übersetzung ist es mit „all" wiedergegeben:

– das griechische pan: pantes panta pantos;
– oder lateinisch: omnes omnia omnino.

Gemeint ist, wie im Fortgang deutlicher wird: *alle* Menschen, *alles* Wißbare und Wissenswerte und *gründlich,* von Grund auf lehren – *allseitig,* so könnte man das Wortspiel vielleicht übertragen.
Nichts davon war damals selbstverständlich. Natürlich gab es hier und da Schulen, vor allem durchweg in den Städten. Aber es waren nur wenige Merkmale, die sie mit dem gemein hatten, was wir heute darunter verstehen. Und: Das zu realisieren, was Komensky damals konzipierte, damit sind wir bis heute noch nicht fertig:

- überall, über den ganzen Erdkreis;
- die gesamte Jugend, insbesondere auch die Mädchen;
- Wissen sowohl wie Sitte und Frömmigkeit;
- Ausrüstung für das ganze Leben;
und das abgeleitet aus der Natur der Dinge, und zwar
- in Parallele zu den „Künsten" (man denke dabei an die Handwerke),
- in einem lehrbaren Lehrgang geordnet,
- und mit dem Ziel einer Verbesserung der gesamten menschlichen Verhältnisse.

Das Programm war nicht neu. Es gab viele, die damals das Schulwesen und die Welt reformieren wollten; in dem eingangs zitierten Text des Komensky deutet er es selbst an, wo er vom „Wetzstein" spricht und den „bedeutenden Schulmännern". Als Vorgänger des Komensky wird der Holsteiner Wolfang Ratke (oder latinisiert: Ratichius, 1571–1635) genannt; vielleicht deswegen, weil er 1612 den versammelten deutschen Fürsten in Frankfurt ein „Memorial" vorgelegt und seine Pläne angepriesen hatte. – Komensky hingegen hat nicht nur Pläne gemacht, sondern darüber hinaus auf der Basis eines soliden Wissens, tiefer Frömmigkeit, der Verwurzelung in einer festgefügten Gemeinschaft und von weit-, ja: weltläufigen Beziehungen Wesentliches realisiert.

Zu seiner Zeit und zu seiner Person gebe ich jetzt ein paar Hinweise und folge dabei einer schönen Studie von Robert Alt:

„Als einen ... Nachfolger der Hussitenbewegung muß man die Organisation der Böhmischen Brüder betrachten. ... Im Gegensatz zu der ursprünglichen Haltung der Hussiten aber verwarfen die Böhmischen Brüder jedes kriegerische Mittel. Sie wollten den angestrebten Idealzustand dadurch herstellen, daß sie als erstes eine praktische Verwirklichung des Urchristentums innerhalb ihrer Gemeinde durch die Haltung eines jeden Gemeindemitgliedes selbst durchführten. Neben und außerhalb jeder weltlichen Organisation sollte durch tätiges Christentum ein christliches Reich entstehen. Ursprünglich war es jedem Mitglied der Brüdergemeinschaft untersagt, sich an der Verwaltung des Staates oder der Stadt zu beteiligen, irgendein Amt anzunehmen, Kriegsdienst zu leisten, in irgendeiner Angelegenheit den Staat anzurufen, etwa eine Klage vor Gericht zu erheben usw. In der erstrebten christlichen Idealgemeinde sollte vollständige Gleichheit herrschen; es sollte jedem untersagt sein, andere für sich arbeiten zu lassen, Handel zu treiben und Geld gegen Zinsen auszuleihen. Jeder Vermögende oder Privilegierte mußte, ehe er der Bruderschaft beitrat, auf sein Vermögen und seine Vorrechte verzichten, um in einfacher, anspruchsloser Bescheidenheit sich durch fleißige Arbeit gleich allen anderen zu erhalten. Aber auch in der Geschichte der Böhmischen Brüdergemeinde zeigte es sich sehr bald, daß die realen Verhältnisse stärker waren als die edlen Absichten der Brüder. Im Laufe der Zeit ergab es sich, daß gerade jener einfache Lebenswandel, jene allen weltlichen Freuden abgewandte Arbeitsamkeit die ursprüngliche Gleichheit der Gemeinde sprengte, weil sie die beste Grundlage für die erfolgreiche Betätigung in der kapitalistischen Wirtschaft war, deren Anfänge in der die Gemeinde umgebenden Welt immer mehr erstarkten und sich entfalteten. Puritanischer Lebenswandel, Genügsamkeit und Fleiß der Böhmischen Brüder trugen zweifellos dazu bei, daß in dem gesellschaftlichen Umschichtungsprozeß jener Zeit viele von ihnen kapitalistische Unternehmer und wohlhabende Bürger wurden. ...

Als Komensky also unter den Böhmischen Brüdern aufwuchs, war jene Wandlung schon längst vollzogen. Aber die über 200jährige demokratische und nationale Tradition hatte doch ihre tiefen Spuren zurückgelassen, und das nicht zuletzt auch auf dem Gebiet der Erziehung und des Unterrichts. Auch bei den Böhmischen Brüdern hatte die Ablehnung der scholastischen Wissenschaft, die ein Privileg des Klerus war und Worte der Bibel zugunsten der Aufrechterhaltung der kirchlichen Hierarchie verfälschte, zu einem religiösen Unterricht in der Muttersprache geführt. Daß jeder die neuen Wahrheiten oder besser die von dem Wust kirchlicher Verdrehungen gereinigte alte Wahrheit kennenlernen und sie zu verteidigen wußte, war ein zentrales Anliegen der Böhmischen Brüder, war für den Bestand ihrer Gemeinde unerläßlich. So sehen wir, daß auch bei ihnen – wie überall, wo die Sektenbewegungen einen größeren Umfang annahmen und es ihnen gelang, sich längere Zeit zu behaupten – sich allmählich ein Unterricht für alle Kinder herausbildet. In der älteren Zeit war es vorwiegend die Sache der Familienhäupter, die Kinder zu erziehen und auch zu unterrichten. ...

In einem Synodaldekret vom Anfang des 16. Jahrhunderts wird vorgeschrieben, daß die Hausväter, sofern kein öffentlicher Gottesdienst stattfinde, eine Familienandacht abhalten sollten. ‚Nach der Versammlung‘ heißt es dort weiter, ‚sollen sie die Kinder lehren, wie es ihnen zukommt‘. Die Unterweisungen der Kinder durch bibelkundige Laien und Laienpriester im häuslichen Kreise waren allgemein verbreitet. Auch die Priester und Vorstände der Gemeinden erachteten es für ihre Pflicht, da sie die einzige Rechtfertigung ihres Glaubens in der Bibel fanden, die Kunst des Lesens zu verbreiten. ...

Und von gegnerischer Seite wird der verhältnismäßig hohe Bildungsstand der Massen in Böhmen, die sich zu den ketzerischen Lehren bekannten, zugegeben. In einem gegen die Ketzer gerichteten Werke heißt es: ‚Sie haben überdies Bibeln in böhmischer Sprache, die sie täglich lesen, und die Älteren lehren ihre Jungen fast alle lesen, und so wissen sie in Gesetz und Bibel gut Bescheid.‘ ...

In späterer Zeit, als die Böhmischen Brüder auch Anhänger in den Reihen der Grundherren hatten und viele vermögende Unternehmer ihren Gemeinden angehörten, richteten sie eigene Schulen ein. ...

Jene Haltung der Brüder, die sie ein den weltlichen Freuden und Zerstreuungen abgewandtes, streng in seinem Ablauf geregeltes arbeitsames Leben führen ließ, wirkte auch in die Schulen und deren Betrieb hinein. Der Schulunterricht wurde von Lehrern und Schülern als ein für ihren Glauben unabdingbares, ernst zu nehmendes, planmäßiges Unternehmen betrachtet. Das führte dazu, daß Lehrende und Lernende in ihren Erfolgen den meisten anderen bestehenden schulischen Einrichtungen gegenüber überlegen waren. Als in späterer Zeit die zu Priestern bestimmten Jünglinge an Hochschulen studierten, und zwar an den inzwischen entstandenen reformierten Hochschulen in Heidelberg, Wittenberg, Herborn und in der Schweiz, bemerkte man, daß die der Unität angehörenden Studenten die fremden Sprachen in der Hälfte der Zeit, die andere dazu brauchten, lernten. Vermöge ihrer Ordnungsliebe, ihrer Gewöhnung an eine streng geregelte Tageseinteilung, vermöge ihres Lerneifers – Haltungen, die ihnen bei ihrem Aufwachsen in der heimatlichen Gemeinde und Schule selbstverständlich geworden waren – konnten sie die anderen Studenten, von denen viele öfters ermahnt werden mußten, wenigstens einmal in der Woche eine Vorlesung zu besuchen, weit überflügeln."[6]

Ich habe relativ ausführlich zitiert, denn dies muß man schon wissen, wenn man den Lebenslauf Komenskys einschätzen will. Zu ergänzen ist nur, daß die Teile der Brüdergemeinde, die im Habsburger Reich lebten (in Böhmen und Mähren) nach dem Ausbruch des Dreißigjährigen Krieges unterdrückt und dann verboten und damit zur Auswanderung gezwungen wurden; im Frieden von Münster und Osnabrück wurde die erhoffte und erstrebte Anerkennung als Glaubensgemeinschaft nicht erreicht. Und so blieben von der Kirche, als die man sich verstand, einzelne Diasporagemeinden dort, wo sich eine Gruppe auf Dauer niederlassen konnte. Komensky starb als der letzte Bischof der Böhmischen Brüder.

Mit dem Vorigen zusammengenommen: Anders als das im Rückblick über vier Jahrhunderte erscheinen mag, ist Komensky nicht ein einsamer Denker, der die Realität seiner Zeit in der Utopie durchbricht, dieses Denken ist vielmehr gespeist aus der Tradition eines Gemeindelebens, eines wissenschaftlichen und pädagogischen Diskurses, die er ins Wort und auf den Begriff bringt und weiterführt – das allerdings auf eine Weise, umfassend und stringent, die uns heute noch anspricht und die Augen öffnet für den Widerspruch dessen, was wir eigentlich wollen, und dessen, was wir tun.

Worin bestand sein Werk? Es ist ganz unmöglich, das in einem Satz zu sagen, und dennoch muß Wesentliches in Kürze herausgehoben werden. Ich wähle aus und akzentuiere im Sinne jenes dreifachen ,pan': Schulen für alle, in denen alles Wißbare und Wissenswerte auf natürliche Weise, grundlegend gelehrt wird, und gehe auf diese drei Aspekte im folgenden mehr oder weniger ausführlich ein.

11.3 Die Schulen

Zunächst also zu den Schulen. In der Didactica Magna konzipiert er deren vier:

- die Mutterschule,
- die Muttersprachschule,
- die lateinische Schule und
- die Akademie;

andernorts sind es mehr – für die späteren Lebensalter jeweils eine weitere.[7] Das Prinzip, nach denen die Schulen konzipiert sind, erläutert Komensky so:

> „Die Handwerker setzen für ihre Lehrlinge im voraus eine bestimmte Zeit fest (zwei, drei bis sieben Jahre, je nach der Feinheit oder Vielseitigkeit der Kunst), innerhalb derer das Handwerk erlernt wird, jeder alles, was zur Kunst gehört, gelernt hat und aus einem Lehrling Geselle und Meister werden soll. In gleicher Weise sollte man die Schulordnung einrichten und für die Künste, Wissenschaften und Sprachen angemessene Studienzeiten festsetzen, so daß innerhalb von ein paar Jahren die ganze Enzyklopädie der gelehrten Bildung absolviert wird und aus diesen Werkstätten der Humanität wahrhaft gelehrte, sittliche und fromme Menschen hervorgehen.
> Um dieses Ziel zu erreichen, brauchen wir zur Übung des Geistes die ganze Jugendzeit ... von der Kindheit bis zum Mannesalter, das sind 24 Jahre, die in vier Perioden zu teilen sind, welche sich der Natur nach von selbst ergeben. Erfahrungsgemäß wächst nämlich der Körper des Menschen etwa bis zum 25. Jahre, nicht länger, später kräftigt er sich nur noch. Dieses langsame Wachstum ... muß doch wohl die göttliche Vorsehung deshalb der Natur des Menschen zugemessen haben, damit er im Ganzen einen größeren Spielraum habe, sich für die Aufgaben des Lebens vorzubereiten. Diese Jahre also des Aufwachsens wollen wir in vier unterschiedene Stufen teilen: Kindheit, Knabenalter, Jünglingszeit und beginnendes Mannesalter, und jeder Stufe einen Zeitraum von sechs Jahren und eine besondere Schule zuweisen.
> I. die Schule der Kindheit sei: der Mutterschoß
> II. die des Knabenalters: die Grund- ... oder öffentliche Muttersprachschule
> III. die der Jünglingszeit: die Lateinschule oder das Gymnasium.
> IV. die des beginnenden Mannesalters: (Universität) und Reisen.
> Und zwar soll eine Mutterschule in jedem Hause, eine Grundschule in jeder Gemeinde, jedem Dorf und jedem Flecken, ein Gymnasium in jeder Stadt und eine (Akademie) in jedem Staat oder auch in jeder größeren Provinz zu treffen sein."[8]

Zu diesen Schulen im einzelnen:

1. *Die Mutterschule:*

> „Ein Baum treibt alle Hauptäste, die er haben soll, gleich in den ersten Jahren aus seinem Stamm hervor, so daß sie hernach nur noch zu wachsen

brauchen. So wird man also all das, womit man den Menschen für den Bedarf seines ganzen Lebens ausrüsten will, ihm hier in der ersten Schule einpflanzen müssen. Daß dies möglich ist, sieht jeder ein, der die Gebiete des Wissens durchgeht."[9]

Das tut Komensky. Von der Metaphysik über die Naturwissenschaften, die Mathematik, ja auch die Dialektik und Grammatik bis hin zur Ethik und Religion erläutert er, woran er dabei denkt.

2. *Die Muttersprachschule:*

> „Zweck und Ziel der muttersprachlichen Schule soll sein, daß die gesamte Jugend zwischen dem 6. und 12. (oder 13.) Altersjahr alles erlerne, wovon sie für das Leben bleibenden Nutzen haben kann."[10]

Und das wird dann erörtert und erläutert: von der Muttersprache („in Druck- und Handschrift geläufig lesen") über das Rechnen („nach Bedarf mit Ziffern oder Rechensteinen"), die „wirtschaftlichen und politischen Verhältnisse" („soviel ... als zum Verständnis dessen, was sie – die Kinder – täglich in Haus und Gemeinde vorgehen sehen") bis hin zu allgemeinen Kenntnissen von den Handwerken (u. a. dazu, „daß dann die natürliche Neigung eines jeden leichter zu erkennen gibt, wohin es ihn am meisten drängt").[11]

Diese Schule soll für alle Kinder verpflichtend sein, also sowohl für die, „die in die Lateinschule eintreten", als auch für die, „die sich dem Ackerbau, dem Handel oder einem Handwerk widmen"; nach dem Durchgang durch diese Schule wird ihnen „nichts Neues mehr begegnen, wovon sie nicht hier schon einen Vorschmack bekommen hätten"[12].

3. Und dann *die Lateinschule*, in der „mit Hilfe von vier Sprachen die ganze Enzyklopädie der Künste erarbeitet werden soll" – das gesamte vorhandene Wissen also[13].

4. *Die Akademie*, über die Komensky im einzelnen nicht handelt, charakterisiert er so:

> Sie habe hauptsächlich das zu „bilden, was in den Bereich des Willens fällt: die Fähigkeiten nämlich, welche lehren, wie die Harmonie zu erhalten oder wiederherzustellen sei; wobei die Harmonie der Seele das Anliegen der Theologie, die des Geistes das der Philosophie, die der Lebensfunktionen des Körpers das Anliegen der Medizin und die der äußeren Güter das der Jurisprudenz ist"[14]. Anders gesagt: Ihr ist „die Höhe und Vollendung aller bisher behandelten Wissenschaften" überlassen.[15]

An dieser Vorstellung von Schulen ist allerlei bemerkenswert; ich will auf zwei Sachverhalte eingehen:

In früheren Jahrhunderten waren Schulen (die Stadtschulen; von den

Dorfschulen ist wenig bekannt und zu berichten) so organisiert, daß – ganz grob gesagt – ein Lehrer ein bestimmtes Pensum in regelmäßiger Abfolge vortrug; Schüler besuchten die Schule solange, bis sie es – das Pensum – gefaßt hatten; notfalls durchliefen sie den Lehrgang (curriculum) mehrmals, denselben Lehrgang. Im Konzept Komenskys sind es nicht die Schüler, die sozusagen durch ihren Lehr„gang" charakterisiert sind, sondern vielmehr die Schulen („curriculum", „methodus", hieß das damals, später „Lehrplan"); dieser Lehrgang seinerseits hat dann der Natur der Schüler, ihrer Entwicklung zu folgen. Übrigens sollen diese Schulen ihrerseits wiederum in Klassen gegliedert sein. Die Schüler durchlaufen sie – im Idealfall eine nach der anderen. Ersichtlich ermöglicht das ein weitaus effektiveres Unterrichten, als das in den alten Schulen möglich war.

Und das Zweite: In jeder Schule sollte das Ganze, sollte der ganze Umkreis des Wissenswerten gelehrt und gelernt werden – in der Mutterschule ebenso wie in der lateinischen Schule. Wie das? Ganz einfach, in der Charakterisierung der Mutterschule kam es schon zum Ausdruck; in dem folgenden Text wird es systematisch formuliert:

> „So unterschiedlich diese Schulen auch sind, so soll in ihnen doch nicht Verschiedenes behandelt werden, sondern vielmehr dasselbe in verschiedener Weise, d.h. alles, was die Menschen zu wirklichen Menschen, die Christen zu wirklichen Christen, Gelehrte zu wirklichen Gelehrten machen kann, nur jeweils nach der Stufe des stets höher strebenden Lebensalters und Vorbereitungsganges. Denn die Fachgebiete ... dürfen nach den Gesetzen dieser natürlichen Methode nicht zerstückelt, sondern müssen stets alle zugleich gelehrt werden, sowie auch ein Baum immer im Ganzen, in allen seinen Teilen wächst, dieses und das nächste Jahr und solange er überhaupt stehen wird, auch in hundert Jahren noch."[16]

Natürlich unterscheiden sich die Schulen, und zwar

– nach der Komplexität: „In den Anfangsschulen (wird) alles allgemeiner und einfacher gelehrt werden, in den folgenden mehr im einzelnen und genauer: gerade so wie ein Baum sich jährlich in neue Wurzeln und Äste verzweigt und umso mehr Früchte bringt, je kräftiger er wird";[17]
– nach der Instanz, die geübt wird, auf deren Ausbildung es abgesehen ist: die äußeren Sinne in der Mutterschule, die inneren in der Muttersprachschule, der Verstand im Gymnasium und der Wille auf der Universität;
– nach dem Einzugsbereich: Die beiden ersten Schulen sollen tatsächlich alle erreichen; das Gymnasium soll „Jünglinge vervollkommnen, die nach Höherem als einem Handwerk trachten. Die Universitäten ... werden die künftigen Lehrer und Leiter der andern ausbilden, damit es den Kirchen, Schulen und Staaten nie an geeigneten Lenkern fehlt"[18].

Wenn ein Mensch also nur die erste und vielleicht auch noch die zweite, die Muttersprachschule, besuchte, so sollte er doch das Ganze des Wissens sich haben aneignen können.

Wenn wir auf die Geschichte des Schulwesens nach Komensky blicken, dann sehen wir, daß es zwar nicht genau diese Schulen waren, die in der Praxis realisiert wurden. Immerhin können wir durchweg eine der seinen ähnliche Stufung und mancherorts auch die Konzeption eines „Spiralcurriculums" (wie das heute heißt) finden. – Bemerkenswert ist an dieser Konstruktion des Komensky, daß da ein Schulsystem nach bestimmten Kriterien konstruiert wird, und zwar einmal im Blick auf die Entwicklung des Menschen und zum anderen unter Berücksichtigung der Bedürfnisse der Gesellschaft. Insbesondere aber sind diese Schulen didaktisch konzipiert, das heißt von den Inhalten her, die jeweils für sie charakteristisch sind, bzw. von der Art und Weise her, wie die Inhalte in ihnen zu entwickeln sind. Und damit komme ich zum nächsten Punkt.

11.4 Das Wissen

Nun zum Wissen: „alles", zu dem also, was in den Schulen gelehrt werden soll. Was Komensky hier erarbeitet hat, das ist wohl seine eigentliche praktische Leistung.

International wurde Komensky durch seine Sprachbücher bekannt, und zwar insbesondere durch die 1632 erschienene „Janua linguarum reserata" (Die geöffnete Tür der Sprachen). Dieses und viele andere Bücher waren nicht eigentlich Sprachbücher, sondern Sach-Sprach-Bücher, basierend auf dem Grundsatz, den man als: Parallelität von Verständnis der Sache und Sprache bezeichnen könnte.

Man darf also nicht an den Langenscheidt und ähnliche Wörterbücher denken, allenfalls an diese Polyglott-Sprachführer, in denen bestimmte Situationen, in die man als Ausländer kommt, sprachlich (auch bildlich) präsentiert und damit für den Leser auch praktisch handhabbar gemacht werden. Mit den Worten eines Briefes von Komensky:

> „Soweit es sich um *Wörter-Bücher* (Lexika) handelt, was vollbringen die bis heute anderes, als daß sie Wörter und Sätze aus einer Sprache in die andere übergießen (wie eine Flüssigkeit von einem Geschirr ins andere)? Und dies wieder *unter der Voraussetzung, daß die Wörter der Muttersprache* (oder einer anderen bereits bekannten) bereits verstanden werden und daß es hinreicht, ihnen die Wörter einer neuen Sprache anzugleichen. Auf diese Weise erreicht man nichts anderes, als daß sich die Benennungen der Dinge vervielfachen; die Dinge selbst, die von jeder Sprache anders ausgesprochen werden, bleiben, wenn die Hilfe nicht von anderer Seite kommt, dauernd unbekannt. ...

Gegen diese Verwirrungen und diesen Trug gibt es aber ein Allheilmittel, nämlich das ganze All durchzugehen und die Grenzen aller wichtigen Dinge, die Begriffe der Dinge und der Wörter zu bezeichnen, damit überall ans Licht komme, welche Dinge einander gleich oder ähnlich, unterschiedlich oder unähnlich, welche schließlich widersprüchlich und entgegengesetzt sind. ...

Damit man sich so mit ein und demselben Atemzug einmal die rechte Erkenntnis aller Dinge, zum andern die ganze Sprache aneignet und der Verstand angenehm mit dem Licht der Weisheit gespeist werde, die Dinge unbestechlich werte und in seinen Entscheidungen und Taten nicht irre."[19]

Was ist das Prinzip der Auswahl, Zusammenstellung und Darstellung? Gegen Ende seines Lebens schrieb Komensky jenes erwähnte Buch mit dem Titel: „Unum necessarium", Das Eine, das Not tut (damit spielt er auf die Erzählung im Neuen Testament, Lukas 10,42 an). Er habe sich, so schreibt er in der Widmung, „die Freiheit genommen, in diesem Schriftchen vor Augen zu stellen, was ein jeder Mensch unter der Leitung eines gesunden Sinnes und des göttlichen Wortes zu einer weisen Führung dieses seines vergänglichen Lebens wirklich notwendig braucht"[20]. Das ist das Prinzip, das seinen Sprachbüchern zugrunde liegt und das sie von alphabetisch geordneten Wörterbüchern unterscheidet: Sie sollten in dem Sinne das Wißbare und Wissenswerte enthalten, daß ein Mensch, der sie sich erarbeitet hat, am Ende seines Lebens, nach dem Durchgang durch alle Schulen, auf das Eine ausgerichtet ist, das Not tut. Die Vielfalt und Masse des Wissens ist geordnet, orientiert am Leben des Menschen in der Welt, das auf das ewige Leben vorbereitet.

Am „Orbis pictus", dem „Weltkreis in Abbildungen", dem Sprach-Bilder-Lehr-Buch ganzer Generationen läßt sich das erläutern:

- am Titel: „die Welt als Schöpfung Gottes in Bildern", so könnte man übersetzen;
- die Sache selbst beginnend mit der Schöpfung und endend mit dem jüngsten Gericht;
- natürlich an dem Gegenüber von Bild und Wort;
- das Ganze eingebunden in eine „Einladung" und einen ihr entsprechenden Schluß, beide Bilder identisch und sinnenfällig die Lehrbarkeit demonstrierend[21];
- alles Wissenswerte enthaltend, das Wissen auf der Höhe seiner Zeit und bis hin zu den modernsten Techniken.

Bildliche Darstellungen – das war nichts Neues. Robert Alt hat in seiner erhellenden Studie über „Herkunft und Bedeutung des ‚Orbis pictus'" gezeigt, daß und wie weit Komensky sich auf zeitgenössische und ältere Vorbilder und Vorlagen stützen konnte. Seine besondere Leistung sehe

JOH. AMOS COMMENII,

ORBIS SEN-
SUALIUM PICTUS.

Hoc est,

Omnium fundamentalium in MundoRe-
rum & in Vitâ Actionum

Pictura & Nomenclatura.

Die sichtbare Welt /

Das ist /

Aller vornemsten Welt-Dinge und Le-
bens-Verrichtungen

Vorbildung und Benahmung.

NORIBERGÆ,
Typis & Sumptribus MICHAELIS ENDTERI.
Anno Salutis cIɔ Iɔc LVIII.

Titelbild des Orbis sensualium pictus von Johann Amos Comenius

ich erstens darin, daß er versucht, das alltägliche Leben von Menschen in seinem ganzen Umfang zu erfassen und es einzubinden in einen übergreifenden Zusammenhang, der diesem Leben seinen Sinn gibt – das steckt im Begriff des „Orbis", der nicht – wie die wörtliche Übersetzung aus dem Lateinischen nahelegen könnte – der geometrische Kreis, sondern der in die Schöpfungsordnung eingebundene „Erdkreis" ist. Das Erstere, das alltägliche Leben, kann noch präzisiert werden; ich folge wiederum Alt:

> Die Bilder des Orbis pictus spiegelten zwei große Entwicklungstendenzen, „die in der Zeit vor Komensky sich herausgebildet haben und für die entstehende bürgerliche Ära charakteristisch und bedeutsam sind. Es ist einerseits die Wendung der Wissenschaft zur Beobachtung der Wirklichkeit, zur Ermittlung des real Existierenden und zur rationalen Durchdringung der Erfahrungen der Praxis, des alltäglichen Tuns. Sie ist begleitet von der Wandlung der Illustration zu einem getreuen Abbild der Wirklichkeit oder zur Verdeutlichung gesetzmäßiger Zusammenhänge. Die andere Tendenz geht dahin, das im Feudalismus bestehende Bildungsmonopol zu brechen und die neuen Kenntnisse an breite Kreise der Bürger weiterzugeben und sie im praktischen Leben auf breiter Basis nützlich anzuwenden."[22]

An den beiden – wie gesagt, identischen – Bildern der Einladung und des Schlusses zeigt sich zweitens, daß Komensky eine weitere, eine geradezu revolutionäre Errungenschaft seines Zeitalters für das Lehren in der Schule reklamiert: Ich drücke das etwas umständlich aus als die symbolische Repräsentation der Welt, des Orbis, zum Zwecke ihrer Beherrschung; die Sache, die ich damit bezeichne, ist ganz einfach:
Wenn man aus der Explosionszeichnung eines Vergasers entnimmt, wie man diesen zu reinigen hat, dann hat man sich angeeignet, worum es hier geht; dann verfüge ich frei über den Vergaser, weil ich über seine symbolischen Repräsentationen verfüge (ich bin weder „den Launen" eines gleichsam zu einer Wesenheit, einer Gottheit vergegenständlichten „Dinges" ausgeliefert noch dem vor mir geheimgehaltenen Wissen eines Fachmanns). – Wenn ich Kompaßpeilungen in eine Seekarte eintrage und am Ende eines Tages auf hoher See in den gewünschten Hafen einlaufe, dann ist es ebenso.
Das war die große Hoffnung der Epoche, die wir heute als die der Aufklärung bezeichnen; das ist die Schubkraft für die Entwicklungen vom Handwerk zur großen Industrie und einer entsprechenden Verfassung der Gesellschaft: Wissen – Bilder und Begriffe –, das uns die Verfügung über die Wirklichkeit ermöglicht. Uns ist das so selbstverständlich, daß es uns meist gar nicht mehr bewußt ist. Es ist eine epochale, eine unhintergehbare Leistung der Menscheit. Die Sprachbücher des Komensky sind deren Ausdruck.
Es muß damals, mitten im Dreißigjährigen Kriege, ein breites Interesse

gegeben haben, das Wissen der Zeit zu sammeln, verfügbar zu machen. Komensky suchte Geldgeber und fand sie, die die Verwirklichung seines Projekts einer „Pansophie" finanzieren sollten: ein Team von Fachleuten, die das Wissen auf dem modernsten Stande zu sammeln hatten, sozusagen ein „universalwissenschaftliches Institut", so hatte ich das genannt. Er fand diese Unterstützung übrigens gerade dort, von wo aus die gesellschaftliche Entwicklung vorangetrieben wurde, insbesondere im Bürgertum, als dessen charakteristischen Vertreter man seinen Gönner van Geer ansehen darf. Komenskys, die didaktische Absicht war bei diesem Unternehmen, „die sachliche Welt (die Welt der Sachen) einem anderen Geist (dem Kind) in der mittelbaren Form eines sprachfähigen Wissens (in symbolischer Form) aufzuschließen"[23]. Sprachbücher, Sprachunterricht – als Mittel, Menschen die Welt zu erschließen und verfügbar zu machen, in der sie leben. Das ist es.

11.5 Die Methode

Das dritte, das ‚pantos', nun möchte ich auf die „Methode" bei Komensky zuspitzen.

> Seinem „Schwanengesang", dem „unum necessarium", stellte Komensky vier Sentenzen voran:
> „Plato
> Alle Kenntnisse schaden mehr als sie nützen, wenn die Kenntnis des Besten fehlt.
> Demokrates
> Die fehlende Erkenntnis des Besseren ist die Ursache der Sünde.
> Gott bei Hosea, 4.6
> Mein Volk ist dahin, darum, daß es nicht lernen will.
> Christus. Lukas 10,42
> Eins ist Not, Maria hat das gute Teil erwählt, das soll nicht von ihr genommen werden."[24]

Eine derartige Methode: die Berufung auf die Tradition und auf die Autoritäten, das ist eine durchaus klassische Form der Argumentation. Was die die Tradition verbürgenden Autoritäten gesagt haben, das muß zwar jeweils in die Bedingungen des Lebens der jeweiligen Zeit übersetzt, muß also interpretiert werden. Aber wenn der Interpret davon überzeugen konnte, daß seine Interpretation mit den Worten der Alten, insbesondere der Heiligen Schrift und der Kirchenlehrer, übereinstimmte, dann galt das, was er sagte. Wichtig zum Verständnis der Leistung von Komensky (und seiner Zeit) ist, daß dieses Verfahren nicht nur in den Fragen des rechten Lebens, der Moral, sondern auch dort selbstverständlich gewesen war, wo es um Naturtatsachen ging: Was eine Blume ist, wie der menschliche Organismus funktioniert – das erfuhr man von Aristoteles.

Die eigenen Augen zum Beobachten und den Verstand zum Experimentieren und Schließen zu gebrauchen, das machten erst im 17. Jahrhundert die Philosophen zu ihrer methodischen Maxime; ich nenne nur einen, weil Komensky ihn gelegentlich besucht hat, den Philosophen René Descartes, der diese moderne Einstellung auf den Begriff gebracht hat; der, wie man weiß, nur die eine Gewißheit als Fundament menschlichen Wissens gelten ließ: das Ich, das denkt; dies übrigens, wie schon angedeutet, um der Praxis ein sicheres Fundament zu geben:

> „Einige allgemeine Grundbegriffe der Physik", so schreibt er in seinem ‚Discours de la Méthode', hätten ihm „gezeigt, daß es möglich ist, zu Kenntnissen zu kommen, die von großem Nutzen für das Leben sind, und statt jener spekulativen Philosophie, die in den Schulen gelehrt wird, eine praktische zu finden, die uns die Kraft und Wirkungsweise des Feuers, des Wassers, der Luft, der Sterne, der Himmelsmaterie und aller anderen Körper, die uns umgeben, ebenso genau kennen lehrt, wie wir die verschiedenen Techniken unserer Handwerker kennen, sodaß wir sie auf ebendieselbe Weise zu allen Zeiten, für die sie geeignet sind, verwenden und uns so zu Herren und Eigentümern der Natur machen könnten".[25]

Komensky teilt diese Überzeugung seines Zeitalters, und er macht sie an zwei Stellen für die Schule fruchtbar: Erstens gilt für das Wissen, das er in seinen Lehrbüchern, seinen Sprach-Sach-Büchern zusammentrug, daß es diesen Ansprüchen genügen sollte und, soweit wir sehen, auch tat. Alt hat im einzelnen nachgewiesen, daß und inwiefern „der sich in diesen Jahrhunderten vollziehende Wandel zu einer realistischen Weltansicht, zur Gewinnung von Erkenntnissen durch empirisches Vorgehen, zur praktischen Gestaltung irdischer Verhältnisse vermittels der so gewonnenen Einsichten in den Lehrbüchern Komenskys – vor allem auch im ‚Orbis pictus' und seinen Bildern – sich niederschlägt". Seine Schulbücher waren also auf der Höhe des Wissens seiner Zeit.[26]

Zweitens, und das war für die Folge wichtiger. Was Descartes für die Mathematik, die Astronomie und die Biologie unternommen hatte, das versuchte Komensky für die Kunst des Unterrichtens. Man braucht nicht lange zu suchen, die Große Didaktik ist voll von mehr oder weniger deutlichen Hinweisen hierauf:

Im „Gruß an den Leser" lesen wir Leser:

> „Schließlich wollen wir alles dieses a priori dartun, aus der eigenen und unveränderlichen Natur der Dinge, gleichsam aus dem lebendigen Quell, welcher nimmer versiegende Bäche speist; indem wir diese wiederum in einem Flusse sich sammeln lassen, begründen wir die eine universale Kunst, universale Schulen zu errichten.

Wahrlich große und dringend wünschbare Dinge also werden hier versprochen. Das wird manchem eher als schöner Traum denn als Darlegung einer zuverlässigen Angelegenheit erscheinen, wie sich leicht voraussehen läßt. Halte jedoch dein Urteil zurück, wer immer du bist, bis du der Sache auf den Grund gekommen; dann steht es dir frei, dein Urteil zu bilden und überall kundzutun. Denn ich kann nicht wünschen noch erstreben, jemanden durch unsere Überredung zu verleiten, einer halbgeprüften Sache seine Zustimmung zu geben. Vielmehr bitte, ermahne und beschwöre ich dringend jeden, der sich damit auseinandersetzt, seine eigenen, wohlgeschärften Sinne mitzubringen und sich durch keinerlei bloßes Gerede umgarnen zu lassen."[27]

und etwas später:

„Ich setzte also alle Entdeckungen, Erwägungen, Beobachtungen und Regeln anderer beiseite und begann, die Sache selbst unvoreingenommen zu durchdenken und Ursachen, Methoden, Wege und Ziele der Lernkunst ('Discentia', wie sie nach Tertullian bezeichnet werden mag) zu untersuchen."[28]

Kurz und bündig für die Didaktik:

„Aus alledem geht hervor, daß die Ordnung, die das allgemeine Urbild der Kunst, alles zu lehren und zu lernen, sein soll, nirgends anders her entlehnt werden soll und kann als von der Lehrmeisterin Natur. Wenn diese Ordnung genau festgesetzt ist, so wird alles mit Kunst Unternommene ebenso leicht und von selbst vonstatten gehen, wie das Natürliche dahinfließt. Richtig sagt Cicero: wenn wir der Natur als Führerin folgen, werden wir niemals irre gehn."[29]

Die Begründung ist ein schönes Beispiel dafür, welcher Art die Regeln der Natur sind, die Komensky in Anspruch nimmt:

1. Wir wollen nun im Namen Gottes die Grundlagen zu ermitteln beginnen, auf denen Lehr- und Lernmethode wie auf einem unbeweglichen Fels aufgebaut werden können. Diese dürfen wir nur in der Natur suchen, da wir für Mängel der Natur Heilmittel schaffen wollen und es eine unumstößliche Wahrheit ist, daß die Kunst allein durch Nachahmung der Natur etwas vermag.
2. An Beispielen möge das klar werden. Sieht man einen Fisch im Wasser schwimmen, so ist das für ihn ganz natürlich. Will der Mensch ihn nachahmen, so muß er notwendig ähnliche Werkzeuge und Bewegungen anwenden: nämlich statt der Flossen die Arme und statt des Schwanzes die Beine so bewegen wie der Fisch die Flossen. Ja auch die Schiffe können nur nach diesem Urbild gestaltet werden. Anstelle der Flossen treten hier die Ruder oder die Segel und anstelle des Schwanzes tritt das Steuer. Siehst du einen Vogel in der Luft fliegen, so ist das für ihn natürlich. Als Daedalus ihn nachahmen wollte, mußte er (der Schwere seines Körpers entsprechende) Flügel anziehen und sie bewegen.
3. Das Organ, das die Töne hervorbringt, ist bei den Tieren eine rauhe

193

Röhre, aus knorpligen Ringen zusammengesetzt, mit dem Kehlkopf darüber wie mit einem verschließbaren Hahn, nach unten mit dem die Luft liefernden Schlauche, der Lunge, verbunden. Nach diesem Vorbilde sind die Pfeifen, Dudelsäcke und anderen Blasinstrumente gebaut.

4. Man hat entdeckt, daß das, was aus den Wolken hervorkracht und Feuer und Steine schleudert, durch Schwefel entzündeter Salpeter ist. In Nachahmung dessen setzt man aus Schwefel und Salpeter Schießpulver zusammen, welches, wenn es entzündet und aus Sprengkörpern geschleudert wird, jenen nachgeahmten Donner und Blitz zustande bringt."[30]

Ich halte fest als *Fazit des Ganzen:* Pantos, gründlich – dabei haben wir an zweierlei zu denken,

– an eine gründliche Durchdringung, Auswahl und Ordnung der Sachen und der ihnen entsprechenden, sie symbolisierenden Wörter, ihrem Wesen, ihrer Natur entsprechend; und

– an eine der Natur folgende Organisation der Bildung von Menschen zu ihrer Bestimmung, zu Menschen im vollen Sinne dieses Begriffs.

Komensky hat dieses vor allem, dazu die beiden anderen Aspekte des Pan – alle alles – den Pädagogen sozusagen ein für allemal ins Stammbuch geschrieben. Er hat dies in einer Weise für den Begriff von Erziehung erarbeitet, die Spätere als Fundament benutzen konnten: Man kann die Welt beherrschen, wenn man die Wörter beherrscht, in denen sie präsent ist. Damit steht er für eine Erfindung, deren epochaler Wert heute vielleicht nicht mehr so hoch eingeschätzt wird, wie man das für seine Zeit sagen muß. Schulkritiker beklagen heute bzw. seit der Zeit der Reformpädagogik eine Schule, die – wie es heißt – totes Wissen an die Stelle lebendiger Erfahrung setze, und sie wollen diese wieder in ihr Recht gesetzt wissen. Welche die Menschen von Autorität befreiende Kraft jene Erfindung entband, was Unterricht gerade dadurch leistet, daß er aus dem Zusammenhang der Not und Bedrängnis herausgenommen diese zu thematisieren und bearbeiten erlaubt – das Bewußtsein davon ist Schulkritikern heute ein wenig abhanden gekommen. Die Erinnerung an den großen „Didaktiker" ist zugleich eine Erinnerung an diese konstitutive Leistung von Schule und Unterricht.

Rückkehr und Rückblick: Aus der Geschichte lernen?

In Tagen eines tiefgreifenden nationalen Umbruchs und weitreichender Irritationen schrieb mir ein Pädagoge:

> „… wenn die deutsche Lehrerschaft in Diesterwegs Werk eine historische Plattform fände, um gemeinsam einen Neuanfang in der Erziehung und Bildung der Jugend in … Deutschland zu wagen. Dieses Deutschland mit einer im Geiste Diesterwegs erzogenen Jugend brauchten unsere Nachbarn und die Welt nicht zu fürchten."

Ja, auch heute noch oder heute wieder. Es ist des Fleißes wert zu ermitteln, was das hier und heute heißen könnte: „im Geiste Diesterwegs". – Ich formuliere die Sache ein wenig um, nehme Diesterweg als ein Beispiel[1], verallgemeinere sie:

Die Frage: Aus der Geschichte lernen – kann man das?

In der für die Deutsche Demokratische Republik bestimmten, vor dem 9. November 1989 erschienenen Lieferung der zweibändigen Diesterweg-Ausgabe heißt es „Zum Geleit": „… mit der sozialistischen Schule in der Deutschen Demokratischen Republik wurde Wirklichkeit, wofür Diesterweg stritt"[2]; und dann folgt eine Aufzählung von Diesterwegs Leistungen, die in der Tat zugleich ein Exzerpt aus den „Grundsätze(n) und Ziele (n) des einheitlichen sozialistischen Bildungssystems" des „Gesetz(es) über das einheitliche sozialistische Bildungswesen" sein könnte. Immerhin bleibt noch etwas zu tun, da die von Diesterweg hervorgebrachten „bleibende(n) pädagogische(n) Erkenntnisse"[3] „dem Lehrer unserer Zeit wichtige Impulse zu geben" vermöchten[4]. – In der in der Bundesrepublik Deutschland ausgelieferten Lieferung heißt es unter derselben Überschrift: „… sind … Diesterwegs Auseinandersetzungen mit allgemeinpädagogischen, schulpädagogischen, sozialpädagogischen, bildungspolitischen und sozialpolitischen wie auch kulturpolitischen Problemen für die Gegenwart bedenkenswert"[5]. „Impulse", „bedenkenswert" – was mag das heißen?

Ein paar Antworten schließe ich gleich von vornherein aus:

– Diesterweg hat Vorbildliches für die Ausbildung der Volksschullehrer geleistet; er hat in seiner Praxis und in seinen Schriften Maßstäbe gesetzt, an denen gemessen die Realität noch lange als defizitär eingeschätzt werden mußte. Allerdings: Seit 1926 haben wir eine akademische Ausbildung von Lehrern, die zwar noch „Volksschullehrer" hießen; aber da war das „Volk" schon nicht mehr das der „Volksschule" zu Diesterwegs Zeiten. Und heute findet die Ausbildung von Grundschul- und Sekundarschullehrern an Universitäten statt. Die Bezahlung und Versorgung von Lehrern läßt immer zu wünschen übrig; aber zur Stiftung von Pensionskassen besteht keinerlei Anlaß mehr.

– Diesterwegs „Wegweiser" dokumentiert auf eine faszinierende Weise einen Wissenstyp, der für angehende Lehrer Allgemeinbildung und Berufsausbildung miteinander verbindet. Das mußten er und seine Zeitgenossen damals auch für seine Volksschulabsolventen so konzipieren und mit ihnen praktizieren. Heute werden zum Lehrerstudium nur Abiturienten zugelassen. Ihre Allgemeinbildung läßt, dem Urteil ihrer Professoren nach, zwar allemal zu wünschen übrig. Aber das ist etwas gründlich und grundlegend anderes als der Wissensstand, den die Seminaristen in Diesterwegs Seminar mitbrachten.

– Diesterweg hat als Liberaler leidenschaftlich Konservativismus und Reaktion in Schule und Gesellschaft bekämpft, als Abgeordneter und als Publizist. Nun, die Stiehlschen Regulative, an denen insbesondere sich die Auseinandersetzung entzündete, sind 1872 außer Kraft gesetzt worden; selbst in der Bundesrepublik ist der Kampf um die konfessionelle Volksschule Geschichte, die die jüngste Lehrergeneration gar nicht mehr aus eigener Erfahrung kennt. Gewiß gibt es auch heute so etwas, was als „Bildungsbeschränkung" kritisiert wird. Mit der Volksschulpolitik vor 130 Jahren hat das allerdings so gut wie nichts gemein.

So also nicht, das ist geradezu trivial, und mit unseren anderen Klassikern verhält es sich ebenso. Deswegen geht die Rede von den „bleibenden pädagogischen Erkenntnissen" an der Sache vorbei. Wie könnte es dann gemeint sein: Von Diesterweg lernen? Um es vorweg in einem Satz zu sagen: Von Diesterweg, aus der Geschichte lernen – die Rede scheint mir nur insoweit sinnvoll zu sein, wie darunter die Vergewisserung und Aufarbeitung eines Erbes gefaßt ist, das wir – anders als nach § 1942 BGB – nicht ausschlagen können, und zwar deswegen nicht, weil wir in diejenige Institution hineingeboren, hineinsozialisiert und jedenfalls als Profis eingebunden sind, um deren Gestalt und Struktur es der Sache nach geht: in die Schule, allgemeiner: in Erziehung in der modernen Gesellschaft. Ich will das nun unter der Anleitung von drei Begriffspaaren erläutern und dann unter dem Begriff der „pädagogischen Bildung" zusammenfassen.

Es ist nie die ganze Geschichte – Die Tradition und die Macht

Bei Diesterweg sind wir, bei den meisten „Klassikern der Pädagogik", in der glücklichen Lage, daß uns die Werke weitgehend verfügbar sind, die sie uns als ihr Erbe hinterlassen haben, wenn es auch hier und da immer wieder einmal Entdeckungen gibt. Schlechter sieht es allerdings mit dem Umfeld aus. Die pädagogischen und politischen Umwälzungen, in denen etwa Diesterweg stand, werden bislang nur punktuell authentisch herangezogen; meist ist es Diesterweg selbst, der uns Dokumente zur Verfügung stellt oder der die Verhältnisse spiegelt. In beiden Fällen ist es nur eine Auswahl, ein Ausschnitt, was uns zur Aufarbeitung vorliegt. – Interessanter als dieser eher technische Aspekt ist ein anderer, den ich mit dem Begriff der *Macht* ansprechen will:

Vergleichen wir die beiden ein wenig auseinandergehenden pädagogischen Entwicklungen in Deutschland seit 1945 bzw. 1949: Hier neben den Errungenschaften der Arbeiterbewegung sowie der sowjetischen Tradition dann auch die der fortschrittlichen bürgerlichen Pädagogik und Diesterweg gleichsam als deren Verkörperung; dort das Erbe der Reformpädagogik und die Übernahme angloamerikanischer Erziehungskonzepte – und natürlich hier und dort deren produktive Weiterentwicklung. Ganz so einfach lagen die Dinge zwar nicht. Aber ich will etwas anderes sagen: Warum jeweils dies und nicht jenes oder gar etwas ganz anderes – sagen wir: die Ketzerhistorie im Gegensatz zur Kirchengeschichte[6]? weil das auch und nicht zuletzt eine *Frage von Interessen und Macht* war und ist. Wer die Heiligen sind und wer die Ketzer; was in Geschichtsbüchern steht und was nicht; was angehende Profis davon wissen müssen und was nicht – das ist eine Frage der Definitionsmacht, der Macht, die bestimmt, was Sache und wie sie zu verstehen ist. Also: Wer Schulen nach Diesterweg benennt; wer verdiente Lehrer mit einer Diesterweg-Medaille ehrt; wer Diesterweg in der Forschung an die Spitze des Bemühens um die eigene Vergangenheit stellt – der drückt damit aus und drückt es anderen mit Definitionsmacht (und gelegentlich auch mit politischer Macht) auf, daß die eigene Schule mit Unbildung, Unterprivilegiertheit, mit Klerikalismus und politischer Reaktion und alledem nichts zu tun haben soll; daß sie vielmehr auf Modernität, Kindgemäßheit, Liberalität, auf Freiheit vor Fürstenthronen verpflichtet wird.

Was ich also sagen will: Diesterweg war für die Volksschullehrer des 19. Jahrhunderts, ist für uns heutige Pädagogen wie die anderen „Klassiker" auch ein Teil der *herrschenden Tradition*.

Wir sind nicht unbeteiligt – Die Aneignung und die Betroffenheit

In der Geschichte des Nachdenkens über Erziehung – von Platon oder Komensky bis zu uns Zeitgenossen – dokumentiert sich, daß und wie Menschen Erziehung begriffen haben, was sie als deren Struktur bzw. konstitutive Elemente herausgearbeitet und welche Orientierungen sie dabei der Praxis von Erziehung gegeben haben. Es sind Menschen gewesen, die das PAN Komenskys; die die natürliche Methode Pestalozzis; die Mündigkeit, die Bildung und den prinzipiellen Anspruch aller auf sie, die Selbständigkeit durch Selbsttätigkeit, die alles das in den Begriff von Erziehung eingetragen haben; und das nicht zuerst kraft vernünftiger Reflexion, sondern in praktischer Erziehungsarbeit, in Auseinandersetzung mit der menschlichen Natur sowie in politischen Kämpfen. Es sind, das nicht zu vergessen, auch Menschen gewesen, die die Natur und das Leben gegen die Kultur und den Geist ausgespielt haben, die Erziehung in den Dienst von politischen Zwecken nahmen, die Kinder zum aufrechten Sitzen zwangen, als Medium ihrer Selbstverwirklichung benutzten oder deren Gemüter auf einen heiligen Krieg ausrichteten.

Aneignen – dabei denke ich daran: Wir müssen das alles als „Erziehung" zur Kenntnis nehmen, auch das, was uns nicht in den Rahmen unseres Weltbildes paßt. Durch Umdefinition, wenn wir also von „Unpädagogik" oder von „revisionistischer", „reaktionärer", „klerikalistischer", „kommunistischer" Pädagogik sprechen, dadurch ändern wir nichts daran, daß eine Praxis, eine Institution „Erziehung" sind, auch dann, wenn sie uns nicht passen. Neben Diesterweg waren auch Beckedorff und Stiehl, nach ihm auch Krieck und Petersen Pädagogen; neben Diesterwegs Volksschule war auch das zeitgenössische Gymnasium eine Schule. Aneignen heißt zunächst ganz einfach: zur Kenntnis nehmen, daß es das gibt, und akzeptieren, daß auch das „Pädagogik" ist.

Sodann sind das Menschen gewesen, Menschen wie du und ich. Die Geschichte von Erziehung und des Nachdenkens über Erziehung ist ein Medium, in dem jeder von uns seine Kompetenz als Erzieher ausbilden nicht nur kann, sondern auch muß. Es gibt keinen vernünftigen Grund, dieses Lernfeld vorweg ausdrücklich in seinem Umfang einzuschränken, auch nicht auf unsere Klassiker oder die vorweg als „fortschrittlich" etikettierten Teile einer „bürgerlichen" Pädagogik. Täte man dies, so bedeutete das nach dem Vorigen eine vorurteilsbestimmte Einschränkung von Erziehung in ihren Chancen und Gefährdungen. Wenn in der Geschichte der Erziehung eine Epoche, bestimmte Institutionen und Personen grundsätzlich nicht vorkommen, dann wird heranwachsenden Pädagogen der Rahmen ihrer pädagogischen Bildung systematisch eingeschränkt.

Sofern, wenn wir von Diesterweg und, wie gesagt, auch von seinen schulpolitischen Widersachern handeln, von Menschen die Rede ist und ihrem Denken und Erziehen; und insofern wir unsererseits Menschen sind – ist, gleichsam prinzipiell, von uns, von unserem Geschäft die Rede. Für diesen Sachverhalt soll hier der Begriff der *Betroffenheit* stehen. Diese Betroffenheit hat nichts Moralisches an sich. Dieser Begriff steht vielmehr für den sogenannten „hermeneutischen Zirkel": Nur soweit prinzipiell von mir die Rede ist, kann ich verstehen; und sofern ich Diesterweg erforsche, erfahre ich etwas über mich selbst.

Mit dem Begriff der Betroffenheit möchte ich noch ein anderes erfassen; ich knüpfe die Sache an die geläufige Rede an: Das klassische Erbe verpflichte uns auf und zu etwas. Solcher Rede liegt, wenn sie denn einen Inhalt hat, ein logischer Schluß zugrunde, der etwa so geht: Diesterweg hat in seinen Schriften und Reden ausgelegt, was für ihn Menschenbildung im Blick auf die Kinder des Volkes hieß. Sofern wir uns eben diesem Ziel verpflichtet wissen, können wir sein Werk als Verpflichtung auf die Zukunft unserer Kinder verstehen.

Wertungen und Standpunkte – Die Auseinandersetzung und die Kritik

Tradition und Aneignung – das soll nun nicht bedeuten, daß alles für uns, für die Pädagogik heute maßgeblich sein könnte oder dürfte. Es ist legitim und unerläßlich, daß eine verbindliche Tradition oder eine *Tradition als verbindlich* identifiziert, interpretiert und ausgezeichnet wird. Und für uns ist es, wie ich eingangs andeutete, nicht beliebig, welche Tradition das ist: Es ist die Tradition der europäischen Aufklärung, die für die einen bei Sokrates, für andere bei der Französischen Revolution beginnt. Orientieren: das ist eigentlich noch zu ungenau, denn es suggeriert, wir hätten die Wahl zwischen Alternativen. Nein, sobald wir uns auf Erziehung einlassen, stehen wir bereits per definitionem in dieser Tradition. Wir erläutern sie uns an – unseren Klassikern. Und ob wir sie nun in Erzählungen zu Wort und ins Bild kommen lassen oder ob wir ihr Werk wissenschaftlich erforschen: Das ist Arbeit, Interpretation, Übernahme, Übersetzung, Neuakzentuierung, kurz: *Auseinandersetzung* in der Tradition der Aufklärung.

Damit kommen *Wertungen* ins Spiel. Das fällt verständlicherweise bei „Klassikern" nicht so leicht, und es fällt vor allem nicht auf Anhieb auf, wird bei ihnen doch geradezu der Maßstab der Kritik ermittelt. Aber tatsächlich ist die Auseinandersetzung allemal eine kritische – auch eine scheinbar schlichte Erzählung.

Ein Exkurs: Helden gibt es und brauchen wir nicht

Ziemlich unbefangen habe ich hin und wieder von „Klassikern" der Pädagogik gesprochen, mal mit, mal ohne Anführungszeichen. Die Rede ist nicht unüblich[7] und, nimmt man sie in dem soeben skizzierten Zusammenhang der Definitionsmacht, auch nicht verfänglich. Wenn man jedoch unsere „Klassiker" als „Helden und Denker" apostrophiert[8], dann könnte das in die Irre führen. Es ist nicht Diesterweg als Person, der die verbindliche Tradition bezeichnet, es ist vielmehr sein Werk, das und sofern wir es auszeichnen. Das hängt zusammen? Gewiß, wenn man den Entstehungszusammenhang nimmt; keineswegs, wenn man auf die Tradition sieht. Das Kapitel Rousseau hätte ich mir, wie gesagt, schon einmal schenken können, denn mit einem solchen Vater wollen wir uns doch wohl nicht identifizieren. Nehmen wir einmal einen anderen: Lietz war, wie zur Biographie lapidar mitgeteilt, Kriegsfreiwilliger im 1. Weltkrieg. In seinen Lebenserinnerungen, die im Kriege niedergeschrieben sind, lesen wir dazu:

> „Weil ich es für die Pflicht jedes waffenfähigen Deutschen hielt, dem Vaterland in seiner Not den wichtigsten Dienst zu leisten, und weil ich dies gewaltigste Ereignis aller Zeiten selbst handelnd und leidend miterleben wollte, war ich in meinem 46. Jahre Kriegsfreiwilliger geworden. Falls es mir vergönnt sein würde, nach dem Kriege weiterzuwirken, so würde ich wahrheitsgetreuer, echter von dem größten nationalen Erlebnis Zeugnis ablegen können, wenn ich als Kämpfer es miterlebt hatte.
> Ich habe dem Feldzug mit großen Erwartungen entgegengesehen und bin nicht enttäuscht worden. Der Soldat im Felde kann in kurzer Zeit Gewaltiges erleben: Stunden oder gar Tage lang den Tod unmittelbar vor Augen haben und das Leben als unerwartetes Geschenk ansehen müssen, Zeuge sein des Todes von Freund und Feind, der Vernichtung von Höfen, Dörfern und Städten, ohne bei alledem Ruhe und Tatkraft zu verlieren; alle körperlichen und seelischen Schwächen überwinden müssen im Kampf gegen Menschen und Elemente, gegen Schnee, Sturm, Kälte, Felsen, Wasser, Schmutz und was es auch immer sei, und doch immer ein bestimmtes Ziel erreichen. Da wird der Mensch erprobt! –"[9]

Den Lebenserinnerungen hat der Herausgeber einige Briefe angefügt. Im letzten derselben, Datum „Haubinda, Tag der Schlacht bei Jena 1918", schreibt Lietz:

> „Kameraden und Freunde der Landerziehungsheime!
> Tage der Trauer sind über unser deutsches Vaterland hereingebrochen. Tage, wie es sie seit Napoleons I. Zeiten nicht mehr erlebt hat. ...
> Wir haben kein Recht, die Vorsehung wegen dieses Ausgangs einer unvergleichlichen Leidens- und Heldenzeit anzuklagen. Die Schuld haben wir bei uns selbst zu suchen: in der Zerrissenheit unseres Volkes, in der Verblendung der Führer mächtig gewordener Parteien.

Kann ein Deutscher, der in den Überlieferungen vergangener Heldenzeiten lebt und der mitkämpfte in diesem Kriege, nach dem 12. Oktober 1918 seines Lebens wieder froh werden?

Wie nach dem Frieden von Tilsit muß ein neues Geschlecht unter uns erstehen, das Geschlecht der Fichte, Stein, Scharnhorst, Arndt, Körner. Ein starker sittlicher Geist muß alle Parteiverblendung verscheuchen, daß eine Zeit komme, in der wir frei werden von der erlittenen Schmach, daß wir wieder ein Volk von Brüdern werden – einig und fest in aller Not und Gefahr, einander treu der ganzen Welt gegenüber.

Überfall und Raub unserer Feinde haben diesmal triumphiert. Aber solange noch echter deutscher Geist in deutschen Herzen lebt, ist nicht aller Tage Abend. Lebensaufgabe, Ehrenpflicht und Bestimmung des neuen Geschlechts ist es, den deutschen Schild wieder rein zu waschen. Und wenn das zunächst nicht mehr mit unserem Blut möglich sein sollte, so soll es geschehen in einem Leben der Reinheit, Opferwilligkeit und Treue."[10]

Wie verständlich das damals auch immer gewesen sein mag; wie wenig Lietz mit solchen Gedanken allein dastand: Wir würden es uns verbitten, wenn man uns mit solchem Chauvinismus in Verbindung brächte – nur weil wir die Landerziehungsheime für eine bedeutende pädagogische Erfindung halten.

Mache ich mir die Sache zu leicht? Könnte es nicht sein, daß Lietz' Chauvinismus ein bezeichnendes Licht auf die so geschätzte, pädagogische Errungenschaft wirft? Ist diese womöglich nicht bedenkenswert, sondern eher bedenklich?

Ich gebe keine Antwort auf solche Fragen. Dies aber steht außer Zweifel: Eine verbindliche Tradition muß immer wieder neu interpretiert werden – darauf will ich mit dem Stichwort der „Kritik" aufmerksam machen. Nicht nur das: Sie muß vielmehr unter Umständen auch – relativ – neu definiert, beispielsweise im Zusammenhang mit Umbrüchen wie dem, auf den ich eingangs zitierend anspielte.

Eine Antwort: Die Bildung und die Lehre

Ich komme nunmehr auf die Frage des Anfangs zurück: Wenn es denn eine Lektion ist, die die Geschichte in der Gestalt des Werkes unserer Klassiker bereithielte,

– so ist es eine mit *Definitionsmacht* definierte Lektion der herrschenden Lehre;

– so ist eine *Aneignung* möglich, da wir von der Sache *betroffen* sind, wenn die Aneignung nur weit genug reicht;

– und so bedarf es der *kritischen Auseinandersetzung* mit der Lektion, sofern sie eine die Praxis heute orientierende Kraft erhalten soll.

Mindestens dies also müßte die Rede umfassen: aus der Geschichte lernen.

Als Begriff für solches Lernen ist seit 200 Jahren die „Bildung" geläufig. Und es ist sicher mehr als ein hübscher Zufall, daß Diesterweg als Aufgabe seines Wegweisers die „Bildung deutscher Lehrer" bestimmt hat. Die im vorigen skizzierte Arbeit an dem Erbe, das uns von Diesterweg und anderen pädagogischen Klassikern – und Ketzern! – vererbt wurde, dies möchte ich als *„pädagogische Bildung"* begreifen. Warum und inwiefern?

Nun, die klassische Definition habe ich vorgetragen. Übersetzen wir das auf die Geschichte von Erziehung in der Gesellschaft, um die es uns hier geht: In ihr *liegt vor Augen, was Erziehung ist.*

Wenn ich ihn richtig verstanden habe, so sah Diesterweg das auch so. 1830 konnte er weder das eine noch das andere Dokument kennen, aus dem ich oben zitierte[11]. Aber die Sache war ihm geläufig. Einen programmatischen Aufsatz „Zur Geschichte der Erziehung" beginnt er so:

> „Sehr anziehend und höchst bildend ist für jeden Menschen, der nicht mehr ganz ohne Erfahrung ist, das Studium der Geschichte. Sie zeigt ihm, was die Wesen seines Geschlechts gewollt und was die ausgeführt haben; sie ist der Spiegel der Menschheit."[12]

Menschheit? Da dürfen wir lesen: alle Menschen, und ebenso heißt das: Humanität. Wer bei einem solchen Studium der Geschichte „zu gewissen allgemeinen Ansichten gelangt ist und sich ... zum Interesse an der Menschheit hinaufgehoben hat", der hat davon allerdings „nicht unmittelbar praktischen Gewinn, noch weniger das, was man Nutzen nennt. Aber mittelbar können allgemeine Ansichten dem einzelnen sehr förderlich sein. Sie erweitern und erhöhen die Bildung."[13] Und: „Der nach gewisser Allgemeinheit strebende Lehrer stellt sich gern auf Höhepunkte, von denen aus er den Kreis seines Wirkens übersieht... Dergleichen Blicke führen zur Klarheit in der Auffassung des Zusammenhanges der Dinge, führen zur Bescheidenheit, zur stillen Einkehr und zur Sammlung der Kraft."[14]

Das ist in der Sache das, was Humboldt zuvor in dem uns lieb gewordenen Fragment skizziert hatte. Und so meine ich das, wenn ich sage: *Das Studium der Geschichte, das Studium der Werke unserer Klassiker kann ein Medium der pädagogischen Bildung sein.* – Damit spreche ich den Inhalt an, und es bliebe zu fragen, was, blicken wir zurück auf die vorgetragenen Kapitel aus der Geschichte der Erziehung, da im einzelnen vor Augen liegt.

Ich habe zeigen wollen: Eine Lehre kann man nicht ziehen, in sie müßte man vielmehr gehen. Was man zu sehen kriegt, sieht man unseren Klassikern auf die Feder und in die Wohn-, Schul- und Seminarstube, daran soll nun noch einmal zusammenfassend erinnert werden:

Stichwörter zur Geschichte der Erziehung

Name wichtige Werke	Stichwörter zu „Erziehung"
Jan Amos Komensky (1592–1670) Didactica magna 1628 Orbis pictus 1654	Pan (alle, alles, gänzlich) Kosmos (lehrbar) Methode Natur (gegenüber Tradition)
August Hermann Francke (1663–1727) Armenschule 1695 „Anstalten"	Schulen Lehrer-/Erzieherausbildung Ordnungen, „Disziplin" Gewissen
Jean Jaques Rousseau (1712–1778) Emile 1762	Mensch (gegenüber Bürger) Natur (des Menschen) Erzieher
Johann Bernhard Basedow (1724–1790) Elementarbuch 1770 Philanthropin 1774 (und andere „Philanthropen") (Revisionswerk 1785–92)	Bürgererziehung Erzieherstand pädagogische Publizistik „pädagogisches Jahrhundert"
Johann Heinrich Pestalozzi (1746–1827) Stanser Brief 1799 Gertrud 1801 Yverdon 1805	Volkserziehung Industrieschule „Wohnstubenerziehung" Elementarmethode
Friedrich August Wilhelm Fröbel (1782–1852) Kindergarten 1840	Vorschulerziehung Kindergarten Erzieherausbildung Spielgaben
Friedrich Adolph Wilhelm Diesterweg (1790–1866) Lehrerseminar „Wegweiser..."	Lehrerbildung Volksbildung Bildungspolitik

Name wichtige Werke	Stichwörter zu „Erziehung"
Johann Heinrich Wichern (1808–1881) Rauhes Haus 1833 Denkschrift Innere Mission 1849	Heimerziehung Sozialpädagogik Sozialpädagogik und -arbeiter („Brüder des Rauhen Hauses")
Wilhelm von Humboldt (1767–1835) Ideen... 1792 „Kultusminister" 1809/10	Bildung „Allgemeine Menschenbil- dung" (bürgerliche Version) Gymnasium, Schulsystem
Karl Heinrich Marx (1818–1883) kommunistisches Manifest 1848 Das Kapital 1867 und Vorarbeiten: „Frühschriften"	Bildung (proletarische Version) Arbeit Erziehung – Gesellschaft
Hermann Lietz (1868–1919) (und andere „Reformpädagogen") Deutsches Landeserziehungsheim 1898	Jugend Landerziehungsheim
Pädagogik der Nationalsozialisten (1933–1945) Usurpation des Staates durch eine Partei 1933 Hitler-Jugend 1936	totale Erziehung
Polytechnische Erziehung (1959–1989) Polytechnische Oberschule	Arbeit und Bildung
Alexander Sutherland Neill (1883–1973) „Summerhill"	Freie Schule Selbstregierung
Antiautoritäre Erziehung (1968 f.) Kinderladen	Kinderladen Freie Schule (Antipädagogik) Selbstregulierung

Aus der Geschichte lernen? Meine Antwort in zwei Sätzen: Nein, denn auf keine der Fragen, die heute beantwortet werden müssen, finden wir bei ihnen unmittelbar eine Antwort. Von unseren Klassikern lernen? Ja, und zwar insoweit, als wir uns in der Arbeit an ihren Werken als Pädagogen bilden können.

Claufula.

Beſchluß.

Schluß des Orbis sensualium pictus von Johann Amos Comenius

Lektüreempfehlungen und Anmerkungen

Lektüreempfehlung zur Einleitung

Scheuerl, Hans: Klassiker der Pädagogik. 2 Bde. München 1979.
Schöninghs „Quellen zur Geschichte der Pädagogik".
Klinkhardts „Pädagogische Quellentexte".

Anmerkungen zur Einleitung

1 Weniger 1957, S. 478.
2 Ausnahmsweise mache ich hier ein „!". Denn es gibt kaum etwas, was ich in einer Seminardiskussion oder Examensklausur so unpassend finde wie die Rede: „Humboldt hat dies oder jenes gesagt, geschrieben oder getan..." – und der Sprecher oder die Autorin haben ihre Weisheit keineswegs von Humboldt, sondern aus der Vorlesung von Menck oder dem Humboldt-Buch von Benner.
3 Schöne und inhaltsreiche, kurze Texte dieser Gattung findet man in Scheuerl 1979. Da werden außerdem noch viele andere Klassiker vorgestellt, vor allem auch Theoretiker, die ich hier beiseitelasse. – Wohlgemerkt, auch hier gilt: Erst mindestens eine der Originalschriften studieren. Die findet man in der Regel in: Schöninghs „Quellen zur Geschichte der Pädagogik" oder in Klinkhardts „Pädagogischen Quellentexten".
4 Blankertz 1982, S. 306 f.

Lektüreempfehlung zu Kapitel 1: Zwei Anfänge einer Geschichte

Neill, Alexander: Theorie und Praxis der antiautoritären Erziehung. Das Beispiel Summerhill. Reinbek 1969.
Klein, Helmut: Bildung in der DDR. Grundlagen, Entwicklungen, Probleme. Reinbek 1974.
Scholtz, Harald: Erziehung und Unterricht unterm Hakenkreuz. Göttingen 1985.

Anmerkungen zu Kapitel 1: Zwei Anfänge einer Geschichte

1 Neill 1969, S. 72 f.
2 Ebd., S. 60.
3 Waechter 1977, S. 4–6.
4 Bott 1970, S. 8.
5 Ebd. S. 9 f.
6 Ebd., S. 10.
7 Ebd., S. 45.
8 Ebd., S. 49.
9 Ebd., S. 62.
10 Ebd., S. 63; SDS = Sozialistischer Deutscher Studentenbund.
11 Aly/Grüttner 1983, S. 38.
12 Ebd., S. 40 f.

13 Kant 1963 (1803), S. 20: „Eines der größesten Probleme der Erziehung ist, wie man die Unterwerfung unter den gesetzlichen Zwang mit der Fähigkeit, sich seiner Freiheit zu bedienen, vereinigen könne. Denn Zwang ist nötig! Wie kultiviere ich die Freiheit bei dem Zwange? Ich soll meinen Zögling gewöhnen, einen Zwang seiner Freiheit zu dulden, und soll ihn selbst zugleich anführen, seine Freiheit gut zu gebrauchen. Ohne dies ist alles bloßer Mechanism und der der Erziehung Entlassene weiß sich seiner Freiheit nicht zu bedienen."
14 Aly/Grüttner 1983, S. 41.
15 Klein 1974, S. 50.
16 Ebd., S. 63.
17 Allgemeinbildung und Lehrplanwerk 1988, S. 252.
18 Ebd., S. 252 f.
19 Honecker 1989, S. 2.
20 Klein 1974, S. 152.
21 Honecker 1989, S. 2 f.
22 Ebd., S. 4.
23 Lewin 1967, S. 24.
24 Adorno 1984.
25 Aus: Gamm 1984, S. 337.
26 Ebd.
27 Ebd., S. 304.
28 Ebd., S. 18.
29 Ebd., S. 21.
30 Nach: Giesecke 1985, S. 184.
31 Vgl. Peukert 1985, S. 216–231.

Lektüreempfehlung zu Kapitel 2: Die Reformpädagogik – Hermann Lietz (1868–1919)

Lietz, Hermann: Schulreform durch Neugründung. Ausgewählte Pädagogische Schriften. Hrsg. von Rudolf Lassahn. Paderborn 1970.
Nohl, Herman: Die pädagogische Bewegung in Deutschland und ihre Theorie. Achte, unveränderte Auflage. Frankfurt 1978.

Anmerkungen zu Kapitel 2

1 Lietz 1935, S. 23.
2 Lietz 1970, S. 6 f.
3 Ebd., S. 20 f.
4 Badry 1979, S. 154.
5 Fichte 1846, S. 293 f.
6 Lietz 1970, S. 31 f.
7 Ebd., S. 39 f.
8 Ebd., S. 37 f.
9 Ebd., S. 129 f.
10 Ebd., S. 146 f.
11 Ebd., S. 149.
12 Steindorf 1976, S. 195.

207

13 Müller 1977, S. 20.
14 Nohl 1978.
15 Ebd., S. 3.
16 Ebd., S. 3 f.
17 Ebd., S. 5.
18 Ebd., S. 6.
19 Ebd., S. 7.

Lektüreempfehlung zu Kapitel 3: Das Gymnasium und die Bildung – Wilhelm von Humboldt (1767–1835) und Karl Heinrich Marx (1818–1883)

Humboldt, Wilhelm von: Bildung und Sprache. Eine Auswahl aus seinen Schriften. Hrg. von Clemens Menze. Paderborn 1959.
Marx, Karl: Bildung und Erziehung. Studientexte zur Marxschen Bildungskonzeption. Hrg. von Horst E. Wittig. Paderborn 1968.

Anmerkungen zu Kapitel 3

1 Nietzsche 1973.
2 Zu diesem Abschnitt: Baumgart 1990.
3 Humboldt 1960, S. 207.
4 Ebd., S. 109.
5 Ebd., S. 107.
6 Ebd., S. 108.
7 Ebd., S. 106.
8 Blankertz (1982, S. 83) hat das auch für Campe, den ersten Lehrer von Humboldt, herausgearbeitet.
9 S. Süvern 1981.
10 Vgl. Baumgart 1990, S. 78–82.
11 Humboldt 1964, S. 188 f.
12 Ebd., S. 191.
13 Ebd., S. 169.
14 S. dazu unten, Kapitel 7.
15 Blankertz 1982, S. 131.
16 S. dazu unten, Kapitel 10.
17 Blankertz 1982, S. 131.
18 Man sieht das an den Maßnahmen, die die deutschen Regierungen im Zuge der „Restauration", der politischen Reaktion nach 1817 – Wartburgfest – bzw. 1819 – Karlsbader Beschlüsse – ergriffen; vgl. z.B. Geschichte der Erziehung 1987, S. 242 f.
19 Auszug in: Michael/Schepp 1973, S. 78–83.
20 S. zu dem Problem unten das letzte Kapitel.
21 Humboldt 1960, S. 234 f.
22 Ebd., S. 235.
23 Ebd., S. 236.
24 Ebd.
25 Ebd., S. 235
26 Ebd., S. 237 f.
27 Klafki 1962, S. 38–45; 130–143.

28 Humboldt 1960, S. 239.
29 Marx 1968a, S. 62 f.
30 Marx 1968b, S. 242.
31 Ebd., S. 234 f.
32 Ebd., S. 543.
33 Ebd., S. 243.
34 Ebd., S. 530.
35 Humboldt 1964, S. 189.
36 S. dazu oben Kap. 1.2.
37 Marx 1968b, S. 548.
38 Blonski 1919.

Lektüreempfehlung zu Kapitel 4: Anfänge der Sozialpädagogik – Johann Hinrich Wichern (1808–1881)

Wichern, Johann Hinrich: Schriften zur Sozialpädagogik. Hrg. von Job-Günter Klink. Bad Heilbrunn 1964.

Anmerkungen zu Kapitel 4

 1 Marx/Engels 1972, S. 461.
 2 Wichern 1962, S. 133.
 3 Tenorth 1988, S. 165.
 4 Baur 1885, S. 638.
 5 Ebd., S. 639 f.
 6 Ebd., S. 640.
 7 Baur 1885.
 8 Ebd., S. 640.
 9 Ebd., S. 641.
10 Wichern 1964, S. 7.
11 Ebd., S. 8.
12 Ebd., S. 9 f.
13 Ebd., S. 11 f.
14 Ebd., S. 28.
15 Ebd., S. 31 f.
16 Ebd., S. 33 f.
17 Baur 1885, S. 647 f.
18 Wichern 1975, S. 515. – Es sollte wohl besser heißen: „Von diesen 7223 Entlassenen...", und nicht 8100.
19 Wichern 1958, S. 318.
20 Ebd., S. 319.
21 Ebd., S. 318 f.
22 Ebd., S. 321.
23 Wichern 1962, S. 133.
24 Ebd., S. 135.
25 Ebd., S. 142 f.
26 Wichern 1969, S. 22 f.

Lektüreempfehlung zu Kapitel 5: Die Ausbildung von Volksschullehrern – Friedrich Adolph Wilhelm Diesterweg (1790–1866)

Diesterweg, F. A. W.: Volksbildung als allgemeine Menschenbildung. Ausgewählte bildungspolitische, sozialpolitische und pädagogische Schriften und Reden in 2 Bänden. Eingeleitet, ausgewählt und erläutert von E. Geißler und K.-H. Günther. Frankfurt/Main 1989.

Anmerkungen zu Kapitel 5

1 Diesterweg und wir 1967.
2 S. unten das Schlußkapitel „Rückkehr und Rückblick".
3 Im Zusammenhang mit Feiern zum 200. Geburtstag von Diesterweg sind allerdings eine Reihe von Publikationen zu diesem Klassiker erschienen: Hohendorf/Rupp 1990; Fichtner/Reimers 1991; Fichtner/Menck 1992.
4 Moritz 1972, S. 109 f.
5 Grundsätze 1774, S. 1–3.
6 Sauer 1987, S. 12 f.
7 Bloth 1966, S. 96.
8 Schneider 1875, S. 82–85.
9 Ebd., S. 86 f.
10 Diesterweg 1979, S. 202 – in einer Rede im preußischen Abgeordnetenhaus 1859.
11 Sauer 1987, S. 53, der hier aus dem 1. Regulativ zitiert.
12 Diesterweg 1979, S. 370 – in einer Rede im preußischen Abgeordnetenhaus 1860.
13 Ebd., S. 88.
14 Blankertz 1969, S. 108 – begehrt, weil sie die Laufbahn eines Reserveoffiziers eröffnete und weil sie zum Eintritt in den gehobenen öffentlichen Dienst berechtigte.
15 Diesterweg 1958, S. 64.
16 Ebd., S. 213–215.
17 Ebd., S. 18.
18 Ebd., S. 21.
19 Ebd., S. 22.
20 Sauer 1987, S. 51.
21 Ebd.

Lektüreempfehlung zu Kapitel 6: Der Kindergarten – Friedrich Wilhelm August Fröbel (1782–1852)

Fröbel, Friedrich: Ausgewählte Schriften. Hrsg. von Erika Hoffmann. Bd. 1. Bad Godesberg ²1964, Bd. 2. Ebd. ²1968.
Boldt, Rosemarie, und Eichler, Wolfgang: Friedrich Wilhelm August Fröbel, Köln 1982.

Anmerkungen zu Kapitel 6

1 Mollenhauer 1958.
2 Beiträge zur Geschichte der Vorschulerziehung 1986, S. 112.

3 Ebd., S. 112 f.
4 Ebd., S. 114–116.
5 Fröbel 1965, S. 24.
6 Ebd., S. 34 f.
7 Ebd., S. 36.
8 Ebd.
9 Fröbel 1986, S. 13.
10 Ebd., S. 16 f.
11 Ebd., S. 18.
12 Ebd., S. 57/59.
13 Ebd., S. 62.
14 Ebd.
15 Fröbel 1966, S. 30.
16 Ebd., S. 33 f.
17 Fröbel 1986, S. 51, 53.
18 Ebd., S. 189.
19 Ebd., S. 189, 191.
20 Ebd., S. 189.
21 Ebd., S. 193.
22 Ebd., S. 194.
23 Boldt/Eichler 1982, S. 100.

Lektüreempfehlung zu Kapitel 7: Wohnstubenerziehung und die Elementarmethode – Johann Heinrich Pestalozzi (1746–1827)

Pestalozzi: Grundlehren über Mensch, Staat, Erziehung. Seine Schriften in Auswahl. In Verbindung mit Max Zollinger hrsg. von Hans Barth, Stuttgart 1956.

Anmerkungen zu Kapitel 7

1 Pestalozzi 1956, S. 237 f.
2 Ebd., S. 1.
3 Ebd., S. 4.
4 Campe 1786.
5 Geschichte der Erziehung 1973, S. 184 f.
6 Pestalozzi 1956, S. 237.
7 Ebd., S. 50 f.
8 Ebd., S. 186 f.
9 Ebd., S. 187.
10 Ebd., S. 195.
11 Ebd., S. 234.
12 Pestalozzi 1963, S. 41.
13 Pestalozzi 1956, S. 263.
14 Pestalozzi 1976, S. 583.
15 Pestalozzi 1956, S. 243.
16 Ebd., S. 239 f.
17 Der Text gehört ohnehin zur Pflichtlektüre eines jeden Pädagogen.
18 Herbart 1964, S. 65 f.

19 Pestalozzi 1956, S. 294 f., 296.
20 Ebd., S. 317–320.
21 Pestalozzi 1976, S. 57.
22 Rang 1967.

Lektüreempfehlung zu Kapitel 8: Erziehung nach der Natur – Jean-Jacques Rousseau (1712–1778)

Rousseau, Jean-Jacques: Emile. Oder über die Erziehung. Hrsg. von M. Rang. Stuttgart 1963.
Ahrbeck, Rosemarie: Jean-Jacques Rousseau. Köln 1978.

Anmerkungen zu Kapitel 8

1 Rousseau 1963, S. 107.
2 Ebd., S. 127.
3 siehe hierzu Ahrbeck 1978, S. 49 ff.
4 Rousseau 1978, S. 53.
5 Rousseau 1963, S. 133.
6 Ebd., S. 131.
7 Ebd., S. 31.
8 Rousseau 1977, S. 59.
9 Ebd., S. 61.
10 Ebd., S. 73.
11 Ebd., S. 74.
12 Rousseau 1963, S. 907 f.
13 Ebd., S. 107.
14 Ebd., S. 116.
15 Ebd.
16 Geschichte der Erziehung 1973, S. 146 f.
17 Ahrbeck 1978, S. 34, 36.
18 Ebd., S. 50.
19 Rousseau 1963, S. 134.
20 Ebd., S. 109 f.
21 Ebd., S. 111.
22 Ebd., S. 115.
23 Ebd., S. 115.
24 Ebd., S. 111.
25 Ebd., S. 404.
26 Ebd., S. 426.
27 Ebd., S. 138.
28 Ebd., S. 644 f.
29 Ebd., S. 662.
30 Ebd., S. 225–227.
31 Ebd., S. 225.
32 Ebd., S. 938.
33 Ebd., S. 942.
34 Ebd., S. 719.

212

35 so der Untertitel des 5. Buches (ebd.).
36 Ebd., S. 719.
37 S. z. B. Schmid 1992.
38 Rousseau 1963, S. 787.
39 Ebd., S. 730.
40 Ebd., S. 719 f.
41 Ebd., S. 775 f.
42 Ebd., S. 120.
43 Ahrbeck 1978, S. 117.

Lektüreempfehlung zu Kapitel 9: Die Philanthropen – Johann Bernhard Basedow (1724–1790)

Basedow, Johann Bernhard: Ausgewählte pädagogische Schriften. Hrsg. von Albert Reble. Paderborn 1965.

Anmerkungen zu Kapitel 9

 1 Vgl. Herrmann 1979, S. 141.
 2 Vgl. Baur 1876, S. 401.
 3 Basedow 1965, S. 6 f.
 4 Ebd., S. 6.
 5 Ebd., S. 10.
 6 Ebd., S. 22.
 7 Ebd., S. 23 f.
 8 Ebd., S. 33 f.
 9 Vgl. ebd., S. 34.
10 Ebd., S. 43.
11 Ebd., S. 43 f.
12 Ebd., S. 52.
13 Ebd., S. 53.
14 Ebd., S. 75.
15 Ebd., S. 80.
16 Ebd., S. 260.
17 Ebd.
18 Ebd., S. 211 f.
19 Ebd., S. 259.
20 Ebd., S. 81.
21 Ebd., S. 221.
22 Ebd., S. 251.
23 So Ulrich Herrmann in seiner Edition: Trapp, Ernst Christian: Versuch einer Pädagogik. Unveränderter Nachdruck der 1. Ausgabe Berlin 1780. Besorgt von U. Herrmann. Paderborn 1977, S. 434.
24 Herrmann 1979, S. 141.
25 Campe 1979.
26 Ebd., Teil 1, S. LVII–LXXXXIV.
27 Heydorn 1970.

Lektüreempfehlung zu Kapitel 10: Der erste *Erzieher* – August Hermann Francke (1663–1727)

Francke, August Hermann: Pädagogische Schriften. Besorgt von H. Lorenzen. Paderborn 1957.

Anmerkungen zu Kapitel 10

1 Deppermann 1961, S. 71 f.
2 Ebd., S. 75 f.
3 Francke 1969, S. 31 f.
4 Z. B. Francke 1962, S. 154.
5 Francke 1969, S. 33 f.
6 Kramer 1880, S. 275 f.
7 Kramer 1882, S. 486.
8 Richter 1871, S. 239.
9 Ebd., S. 335 f.
10 Dittrich-Jacobi 1976, S. 225.
11 S. auf der folgenden Seite das Titelblatt der Schulordnung.
12 Francke 1709, S. 18.
13 Richter 1871, S. 258.
14 Ebd., S. 259.
15 Ebd., S. 260.
16 Ebd., S. 312.
17 Deppermann 1961, S. 140.
18 Ebd., S. 151.
19 Francke 1962, S. 74.
20 Ebd., S. 73.
21 Francke 1727, S. 333.
22 Francke 1693, S. 364.
23 Menck 1969, S. 93.
24 Ebd., S. 95.
25 Vgl. z. B. Welp 1977, S. 252 ff.
26 Menck 1969, S. 135 f.
27 Francke 1969, S. 121 f.
28 Francke 1962, S. 138.
29 Foucault 1976.
30 Menck 1969, S. 93.
31 Ebd., S. 47–54.

Lektüreempfehlung zu Kapitel 11: Die Welt in Bildern – Jan Amos Komensky (1592–1670)

Comenius, Johann Amos: Große Didaktik. Hrsg. von A. Flitner. Stuttgart 1985.
Hofmann, Franz: Jan Amos Comenius. Lehrer der Nationen. Leipzig, Jena, Berlin 1975.

Anmerkungen zu Kapitel 11

1 Es handelt sich um die ‚Bötticksche Portraitsammlung‘ – nach J. G. Bötticher (1692–1762) benannt, in den Jahren von 1740–1762 Inspektor der Buchhandlung des Waisenhauses in Halle.
2 Comenius 1904, S. XXXVI f.
3 Blankertz 1982, S. 30.
4 Comenius 1985, S. 9.
5 Ebd.
6 Alt 1987, S. 90–93.
7 Vgl. Comenius 1965, S. 222 ff.
8 Comenius 1985, S. 185 f.
9 Ebd., S. 188 f.
10 Ebd., S. 195.
11 Ebd., S. 195 f.
12 Ebd., S. 196.
13 Ebd., S. 199.
14 Ebd., S. 187.
15 Ebd., S. 205.
16 Ebd., S. 186.
17 Ebd., S. 186 f.
18 Ebd. S. 187 f.
19 Wiedergegeben von Hofmann 1975, S. 99 f.
20 Comenius 1964, S. 10.
21 – nämlich die „Einladung“, hier S. 14, und der „Beschluß“, S. 205 wiedergegeben.
22 Alt 1987, S. 221 f.
23 Hornstein 1968, S. 77.
24 Comenius 1964. S. 5.
25 Descartes 1964, S. 101.
26 Alt 1987, S. 188.
27 Comenius 1985, S. 11.
28 Ebd., S. 13.
29 Ebd., S. 79.
30 Ebd., S. 78.

Anmerkungen zum Schluß

1 Das folgende geht auf einen Vortrag zurück, den ich im Oktober 1990 in Berlin auf dem Symposion aus Anlaß des 200. Geburtstages von Diesterweg gehalten habe; vgl. Menck 1991.
2 Diesterweg 1989a, S. 7.
3 Ebd.
4 Ebd., S. 9.
5 Diesterweg 1989b, S. 8.
6 Arnold 1740. – Gottfried Arnold legt seiner Kirchengeschichte die originelle These zugrunde: Die wahre Kirche lebt in denen, die von der herrschenden Kirche als Ketzer, als Häretiker ausgestoßen wurden.
7 Thematisch z. B. Scheuerl 1979.

8 So Tenorth 1986, allerdings nicht ernst-, sondern gewissermaßen augenzwin-
   kernd gemeint. Immerhin: Ist das Wort einmal in der Welt, dann läßt es sich
   aus dem ursprünglichen Zusammenhang lösen.
9 Lietz 1935, S. 185 f.
10 Ebd. S. 205 f. – Am 14. 10. 1806 wurde ein preußisches Armeekorps bei Jena
   von französischen Truppen geschlagen. Diese und die Schlacht bei Auerstädt
   stehen als Symbol für das, was man als den Untergang des alten Preußen
   interpretierte.
11 S. oben: Humboldts Fragment (S. 58) und die Frühschriften von Marx (S. 62).
12 Diesterweg 1957, S. 90.
13 Ebd., S. 95.
14 Ebd., S. 96.

Literaturnachweise

Adorno, Theodor, W.: Studien zum autoritären Charakter, Frankfurt 1984.

Ahrbeck, Rosemarie: Jean-Jacques Rousseau. Köln 1978.

Allgemeinbildung und Lehrplanwerk. Ausgearbeitet von einem Autorenkollektiv unter Leitung von G. Neuner. Berlin 1988.

Alt, Robert: Pädagogische Werke. Bd. II. Bearb. von R. Schulz. Berlin 1987.

Aly, Monika, und Grüttner, Annegret: „Unordung und frühes Leid. Kindererziehung 1972 und 1982". In: Michel, Karl Markus; Spengler, Tilman (Hrsg.): Kursbuch 72. Die neuen Kinder. Berlin 1983.

Arnold, Gottfried: Unpartheyische Kirchen- und Ketzer-Historie, Vom Anfang des Neuen Testaments bis auf das Jahr Christi 1688. 3 Bde. Schaffhausen ^{2}1740–43.

Badry, Elisabeth: Die Gründer der Landerziehungsheime. In: Scheuerl, Hans (Hrsg.): Klassiker der Pädagogik. Zweiter Band. München 1979.

Basedow, Johann Bernhard: Ausgewählte pädagogische Schriften. Hrg. von A. Reble, Paderborn 1965.

Baumgart, Franzjörg: Zwischen Reform und Reaktion. Preußische Schulpolitik 1806–1856. Darmstadt 1990.

Baur, Gustav: Art. „Basedow". In: Schmid, Karl A.: Encyklopädie des gesammten Erziehungs- und Unterrichtswesens. Erster Band. Gotha 1876, S. 400–405.

Baur, Wilhelm: Art. „Das Rauhe Haus zu Horn bei Hamburg". In: Schmid, Karl A.: Encyklopädie des gesamten Erziehungs- und Unterrichtswesens. Sechster Band, Leipzig ^{2}1885, S. 636–671.

Beiträge zur Geschichte der Vorschulerziehung. Hrg. von E. Burow-Bernstorff u. a. Berlin ^{7}1986.

Blankertz, Herwig: Bildung im Zeitalter der Großen Industrie. Hannover, Berlin, Darmstadt, Dortmund 1969.

Blankertz, Herwig: Die Geschichte der Pädagogik. Von der Aufklärung bis zur Gegenwart. Wetzlar 1982.

Blonski, Pawel Petrowitsch: Die Arbeitsschule. Eingeleitet, ausgewählt und erläutert von Chr. Uhlig. Berlin 1986. (1919)

Bloth, Hugo Gotthard: Adolph Diesterweg. Sein Leben und Wirken für Pädagogik und Schule. Heidelberg 1966.

Boldt, Rosemarie, und Eichler, Wolfgang: Friedrich Wilhelm August Fröbel. Köln 1982.

Bott, Gerhard (Hrsg.): Erziehung zum Ungehorsam. Kinderläden berichten aus der Praxis der antiautoritären Erziehung. Frankfurt 1970.

Campe, Joachim Heinrich (Hrsg.): Allgemeine Revision des gesamten Schul- und Erziehungswesens von einer Gesellschaft praktischer Erzieher. Teile 1–16. Hamburg, Wolfenbüttel, Wien, Braunschweig. 1785–1792. (Unveränderter Neudruck: Vaduz/Liechtenstein 1979).

Campe, Joachim Heinrich: Ueber einige verkannte, wenigstens ungenutzte Mittel zur Beförderung der Industrie, der Bevölkerung und des öffentlichen Wohlstandes. Hrsg. von H.-J. Heydorn und G. Koneffke. Frankfurt/Main 1969.(1786)

Comenius, Johann Amos: Das Einzig Notwendige. Unum necessarium. Hrsg. von L. Keller. Hamburg 1964.

Comenius, Johann Amos: Große Didaktik. Hrsg. von A. Flitner. Stuttgart 1985.

Comenius, Johann Amos: Pädagogische Schriften. Erster Band: Große Unterrichts-lehre. Hrsg. von Th. Lion. Langensalza ^{5}1904.

Comenius, Johann Amos: Pampaedia. Lateinischer Text und deutsche Übersetzung. Nach der Handschrift hrsg. von D. Tschizewskij in Gemeinschaft mit H. Geissler und K. Schaller. Heidelberg ^{2}1965.

Deppermann, Klaus: Der hallesche Pietismus und der preußische Staat unter Friedrich III. (I.). Göttingen 1961.

Descartes, René: Discours de la Méthode. Von der Methode des richtigen Vernunftgebrauchs und der wissenschaftlichen Forschung. Übersetzt und hrsg. von L. Gäbe. Hamburg 1964.

Diesterweg und wir. Diesterweg-Symposium anläßlich des 100. Todestages von Dr. Friedrich Adolph Wilhelm Diesterweg. Hrsg. vom Diesterweg-Komitee der Deutschen Demokratischen Republik. Berlin 1967.

Diesterweg, Adolph: Wegweiser zur Bildung für deutsche Lehrer. Hrsg. von J. Scheveling. Paderborn 1958.

Diesterweg, F. A. W.: Volksbildung als allgemeine Menschenbildung. Ausgewählte bildungspolitische, sozialpolitische und pädagogische Schriften und Reden in zwei Bänden. Eingeleitet, ausgewählt und erläutert von E. Geißler und K.-H. Günther. Bd. I. (Volk und Wissen) Berlin 1989. (a)

Diesterweg, F. A. W.: Volksbildung als allgemeine Menschenbildung. Ausgewählte bildungspolitische, sozialpolitische und pädagogische Schriften und Reden in 2 Bänden. Eingeleitet, ausgewählt und erläutert von E. Geißler und K.-H. Günther mit einem Geleitwort versehen von B. H. Reifenrath. Bd. I. (Moritz Diesterweg) Frankfurt/Main 1989. (b)

Diesterweg, Friedrich Adolph Wilhelm: Sämtliche Werke. II. Bd. Bearbeitet von R. Hohendorf. (Volk und Wissen) Berlin 1957.

Diesterweg, Friedrich Adolph Wilhelm: Sämtliche Werke. XIV. Bd. Bearbeitet von R. Hohendorf. (Volk und Wissen) Berlin 1979.

Dittrich-Jacobi, Juliane: Pietismus und Pädagogik im Konstitutionsprozeß der Bürgerlichen Gesellschaft. Historisch-systematische Untersuchung der Pädagogik August Hermann Franckes (1663–1727). Bielefeld 1976.

Fichte, Johann Gottlieb: Reden an die deutsche Nation. Zweite Rede. In: Fichte, J. H. (Hrsg.): Johann Gottlieb Fichte's sämmtliche Werke. Siebter Band. Berlin 1846.

Fichtner, Bernd, und Menck, Peter (Hrsg.): Pädagogik der modernen Schule. Adolph Diesterwegs Pädagogik im Zusammenhang von Gesellschaft und Schule. Weinheim und München 1992.

Fichtner, Bernd, und Reimers, Edgar (Hrsg.): Zur Pädagogik und Didaktik Diesterwegs. Essen 1991. (Siegener Studien Bd. 48)

Foucault, Michel: Überwachen und Strafen. Die Geburt des Gefängnisses. Frankfurt/Main 1976.

Francke, August Hermann: Werke in Auswahl. Hrsg. von E. Peschke. Berlin 1969.

Francke, August Hermann: Die II. Fortsetzung Der Wahrhaften und umständlichen Nachricht vom Waysen-Hause und übrigen Anstalten zu Glaucha vor Halle. In: Segensvolle Fußstapfen des noch lebenden und waltenden liebreichen und getreuen Gottes. Halle 1709.

Francke, August Hermann: Glauchisches Gedenck-Büchlein, Oder Einfältiger Unterricht Für die Christliche Gemeinde zu Glaucha an Halle etc. Leipzig und Halle 1693.

Francke, August Hermann: Lectiones Paraeneticae, Oder Öffentliche Ansprachen, An die Studiosos Theologiae auf der Vniversität zu Halle etc. II. Theil. Halle 1727.

Francke, August Hermann: Schrift über eine Reform des Erziehungs- und Bildungswesens als Ausgangspunkt einer geistlichen und sozialen Neuordnung der Evangelischen Kirche des 18. Jahrhunderts. Der grosse Aufsatz. Hrsg. von Otto Podczeck. Berlin 1962.

Fröbel, Friedrich W. A.: Kommt, laßt uns unsern Kindern leben. Aus dem pädagogischen Werk eines Menschenerziehers. Eingeleitet, ausgewählt und erläutert von R. Boldt, E. Knechtl, H. König. Band III. Berlin 1986.

Fröbel, Friedrich: Ausgewählte pädagogische Schriften. Hrsg. von J. Scheveling. Paderborn 1965.

Fröbel, Friedrich: Friedrich Fröbel's gesammelte pädagogische Schriften. Hrg. von W. Lange. Zweite Abteilung: Friedrich Fröbel als Begründer der Kindergärten. Osnabrück 1966.

Gamm, Hans-Jochen: Führung und Verführung. Pädagogik des Nationalsozialismus. Frankfurt 1984.

Geschichte der Erziehung. Hrsg. von K.-H. Günther u. a. Berlin [11]1973.

Geschichte der Erziehung. Hrsg. von K.-H. Günther u. a. Berlin [15]1987.

Giesecke, Hermann: Die Hitlerjugend. In: Herrmann, Ulrich (Hrsg.): Die Formung des Volksgenossen. Weinheim 1985, S. 173–188.

Grundsätze der Anweisung künftiger Lehrmeister in deutschen Schulen, in dem vom Königl. und Churfürstlichen Consistorio errichteten Schulmeister-Seminario zu Hannover. Hannover [2]1774.

Herbart, Johann Friedrich: Pädagogische Schriften. Hrsg. von W. Asmus. Erster Band. Düsseldorf 1964.

Herrmann, Ulrich: Die Pädagogik der Philanthropen. In: Scheuerl, Hans (Hrsg.): Klassiker der Pädagogik. Erster Band. München 1979.

Heydorn, Heinz-Joachim: Über den Widerspruch von Bildung und Herrschaft. Frankfurt/Main 1970.

Hofmann, Franz: Jan Amos Comenius. Lehrer der Nationen. Leipzig, Jena, Berlin 1975.

Hohendorf, Gerd, und Rupp, Horst F. (Hrsg.): Diesterweg: Pädagogik – Lehrerbildung – Bildungspolitik. Weinheim 1990.

Honecker, Margot: Unser sozialistisches Bildungssystem – Wandlungen, Erfolge, neue Horizonte. Mskr. Berlin 1989.

Hornstein, Herbert: Weisheit und Bildung. Studien zur Bildungslehre des Comenius. Düsseldorf 1968.

Humboldt, Wilhelm von: Werke in fünf Bänden. Hrsg. von A. Flitner und K. Giel. Bd. I. Schriften zur Anthropologie und Geschichte. Stuttgart 1960.

Humboldt, Wilhelm von: Werke in fünf Bänden. Hrsg. von A. Flitner und K. Giel. Bd. V. Schriften zur Politik und zum Bildungswesen. Stuttgart 1964.

Kant, Immanuel: Ausgewählte Schriften zur Pädagogik und ihrer Begründung. Besorgt von H.-H. Groothoff und E. Reimers. Paderborn 1963.

Klafki, Wolfgang: Studien zur Bildungstheorie und Didaktik. Weinheim 1962.

Klein, Helmut: Bildung in der DDR. Grundlagen, Entwicklungen, Probleme. Reinbek 1974.

Kramer, Gustav: August Hermann Francke. Ein Lebensbild, Erster Theil. Halle 1880.

Kramer, Gustav: August Hermann Francke. Ein Lebensbild. Zweiter Theil. Halle 1882.

Lewin, Kurt, Lipitt, Ronald, White, Ralph K.: Patterns of Aggressive Behavior in Experimentally Created „Social Climates". In: Journal of Social Psychology 10, 1939, S. 271–299. Hier zitiert nach: Amidon, Edmund; Hough, John (Hrsg.): Interaction Analysis: Theory, Research And Application. Reading, Massachusetts 1967, S. 24–46. (Übers. P.M.)

Lietz, Hermann: Lebenserinnerungen. Neu hrsg. und durch Briefe und Berichte ergänzt von A. Andreesen. Weimar [4,5]1935.

Lietz, Hermann: Schulreform durch Neugründung. Ausgewählte Pädagogische Schriften. Besorgt von Rudolf Lassahn. Paderborn 1970 (Schöninghs Sammlung Pädagogischer Schriften. Hrsg.: Theodor Rutt).

Marx, Karl, und Engels, Friedrich: Werke, Band 4. Berlin 1972.

Marx, Karl: Bildung und Erziehung. Studientexte zur Marxschen Bildungskonzeption. Hrg. von H. E. Wittig. Paderborn 1968. (a)

Marx, Karl: Die Frühschriften. Hrsg. von S. Landshut. Stuttgart 1968. (b)

Menck, Peter: Von Diesterweg lernen? In: Fichtner/Reimers 1991, S. 9–19.

Menck, Peter: Die Erziehung der Jugend zur Ehre Gottes und zum Nutzen des Nächsten. Begründung und Intentionen der Pädagogik August Hermann Frankkes. Wuppertal 1969.

Michael, Berthold, und Schepp, Heinz-Herrmann: Politik und Schule von der Französischen Revolution bis zur Gegenwart. Band 1. Frankfurt 1973.

Mollenhauer, Klaus: Die Ursprünge der Sozialpädagogik in der industriellen Gesellschaft. Weinheim und Berlin 1958.

Moritz, Karl Philipp: Anton Reiser. Ein psychologischer Roman. Stuttgart 1972.

Müller, Detlef Karl: Sozialstruktur und Schulsystem. Aspekte zum Strukturwandel des Schulwesens im 19. Jahrhundert. Göttingen 1977.

Neill, Alexander: Theorie und Praxis der antiautoritären Erziehung. Das Beispiel Summerhill. Reinbek 1969.

Nietzsche, Friedrich: Über die Zukunft unserer Bildungsanstalten. In: Werke. Hrsg. von G. Colli und M. Montinari. Abt. 3, Bd. 2. Berlin, New York 1973, S. 133–244.

Nohl, Herman: Die pädagogische Bewegung in Deutschland und ihre Theorie. Frankfurt [8]1978.

Pestalozzi. Sämtliche Werke. Hrsg. von A. Buchenau u. a. 20. Band. Zürich 1963.

Pestalozzi. Sämtliche Werke. Hrsg. von A. Buchenau u. a. 28. Band. Zürich 1976.

Pestalozzi: Grundlehren über Mensch, Staat, Erziehung. Seine Schriften in Auswahl. In Verbindung mit Max Zollinger hrg. von Hans Barth. Stuttgart 1956.

Peukert, Detlev: Edelweißpiraten, Meuten, Swing, Jugendsubkulturen im Dritten Reich. In: Herrmann, Ulrich (Hrsg.): Die Formung des Volksgenossen. Weinheim 1985, S. 216–231.

Rang, Adalbert: Der politische Pestalozzi. Frankfurt 1967.

Richter, Karl: A. H. Francke. Schriften über Erziehung und Unterricht. Berlin 1871.

Rousseau, Jean-Jacques: Emile. Oder über die Erziehung. Hrsg. von M. Rang. Stuttgart 1963.

Rousseau, Jean-Jacques: Politische Schriften. Übersetzung und Einführung von. L. Schmidts. Band 1. Paderborn 1977.

Rousseau, Jean-Jacques: Schriften zur Kulturkritik. Eingeleitet, übersetzt und herausgegeben von K. Weigand. Hamburg³1978.

Sauer, Michael: Volksschullehrerbildung in Preußen. Die Seminare und Präparandenanstalten vom 18. Jahrhundert bis zur Weimarer Republik. Köln 1987.

Scheuerl, Hans: Klassiker der Pädagogik. 2 Bde. München 1979.

Schmid, Pia: Rousseau Revisited. Geschlecht als Kategorie in der Geschichte der Erziehung. In: Zeitschrift für Pädagogik 38, 1992, S. 839–854.

Schneider: Art. „Volksschullehrerseminar". In: Schmid, Karl A.: Encyklopädie des gesammten Erziehungs- und Unterrichtswesens. Zehnter Band. Gotha 1875, S. 49–184.

Steindorf, Gerhard: Einführung in die Schulpädagogik. Bad Heilbrunn 1976.

Süvern, Johann Wilhelm: Die Reform des Bildungswesens. Schriften zum Verhältnis von Pädagogik und Politik. Hrg. von H.-G. Große Jaeger und K.-E. Jeisman Paderborn 1981.

Tenorth, Heinz Elmar: Transformationen der Pädagogik – 25 Jahre Erziehungswissenschaft in der „Zeitschrift für Pädagogik". In: Zeitschrift für Pädagogik. Gesamtregister. Weinheim und Basel 1986, S. 21–85. (20. Beiheft der Zeitschrift für Pädagogik).

Tenorth, Heinz-Elmar: Geschichte der Erziehung. München 1988.

Waechter, Friedrich Karl: Der Anti-Struwwelpeter. Darmstadt 1977.

Welp, Margarete: Die Willensunterweisung bei August Hermann Francke unter besonderer Berücksichtigung der Erziehungspraxis in den Franckeschen Anstalten. Dortmund 1977.

Weniger, Erich: Die Eigenständigkeit der Erziehung in Theorie und Praxis. Probleme der akademischen Lehrerbildung. Weinheim 1957.

Wichern, Johann Hinrich: Ausgewählte Schriften. Hrsg. von K. Janssen. Band 2. Gütersloh 1958.

Wichern, Johann Hinrich: Sämtliche Werke. Hrsg. von P. Meinhold. Band I. Die Kirche und ihr soziales Handeln. Grundsätzliches und Allgemeines. Berlin 1962.

Wichern, Johann Hinrich: Sämtliche Werke. Hrsg. von P. Meinhold. Band III, Teil 2. Die Kirche und ihr soziales Handeln. Grundsätzliches, Allgemeines, Praktisches. Berlin 1969.

Wichern, Johann Hinrich: Sämtliche Werke. Hrsg. von P. Meinhold. Band VII. Die Schriften zur Pädagogik. Berlin 1975.

Wichern, Johann Hinrich: Schriften zur Sozialpädagogik. Hrsg. von J.-G. Klink. Bad Heilbrunn 1964.

Bildnachweis

Umschlag, S. 14: Einladung an den Schüler, aus: Johann Amos Comenius: Orbis sensualium pictus. Dortmund: Harenberg Kommunikation 1978.

S. 16:   Alexander S. Neill (Foto: Ullstein-Bilderdienst, Berlin).

S. 18/19:   Die Geschichte vom braven Ordnungsmann, aus: Der ANTI Struwwelpeter. Zürich: Diogenes 1982.

S. 30:   Das Schema der nationalsozialistischen „Erfassung" des einzelnen, aus: Hans-Jochen Gamm: Führung und Verführung. Frankfurt/Main: Campus 1984.

S. 31:   Der Weg des „gleichgeschalteten" Staatsbürgers, aus: Hans-Jochen Gamm: Führung und Verführung. Frankfurt/Main: Campus 1984.

S. 34:   Hermann Lietz (Foto: Archiv).

S. 52:   Wilhelm von Humboldt – Lithographie, von Friedrich Oldermann (1802–1874) nach Frank Krüger (1797–1857) (Foto: Archiv für Kunst und Geschichte, Berlin).

S. 57:   Universität Berlin – Radierung von Laurens & Dietrich nach Calau, um 1820 (Foto: Archiv für Kunst und Geschichte. Berlin).

S. 61:   Karl Heinrich Marx – Porträtaufnahme, um 1880 (Foto: Archiv für Kunst und Geschichte, Berlin).

S. 67:   Johann Hinrich Wichern – Lithographie, dat. „1850" (?), von Otto Speckter (1807– 1871) (Foto: Archiv für Kunst und Geschichte, Berlin).

S. 72:   Knabenarbeitssaal im Rauhen Hause – Holzstich, um 1855 (Foto: Archiv für Kunst und Geschichte, Berlin).

S. 82:   Friedrich Adolph Wilhelm Diesterweg – Stahlstich, 1868, von H. Meyer nach Photographie (Foto: Archiv fur Kunst und Geschichte, Berlin).

S. 86:   Reglement für das evangelische Schullehrer-Seminarium zu Mörs, aus: Jahrbücher des Preußischen Volks-Schul-Wesens Bd. 1, Berlin 1825.

S. 98:   Friedrich Wilhelm August Fröbel – Lithographie, um 1850, nach Zeichnung von Heinrich Strauch (1819–1856) (Foto: Archiv für Kunst und Geschichte, Berlin).

S. 104:   Die erste Spielgabe Fröbels: der Ball, aus: Friedrich Fröbels gesammelte pädagogische Schriften. II. Abteilung: Die Pädagogik des Kindergartens Osnabrück: Biblio 1966.

S. 105:   Aus den Mutter- und Koseliedern Fröbels, aus: Friedrich Fröbels Mutter- und Kose-Lieder von Dr. Johannes Prüfer. Leipzig 4. Aufl. 1927 (1844).

S. 111:   Johann Heinrich Pestalozzi – nach Gemälde von Schöne (Foto: Historia-Photo, Hamburg).